Josef Rattner und Gerhard Danzer

Liebe und Ehe

Josef Rattner und Gerhard Danzer

Liebe und Ehe

Zur Psychologie der Zweierbeziehung

Wissenschaftliche Buchgesellschaft
Darmstadt

Einbandgestaltung: Neil McBeath, Stuttgart.
Einbandbild: Symbolische Darstellung der Vereinigung
von Gegensätzen in der Alchimie.
Rosarium philosophorum 1550

Die Deutsche Bibliothek – CIP-Einheitsaufnahme
Ein Titeldatensatz für diese Publikation ist bei
Der Deutschen Bibliothek erhältlich.

Gedruckt auf säurefreiem und alterungsbeständigem Papier
Printed in Germany

Besuchen Sie uns im Internet: www.wbg-darmstadt.de

ISBN 3-534-15047-3

Inhalt

Zum Geleit

Die Ehe der Gegenwart ist offenbar in einer tief greifenden Krise. Das beschäftigt bereits Psychologen, Politiker, Theologen und Kulturwissenschaftler. Aber niemand weiß so recht, wie dem allgemein anerkannten Übelstand abgeholfen werden kann. Ganz radikale Geister sprechen davon, dass die „monogame Zweierbeziehung" nicht mehr *up to date* und auch deshalb kaum noch zu retten sei. Wir glauben aber nicht, dass eine solche „Liquidations-Gesinnung" die richtige Einstellung zur Partnerschafts-Misere von heute ist.

Die Zeitungen brachten aber am 30. September 1998 folgende Agentur-Meldung unter dem Titel *So viele Scheidungen in Deutschland wie noch nie.* Dabei wurde ausgeführt:

> Noch nie sind in Deutschland so viele Ehen geschieden worden wie im vergangenen Jahr. Das teilte am Mittwoch das Statistische Bundesamt in Wiesbaden mit. Nach den Angaben der Behörde ließen sich 1997 187.802 Paare scheiden. Das sind 12.252 Scheidungen oder 7 % mehr als im Vorjahre. Dem Bericht zufolge stieg die Scheidungsrate vor allem in den neuen Bundesländern mit einem Zuwachs von 16,6 % deutlich an. In den alten Bundesländern einschließlich Westberlin blieb sie mit 5,5 % unter dem Bundesdurchschnitt. Die meisten Ehen würden nach sechs Jahren aufgelöst, heißt es in dem Bericht weiter. Nach wie vor seien es überwiegend die Ehefrauen, die die Scheidung beantragten; in den meisten Fällen stimmten die Ehemänner aber zu. Nahezu jede dritte Ehe, die in den vergangenen 25 Jahren geschlossen wurde, wurde den Angaben zufolge geschieden. Ehen mit Kindern seien dabei wesentlich häufiger geschieden worden als kinderlose Ehen. Waren dem Bericht zufolge 1996 noch 148.782 minderjährige Kinder von der Scheidung betroffen, so ist die Zahl im vergangenen Jahr um knapp 10 % gestiegen.

Man kann sich denken, wie viel Leid und Kummer hinter diesen nackten Zahlen verborgen liegt. Auch die Auswirkung auf die betroffenen Kinder ist unübersehbar. Denn Ehescheidung bedeutet oft auch Verlust der familiären Geborgenheit, wobei allerdings zu sagen ist, dass zusammenbleibende Streit-Ehepaare die Kinder mitunter noch viel mehr schädigen als sich trennende Partner.

Die Psychologie hat keine Patentrezepte für die Ehenot unserer Epoche. Sie kann nur darauf verweisen, dass die menschliche Zweierbeziehung immer schon eine der schwierigsten Lebensaufgaben gewesen ist. Allerdings hat der Schwierigkeitsgrad in der Neuzeit zugenommen, weil so manche Tradition abgebaut (was großenteils sinnvoll war) und damit ein Mentalitätswandel eingeleitet wurde, der für stabile Partnerschaften nicht unbedingt günstig war.

Wir versuchen in unserem Buch, das Wesen von Liebe und Ehe tiefenpsychologisch zu klären. Entsprechend dem Konzept der Gründerväter der Tiefenpsychologie haben wir hierbei den Rahmen unserer Überlegungen weit gespannt. Der Leser wird daher in unserem Buch Betrachtungen über Liebe, Sexualität, gelingende und misslingende Ehe, Kulturpsychologie und Psychohygiene finden. Wir hoffen, mit unserem Text die Neigung zu bestärken, das Partnerschaftsproblem in seiner ganzen Fülle und Weite zu studieren. Man wird dabei erkennen, dass Liebe und Ehe nur verstanden werden können, wenn man quasi philosophisch das Wesen des Menschen weitläufig mitbedenkt.

Berlin, Herbst 2000 — Die Verfasser

Was Menschen in Liebe und Ehe beieinander suchen und aneinander finden oder vermissen

Das Thema Ehe-Psychologie ist in den letzten Jahrzehnten von zahlreichen Autoren abgehandelt worden. Gleichwohl kann man nicht behaupten, dass auf diesem Gebiet Klarheit und Vollständigkeit der Erkenntnis besteht. Es gibt offenbar fast unendlich viele Sichtweisen, aus denen man zu den Eheproblemen Stellung beziehen kann. Wir werden in der Folge eine tiefenpsychologische Untersuchung anstellen, genauer gesagt einen Versuch, die menschliche Zweier- oder Partnerbeziehung im Lichte der Individualpsychologie zu erörtern.

Psychoanalytische Ehe-Theorien sind ein Fortschritt gegenüber früheren Unternehmungen, kranken aber mitunter daran, dass sie triebtheoretische, mechanistische und typenmäßige Perspektiven allzu sehr strapazieren. Dabei reduziert sich die Zweierbeziehung des Menschen auf die Interaktion zweier Triebkonstellationen oder gar Neurosenformen, die entweder gut oder schlecht miteinander harmonieren. Personale Gesichtspunkte werden von den Psychoanalytikern eher vernachlässigt. Sie haben allemal das freudsche Modell der Libido-Phasen im Sinn, von dem aus die verschiedenen Charakterstrukturen, Neurosenarten und Perversionen abgeleitet werden. Bekannte analytische Autoren verbreiten sich dann eventuell über die Möglichkeiten des Zusammenspielens oder Disharmonierens bestimmter Triebstrukturen, was aber u. E. die tieferen Komplikationen zwischen Partnern nicht berührt.

Ein Verdienst der psychoanalytischen Arbeiten ist unbestreitbar, dass auch das Unbewusste in Paarbildungen und Partnerschaften mit berücksichtigt wird. Tatsächlich gibt es kaum eine zwischenmenschliche Situation, in der unbewusste Faktoren eine so erhebliche Rolle spielen wie in Liebe und Ehe. Klammert man bei der Beschreibung ehelicher Konflikte und Komplikationen das Unbewusste aus, dann gerät man schnell in die Bahnen einer Bewusstseins-Psychologie, die ins Moralisieren und Idealisieren abgleitet.

Ein berühmter Vorläufer in der analytischen Erhellung unbewusster Kräfte und Wirkungen im Ehe- und Liebesleben ist Goethe. Sein Roman *Die Wahlverwandtschaften* aus dem Jahre 1809 ist eine hervorragende Explikation der tieferen Gefühlsdynamik innerhalb von Partnerschaften. Aus der unendlich reichen Beobachtung des Menschenlebens sowie auch aus persönlicher Betroffenheit heraus hat Goethe in diesem Text eine Psychologie des Unbewussten dargelegt, die Bewunderung verdient.

Wir erinnern nur an einige Grundzüge dieses Romans. Eduard und Charlotte sind beide in zweiter Ehe miteinander verheiratet. Sie haben sich in ihrer Jugend geliebt, konnten einander aber nicht ehelichen, und erst der Tod der jeweiligen Partner ermöglichte ihnen ein Zusammenfinden in etwas vorgerücktem Alter. Sie sind in ihren Charakteren unterschiedlich. Charlotte ist kühl und beherrscht, indes Eduard – ein ehemals arg verwöhntes Muttersöhnchen – eher egozentrisch anmutet und sich kaum einen Wunsch versagen kann. Typisch für das Zusammenleben der beiden notiert Goethe ihr gemeinsames Musizieren. Eduard kann nie den Takt halten, eilt voraus oder bleibt zurück, indes Charlotte kontrolliert und gleichmäßig spielt.

Durch das Hinzutreten zweier weiterer Personen zu dieser Ehe entstehen weitläufige Schwierigkeiten. Ottilie, ein junger Schützling von Charlotte, wird aus dem Pensionat zurückgeholt, indes Eduard seinen Freund – den Hauptmann – einlädt, um mit ihm sein Landgut zu vermessen. Charlotte hat gegen die Vergrößerung der Hausgemeinschaft Einwände. Sie ahnt und fürchtet, dass damit Umstände ins Spiel kommen, deren Auswirkung man nicht überblicken kann.

Den Titel „Wahlverwandtschaften“ hat Goethe aus der Chemie übernommen. Er will damit andeuten, dass ähnliche dunkle Naturgewalten in menschlichen Beziehungen zum Zug kommen wie in der materiellen Natur, wo ein Element oder ein Radikal ein anderes Verbindungspartikel „verdrängen“ kann, wenn mehr Affinität und Anziehungskraft besteht. Solcherlei gibt es nach Goethe in der Chemie und in Liebe und Ehe.

Eduard ist von Ottilie begeistert, sobald er sie nur zu sehen bekommt. Schon nach dem ersten Abend mit ihr sagt er zu Charlotte, sie sei „ein sehr unterhaltsames Mädchen“. Worauf Charlotte erwidert, dass Ottilie überhaupt nicht den Mund aufgemacht habe. Wieland wollte Goethe für diese feine Beobachtung ein Rittergut schenken, aber da er nicht reich genug war, unterblieb diese großzügige Schenkung.

Mit ähnlich subtilen Hinweisen erläutert Goethe das Anwachsen der emotionalen Bindung zwischen Eduard und Ottilie. Hier nur einige Beispiele: Wenn Eduard mit Ottilie musiziert, bereitet es beiden keine Mühe, „im Takt zu bleiben“. Und als Eduard Ottilie einen längeren Text abschreiben lässt, beginnt Letztere dies mit ihrer eigenen Handschrift, die sich nach und nach in die Handschrift Eduards verwandelt. Beim Lesen dieses Manuskriptes ruft der überraschte Auftraggeber mit Recht aus: „Mädchen, du liebst mich!“

Eduard ist nicht der Mensch, der sich mit einer distanzierten Wertschätzung für die junge Frau begnügen kann. Ihm wurden als Kind alle Wünsche erfüllt; warum sollte er jetzt zurückstecken? Noch schwankt er hin und her, und in diesem Schwanken kommt es zu einer Liebesnacht mit der Gattin (was offenbar einer Seltenheit entspricht), bei der Charlotte schwanger wird. Neun Monate später wird sie ein Kind gebären, das merkwürdigerweise die Augen Ottiliens hat und somit beweist, dass in dieser Liebesnacht der männliche Partner an eine andere Frau dachte als an die, die er in seinen Armen hielt.

Die weiteren Zusammenhänge und das Scheitern der Ehe inklusive den Tod des ehebrüchigen Eduard und der von ihm verführten jungen Frau müssen wir hier nicht schildern. Man liest sie am besten im Roman nach, der auch heute noch – fast zweihundert Jahre nach seiner Entstehung – in vieler Hinsicht als aktuell und lebendig anmutet.

Jede Ehepsychologie muss sich dem Thema stellen, wie es eigentlich zur Wahl eines bestimmten Partners kommt. Liebende oder Eheleute können einem allerlei Romane erzählen, wie Zufall oder Schicksal sie eines Tages zusammengeführt haben. Aber was denn nun die Entscheidung auslöste, dass man sich genau in diesen oder jenen Menschen verliebte, wird man von den Beteiligten kaum je erfragen können. Sie folgen unbewussten Impulsen, dunklen Gefühlsregungen und Wertentscheidungen, die vielleicht eine behutsame Psychologie ans Licht heben kann. Wir werden in der Folge einige Punkte namhaft machen, die beim Wählen eines Partners ins Gewicht fallen.

Die physische Attraktion steht vermutlich oft am Anfang einer Zweierbeziehung. Man hat ein Idealbild des anderen Geschlechts im Gemüt, und wenn man einen Menschen trifft, dessen Anblick und Aussehen diesen Wunschvorstellungen zu entsprechen scheint, dann werden die Gefühle erregt. Dante sagt mit lapidarer Wucht zu diesem Fragenbereich: „Oh Wunder der Liebe, welches eintritt in die Seele durch das Tor der Augen!“ Viel später als der Dichter hat Charles Darwin von der „sexuellen Zuchtwahl“ gesprochen, in welcher Theorie die Hypothese liegt, dass die Evolution der Arten unter anderem auch dadurch vorangetrieben wird, dass die beiden Geschlechter im Sinne eines Schönheitsideals wählen, das natürlich auch Willkür und Abwege enthalten kann.

Ein anderer Wahlfaktor ist die Abschätzung des menschlich-geistig-kulturellen Niveaus. Man wählt einen Menschen, mit dem man vermutlich reden und zusammenwirken kann. Nietzsche hat die Ehe „ein lebenslanges Gespräch“ genannt; man wird also nicht auf einen Partner verfallen, wo Dialog prinzipiell unmöglich ist. Erleichtert wird das Miteinander-reden-Können durch eine gemeinsame Weltanschauung der beiden Beteiligten. Das bedeutet nicht, dass beide in jeder Hinsicht ideologisch übereinstimmen müssen; tolerante Charaktere können verschiedenartige Bekenntnisse und Überzeugungen akzeptieren und leben lassen. Aber politische, religiöse und geistige Werturteile sollten nicht allzu weit divergieren. Allerdings ist man mitunter überrascht, welcher scheinbare Niveau-Unterschied zwischen zwei Partnern bestehen kann. Bei näherem Zusehen ist es oft nur ein intellektueller Überbau, der den einen über den anderen überlegen scheinen lässt. Im Wesen sind sich Paare oft „niveaumäßig" ähnlich.

In der Neuzeit wählen Menschen einander auch mit dem expliziten Wunsch, sexuell übereinstimmen zu können. Das überließ man früher der Vorsehung und dem Zufall, der bekanntlich sehr launisch und unkooperativ ist. Heute will man sexuelle Harmonie, aber man muss wissen, dass diese häufig nicht primär gegeben ist, sondern mühsam erarbeitet werden muss. Es gibt Fälle, wo sich derlei komplikationslos einstellt, öfter aber wächst die sexuelle Kommunikation mit dem gemeinsamen Lebensschicksal und der Kooperation in Liebe und Ehe überhaupt. Die Wichtigkeit der sexuellen Interaktion im Eheleben hat übrigens schon der asketische Immanuel Kant gesehen, von dem die merkwürdige Definition stammt, die Ehe sei „ein Vertrag zum wechselseitigen Gebrauch der Geschlechtsorgane". Man kann es auch so sagen, aber ein modernes Paar wird bei einer solchen nüchternen Umschreibung seiner Partnerschaft doch einige Widerstände empfinden.

Sodann muss man – was viele Laien erstaunen wird – „einander riechen können". Der Geruch eines Geschlechts- und Liebespartners ist nicht immer akzeptabel und kann nicht in allen Fällen durch Parfum und Deodorantien eliminiert werden. Disparatheiten des Geruchs haben schon manche Partnerschaft geschädigt und zerstört.

Last but not least sucht jeder Mensch in einer Zweierbeziehung die Bestätigung seiner Selbstachtung und die kontinuierliche Anerkennung durch ein Du. Das ist ein Faktor, der mindestens so relevant ist wie die Triebbefriedigung. Er wird oft von den so genannten „Trieb-Psychologen" übersehen, ist aber nichtsdestoweniger ein entscheidendes Ingrediens von gelingender Liebe und Ehe. Dabei geht es beinahe um Leben und Tod der Person. Hat doch Hegel mit Recht gesagt: „Das Sein des Selbstbewusstseins liegt in der Anerkennung durch ein anderes Selbstbewusstsein." Wenn Menschen in Ehekalamitäten einander diese wechselseitige Wertschätzung versagen, dann geht die Beziehung unweigerlich zugrunde.

Wir erwähnen nur noch, dass Partnerschaften auch Wirtschaftsgemeinschaften sind und möglicherweise eine zeitüberdauernde Bindung zur Aufzucht von Kindern. Wahrscheinlich könnte man noch ein Dutzend weiterer Facetten geltend machen, aber wir streben in diesem Punkt keine Vollständigkeit an.

Sigmund Freud über Partnerwahl

Auch Freud beschäftigte sich mit dem Thema der Partnerwahl. Es war ihm aufgefallen, dass viele Menschen gewisse „Liebes-Bedingungen" aufweisen, d. h. Bedingungen, die eingehalten werden müssen, wenn sich zwei Menschen ineinander verlieben sollen. In seinen *Beiträgen zur Psychologie des Liebeslebens* (1910) spricht Freud „über einen besonderen Typ der Objektwahl beim Manne"; selbstverständlich haben die hierbei gemachten Beobachtungen auch für einen analogen Frauentypus ihre Geltung.

Es gibt einen Männertyp, der für seine Liebeswahl eines „geschädigten Dritten" bedarf. Es wird nur eine Frau geliebt, die schon einen Partner hat, welcher somit ausgestochen wird. Ein berühmtes Beispiel für diese Persönlichkeitsvariante ist Richard Wagner, der nicht nur in seinem Leben, sondern auch in seinem musikalischen Opernwerk des Öfteren diese Thematik verwendet.

Die Partnerin übt dann einen mächtigen Reiz aus, wenn sie anderer Beziehungen verdächtig ist und dadurch der Eifersucht Raum gibt. Im Extremfall hat man es mit „Dirnen-Liebe" zu tun, wobei der entsprechende Mann sich bemüht, die Dirne zu bessern und zu sich hinaufzuziehen.

Zunächst wird die Geliebte mit hoher Intensität begehrt; aber sobald man sie besitzt, schwächt sich das Gefühl merklich ab. Diese Erlebnisweise wird oft wiederholt, sodass es zur „Bildung einer langen Reihe" kommt, d. h. zu einer Vielfalt von Liebesbeziehungen, die selten oder nie zur Endgültigkeit führen. Exempel für diese Reihenbildung sind etwa Casanova und Don Juan, die das Erobern von Frauen zu ihrem Lebensprogramm erhoben haben. Sie erscheinen dem psychologischen Laien als Muster einer hypertrophen Männlichkeit, aber genauere Beobachter haben darauf hingewiesen, dass zu dieser kämpferischen Haltung gegenüber den Frauen eher ein Defizit an Maskulinität gehört. Ein gescheiter Franzose sagte über Don Juan: „Er war nicht Manns genug, um zu haben!"

Freud erklärt sich dieses seltsame Wahlverhalten durch die so genannte „Mutter-Bindung" der Betroffenen. Solche Menschen wiederholen ihr Muttererlebnis und kommen von ihm nicht los. Der „geschädigte Dritte" ist nach Freud eine Kopie des Vaters innerhalb der Ödipus-Situation, in der der Knabe mit dem Vater rivalisiert und ihm auch die Mutter abspenstig machen will. Die Anrüchigkeit der Frau (Dirnenliebe u. Ä.) erinnert an die Mutter, von der der Knabe in der ödipalen Konstellation zu ahnen beginnt, dass sie sich mit dem Vater sexuell betätigt, was eine psychische Frustration (Neid oder Eifersucht) nach sich zieht. Der zwanghafte Wechsel von Hochschätzung einer Frau zur Gleichgültigkeit ihr gegenüber ist im Sinne der Psychoanalyse ebenfalls ein Nachhall ödipaler Verstrickungen.

Der Nachteil von Freuds Erklärungen ist deren überstrapazierte historisierende Tendenz. In ihnen bestimmt die Vergangenheit kausal und fast lückenlos das Gegenwartsverhalten des Menschen. Das ist gewiss nicht völlig falsch; aber gibt es nicht auch einen aktuellen Sinn dieser Formen von Objektwahl?

Man geht wohl nicht fehl, wenn man annimmt, dass es sich in den drei genannten Fällen um Männer handelt, in denen es kompetitive, herablassende, aggressive und ängstliche Wesenszüge gibt. Sie wählen so, dass ihre „Überlegenheit über die Frau und den verdrängten Rivalen" zum Tragen kommt. Im Charakter solcher doch ziemlich neurotischer Menschentypen vermischt sich Liebe mit Machtgier, Bindungsarmut und Bindungsschwäche.

Daher wäre es sinnvoll, die Partnerschaftsprobleme genau zu erläutern und dabei die psychoanalytische Charakterologie ins Spiel zu bringen. Man fragt sich, wie etwa orale, anale, phallische und genitale Charaktere das Problem der Liebeswahl und der Zweierbeziehung überhaupt lösen. Freud selbst hat dieses Thema nicht in Angriff genommen, aber die später einsetzende Familien-Therapie und Partnerschafts-Psychologie haben sich diesen fruchtbaren Forschungsansatz nicht entgehen lassen.

Das Ehekonzept von Alfred Adler

Da Alfred Adler (1870–1937) viel mehr als Sigmund Freud an praktischer Menschenkenntnis interessiert war, hat er sich in weit größerem Umfang als dieser über die Themen der Ehe geäußert. Er erörterte sie im Rahmen seiner Individualpsychologie, deren begriffliches Koordinatensystem er souverän auf Fragen der Liebe und Ehe anzuwenden wusste.

Die Lehre Adlers hat eine ethische Orientierung; das unterscheidet sie von der Psychoanalyse, die streng naturwissenschaftlich und damit „ethisch neutral" sein wollte. Die Individualpsychologie aber setzt damit ein, dass sie dem Menschenleben eine gewisse Zahl von Aufgaben zuschreibt, die produktiv gelöst werden sollen. Zur Lösung im Sinne der „fortschreitenden Gemeinschaft" ist nur der Mensch befähigt, der genügend (und das ist ein Grundbegriff Adlers) *Gemeinschaftsgefühl* entwickelt hat.

Alle Anforderungen an die menschliche Existenz sind sozialer Natur. Das zeigt sich besonders an den drei Hauptaufgaben, die Adler ins Auge fasst: 1. Arbeit und Beruf; 2. Liebe, Sexualität und Ehe; 3. Sozial- und Kulturleben überhaupt. Diese drei Lebensbereiche sind miteinander „vernetzt". Wer Kompetenz in einer Sphäre erworben hat, ist dazu disponiert, auch bezüglich der anderen Aspekte erfolgreich zu sein.

Die von Adler genannten Aufgaben erwachsen aus den natürlichen biologischen und sozialen Bedingungen des Menschenlebens. Indem jemand arbeitet, leistet er einen Beitrag zur Gesamterhaltung aller; andererseits stabilisiert er damit auch sein Selbstwertgefühl, weil er sich als nützliches Glied der Gesellschaft empfinden kann.

Liebe, Sexus und Ehe sind noch komplizierter als ein Beruf oder irgendeine Beschäftigung. Hier kommen emotionale Faktoren ins Spiel, die im Arbeitsleben eher zurücktreten. Die Aufgabe, ein passendes Du zu finden und mit ihm über längere Zeit hinweg liebend zu kooperieren und zusammenzuleben, hat einen Schwierigkeitsgrad, angesichts dessen viele Menschen überfordert sind. Das liegt unter anderem auch an der mangelhaften sozialen Durchbildung unserer Existenz. Nach Adler müsste eine besonders auf Kooperation und Kommunikation hin orientierte Erziehung die Menschen auf das Eheleben vorbereiten.

Ebenfalls sehr diffizil ist die Frage der Einordnung in Gesellschaft und Kultur. Auch zu diesem Zwecke muss der Mensch von Kindheit an unendlich viele soziale Lernprozesse absolvieren. Kommt er darin zu kurz, dann wird er später nur mangelhaft in die Sozietät eingefügt sein. Er wird nicht so sehr Mitspieler und Mitmensch sein, sondern Einzelgänger, Außenseiter, „Gegenmensch" und eventuell sogar durch psychische Krankheit oder Kriminalität den Gang der Kultur aufhalten.

Nach Adler ist der Mensch ein durch und durch soziales Lebewesen. Er hat nicht primär egoistische, aggressive und lusthungrige Triebe, die – nach Freud – das Inventar seines Wesens ausmachen. Er hat, als Disposition, ein Gemeinschaftsgefühl in sich, das die Basis der sozialen Interaktion ist. Ist die Umwelt auch auf Gemeinschaft hin orientiert, dann lernt der Heranwachsende auf vielen Wegen, ein wertvolles Mitglied der Gesellschaft zu werden. Das bezeugt er unter anderem darin, dass er sich im wachsenden Maße ins Soziale integriert und an der Lösung der Kulturfragen beteiligt.

Die Beziehung zur Gemeinschaft stellt sozusagen die horizontale Ebene des Menschseins dar. Ist die erworbene Disposition für Leistungen dieser Art zu gering, dann fällt der Mensch dem so genannten Minderwertigkeitsgefühl anheim, das fast zwangsläufig zu ichhaften Kompensationen drängt. An sich ist der Mensch von der Natur her auch mit Regungen der Unzulänglichkeit behaftet, aber diese müssen nicht zur Angst und inneren Isolation führen. Erst wenn sich derlei zum „Minderwertigkeits-Komplex" verdichtet, entsteht ein Hemmschuh für die soziale Integration. Der sich unsicher und allzu klein fühlende Charakter kompensiert seine Schwäche durch Machtlust und Überlegenheitsstreben, was immer konträr zur echten sozialen Beitragsleistung ist. Dann wird die vertikale Ausrichtung des Denkens und Fühlens (Nach-oben-Wollen!) für ihn vorherrschend.

Adler übersetzte dieses Theorem in eine praktisch wertvolle Charakterkunde. Er unterscheidet zwischen Charakteren, in denen das Gemeinschaftsgefühl überwiegt, und Charakteren, die hauptsächlich auf der Linie Ohnmacht–Machtgier operieren. Erstere entwickeln Eigenschaften wie Solidarität, Wohlwollen, Humor und Heiterkeit, Toleranz, Geduld und innere Entwicklungs-Fähigkeit. Die Letzteren jedoch sind durch die „neurotischen Wesenszüge" wie Ehrgeiz, Eitelkeit, Neid, Geiz, Hass, Angst, Trauer, Eifersucht, Verstimmung, Überempfindlichkeit und Aggression gekennzeichnet.

Es ist selbstverständlich, dass zur Partnerschaft in Liebe und Ehe als Grundlage die eben genannten „guten Eigenschaften" unabdingbar sind. Man muss natürlich kein vollkommener Mensch sein; aber ein Überwiegen der kooperativen und kommunikativen Merkmale erleichtert ein Zusammenleben allemal. Das Rätsel der unzähligen schlechten und unglücklichen Ehen ist nach Adler im Wesentlichen auf Charakterprobleme reduzierbar. Wer in Kindheit und Jugend, induziert durch die Umgebung, zum Kämpfer und Einzelgänger gedrillt wurde, wird angesichts der Belastungen in Liebe und Ehe leichter ausweichen und destruktiv handeln als jener, der einen „sozialen Spannungsbogen" erworben hat.

Nach Adler will jeder Mensch ein möglichst hohes Bewusstsein seines Selbstwerts in sich aufrechterhalten. Wie bereits gesagt, wäre es hierzu am besten, wenn er in den drei Lebensaufgaben tragfähige Lösungen suchen würde. Kann man das nicht, dann strebt man ein Selbstwertgefühl auf den Umwegen der Selbst- und Fremdtäuschung an. Es ist unglaublich, wie sehr der Mensch imstande ist, sich selbst und andere zu belügen. Daher eignet der Tiefenpsychologie der Zug der Entlarvung und Enthüllung. Indem sie die Selbstvergottung zerstört, will sie die Rückführung zur Realität ermöglichen und damit psychische Gesundheit fördern. Schon bei der Partnerwahl ist diese Dynamik unübersehbar. Nietzsche sagt in einem Aphorismus etwa sinngemäß:

> „Er gefällt mir." Warum? „Weil ich mich ihm gewachsen fühle."
> Hat je ein Mensch so ehrlich gesprochen?

Individualpsychologisch gesehen kalkuliert jeder Mensch bei der „Partnerwahl", ob er ein Gegenüber gefunden hat, dem er sich wirklich „gewachsen" fühlt. Irrtümer sind dabei keineswegs ausgeschlossen. Man glaubt, ein Du getroffen zu haben, das sich unterordnen und unterwerfen wird, hat aber vielleicht einen zukünftigen „Herrn und Meister" erobert; gar manche rätselhafte „Liebeswahl" findet wohl ihre Erklärung in diesem Dynamismus. So kommt es ja nicht selten vor, dass Menschen eine so genannte „Überlegenheitswahl" realisieren. Man schüttelt den Kopf z. B. über den großen Gelehrten, der ein schlichtes Gemüt heiratet; aber so will es sein Dominanzstreben. Oder die Frau aus gutem und intellektuellem Haus, die einen „einfachen Naturburschen" ehelicht, den sie dann „heranzubilden" versucht. Oder die schon oft erörterte „Retter-Symptomatik": Der Mann, der eine „Dirne" sozialisieren und erlösen will, bzw. die Frau, die einen Alkoholiker durch Liebe und Ehe von seiner Sucht befreien möchte usw.

Da die Menschen bei der Suche nach einem geeigneten Du so oft Schwierigkeiten haben, empfahl Adler einige Kautelen, mittels deren sich ermitteln lässt, ob man bei der Liebeswahl nicht sehr schief liegt. Natürlich müssen zunächst das physische Gefallen und eine primäre Sympathie ins Spiel kommen, die irrational sind. Aber hernach kann man gewisse Fragen aufwerfen, die eine Prognose für eine spätere Bindung erlauben. Nach Adler soll man folgende Punkte beachten:

1. Der Partner soll einen Beruf haben oder eine Tätigkeit ausüben, die ihn befriedigen und seine Selbstachtung stabilisieren. Ein Beruf ist immer ein Rückgrat der Persönlichkeit. Wer in diesem Bereich gescheitert ist oder den Weg nicht findet, hat allemal ein sehr fragiles Selbstwertgefühl und wird Liebe und Ehe fast notwendigerweise überstrapazieren, um dort seine Sicherheits- und Anerkennungswünsche befriedigt zu bekommen. Das kann auch der beste Partner meistens nicht leisten, was zu Spannungen führt, die eine Beziehung sprengen können.

2. Sodann sollte der ins Auge gefasste Partner ungefähr so viel Interesse für das Du aufweisen wie für sich selbst. Egozentriker, Egoisten, in sich verkapselte Existenzen taugen wenig für die Partnerschaft. Niemand sollte so unklug und „größenwahnsinnig" sein zu glauben, dass er (oder sie) durch die „Macht der Liebe" alle Lücken des inneren Personenaufbaus im Gegenüber ausgleichen kann.

3. Ein guter Test für die Liebes- und Ehefähigkeit ist auch die emotionale Ausgeglichenheit des potenziellen Partners. Er soll eine annähernd ausgewogene Grundstimmung haben, was sich erkennen lässt an Tüchtigkeit, Optimismus, Lebensfreundlichkeit, relativer Angstfreiheit und „Weltoffenheit". Natürlich soll sich der „Wählende" fragen, ob er (sie) selbst diese Kriterien erfüllt. Ist das nicht der Fall, dann kann er (sie) gar nicht urteilen, ob der „andere" diesbezüglich „in Ordnung" ist.

4. Auch sollte man beachten, ob der Partner zur Freundschaft und zum Gespräch fähig ist. Nietzsche hat diesbezüglich feine Beobachtungen gemacht. Sagt er doch in seinen Aphorismen-Büchern, dass Liebe und Ehe weitgehend einer Freundschaft gleichen, und dass derjenige sie am ehesten wird zu gestalten wissen, der auch als Freund seine Tauglichkeit beweisen kann. Des Weiteren meint der Philosoph, dass eine Ehe einem langen Gespräch analog ist. Nur ist es sehr schwer zu bewerten, ob unser Gegenüber gesprächsfähig ist, wenn wir selbst hierin erhebliche Lücken aufweisen. In so manchen Partnerschaften klagen einander die beiden Beteiligten an, dass man mit dem Du nicht sinnvoll zu reden vermag. Ungeklärt bleibt aber oft die Frage, wer denn eigentlich den Dialog torpediert. Schuld ist bekanntlich meistens „der andere".

5. Ein letztes Kriterium, das Adler erwähnt, ist das allgemeine Welt- und Kulturinteresse. Menschen, die sich für soziale, kulturelle und zwischen-

menschliche Fragen interessieren, sind die besseren Partner. Sie sind auch innerlich entwicklungsfähig, und das macht sie für ein Zusammenleben attraktiv. Wer innerlich stagniert, wird unweigerlich nicht nur sich selbst, sondern auch den Partner langweilig finden. Denn eine Liebe und eine Ehe sind immer eine „Ko-Evolution", und wo derlei nicht zustande kommt, ist das Partnerschaftsschicksal trist und bitter.

Man nennt die Flitterwochen in Liebe und Ehe oft „Honigmond", und so manches naive Gemüt wird sich der Illusion hingeben, dass eine Zweierbeziehung eine kontinuierliche Abfolge von Honigwochen oder gar Honigjahren darstellt. Das ist kaum je so. Immer wieder muss die Plattform für das liebende Miteinander hergestellt, erneuert und konsolidiert werden. Vermutlich gibt es keine Partnerschaften ohne vorübergehende (wenn nicht gar bleibende) Krisen.

Faktisch sind Liebe und Ehe nicht ein Ort des reinen epikureischen Daseinsgenusses, sondern eine soziale Testsituation und eine permanente Anpassungsforderung hohen und höchsten Grades. Wie bereits gesagt, liegt hier vermutlich die schwierigste Bewährungssituation vor, die wir an dem mit so vielen Schwierigkeiten beladenen Menschendasein kennen.

Darum sind so viele Liebes- und Eheromane und entsprechende Schauspiele und Dramen durchaus auf Tragik gestimmt. Überblickt man die wichtigsten Texte der Weltliteratur zu diesem Thema, dann stellt sich leicht ein Gefühl der Unheimlichkeit ein. Wird der Mensch mit der Aufgabe der emotionalen und sexuellen Zweierbeziehung überfordert?

Davon kann nach Adler nicht die Rede sein. Da aber kitschige Filme, Erzählungen und Romane das Liebesglück trivialisieren und als leicht erreichbar beschreiben, tut die Psychologie gut daran, den Akzent eher auf die unausweichlichen Probleme eines innigen und lang dauernden Zuzweit-Seins hinzuweisen. Selbst wenn die beiden Charaktere relativ gut harmonieren, kommen noch unzählige Zusatzfaktoren ins Spiel, die Konflikte heraufbeschwören können. Wir nennen nur Familien-Einflüsse, wirtschaftliche und finanzielle Plackereien, Zeitereignisse wie Krieg, Wirtschaftskrisen u. Ä., und den allgemeinen Zeitgeist, der uns suggestiv Oberflächlichkeit, Leichtlebigkeit und Bindungsarmut nahe legt.

In diesem Sinne meint die Individualpsychologie, dass eine gute Liebe und Ehe aus der Arbeit am Charakter, aus Selbsterkenntnis und Selbsterziehung und aus der intensiven Beschäftigung mit der Psychologie entspringen kann. Man hat sogar innerhalb der Tiefenpsychologie eigentliche „Eheschulen" vorgeschlagen, in denen man vor und in der Ehe sich entsprechende Unterweisung und Förderung holen kann. Aber eine solche Schulung ist sehr diffizil, und es fehlt uns an Lehrern, die durch ihre vorbildliche Persönlichkeit und ihren Kenntnisreichtum Lebens- und Liebeskunst vermitteln können.

Immerhin war Alfred Adler der Auffassung, dass die monogame Zweierbeziehung eine unverzichtbare Kulturerrungenschaft sei. Nie und nimmer hätte er die modernen Auflösungserscheinungen im Liebes- und Eheleben gebilligt, die sich von einer missverstandenen Psychoanalyse herleiten und noch mehr Ausdruck unserer „Konsum-Gesellschaft“ sind, die das ganze Dasein in Konsumieren und unverantwortliches Genießen verwandeln will. Nach Adler ist der Mensch „unheilbar ethisch“, und darum soll er Liebe und Ehe als Konkretisierung einer echten Ethik und Moral ernst nehmen.

Das Schema von Fritz Künkel

Der Charakterologe Fritz Künkel (1889–1956) ging von der Individualpsychologie Alfred Adlers aus, die er in eigenständiger Weise weiterentwickelte und umformulierte. Sein Lebenswerk, das etwa ein Dutzend Bücher umfasst, gruppiert sich um den Begriff einer „vitalen Dialektik“ bzw. einer empirischen Charakterkunde, die in eingängiger Weise die Verhaltensmöglichkeiten des Menschen begreiflich zu machen versucht. 1936 publizierte Künkel eine Untersuchung über *Charakter, Liebe und Ehe*, worin er sein vital-dialektisches Prinzip auf die Eheproblematik anwendet.

Ähnlich wie sein Lehrer Alfred Adler, den er in der Zeit des Nationalsozialismus schmählich verleugnete oder attackierte, ging Künkel davon aus, dass der Mensch von Natur ein soziales Wesen sei. Er ist nicht primär „triebbestimmt“, wie die Psychoanalyse meint. Will man den Menschen in seelischer Gesundheit und Krankheit begreifen, dann muss man von einer Leib-Seele-Geist-Einheit ausgehen, in der alle genannten Faktoren in Wechselwirkung stehen. Am ehesten kommt noch der „Geistigkeit“ eine gewisse Führung im Seelenhaushalt zu.

Nach Künkel wird der Mensch in ein „Ur-Wir“ hineingeboren, d. h. in eine symbiotische Einheit zwischen Mutter und Kind. Letzteres hat keine Antriebe und Regungen, die einer Sozialisierung per se widersprechen. In der unmittelbaren Ich-Du-Beziehung zwischen Mutter und Kind wächst dieses heran und betätigt einen urtümlichen Lebensglauben, der sich in Initiative, Werdenslust, Lernwille und Kontaktbereitschaft äußert. Würde diese ursprüngliche Dual-Union immer erhalten bleiben, dann wäre das Menschenkind stets sozial und entwicklungsfähig.

Aber durch Fehlgriffe in der Erziehung und durch Misslichkeiten in der Umwelt kommt es zwangsläufig früher oder später zum „Wir-Bruch“, der das Kind auf sich selbst zurückwirft. Es entfaltet Haltungen des Egoismus und Egozentrismus, die sekundäre Entwicklungserscheinungen sind. Das Kind hat kein Urvertrauen mehr in seine Umgebung. Es grenzt sich innerlich ab und geht in seinen Gefühlen und Urteilen von der Polarität oder sogar vom Antagonismus „Ich“ und „die anderen“ aus. Nach Künkel schafft es sich dabei im Sinne einer Abwehr viele „Dressate“, die erworbenen

Charakterzügen entsprechen. Das Dressat ist ein individueller Imperativ, der den Kampf mit der Menschenwelt einleitet und fixiert.

Jedes Dressat ist auch eine psychische Verhärtung, was Künkel mit dem eingängigen Begriff „Psychosklerose" belegt. Der Träger von solchen Abwehrmechanismen wird immer unfrei. Er kann nicht mehr recht spontan sein, sondern reagiert immer nach Mustern und Schematismen, die durch seine Kindheitserfahrungen determiniert sind.

Bekannt wurde Künkels Charakterschema, worin er Fehlschläge der Persönlichkeitsentwicklung in vier Hauptgruppen zusammenfasste. Das sind die Typen des Cäsars, des Stars, des Heimchens und des Tölpels.

Handelt es sich um ein aktives Menschenkind, dann wird es nach dem schicksalhaften Wir-Bruch die Linie von Cäsar oder Star einschlagen. Der Erstere will herrschen und überall obenauf sein. Auch in den kleinsten Verhältnissen des Lebens strebt er Dominanz an. Wie das berühmte Namensvorbild aus der Antike, huldigt er dem Grundsatz: „Lieber in einem kleinen Nest der Erste, als in Rom der Zweite!"

Der Star ist weniger hart und kämpferisch. Er will die anderen nicht direkt besiegen, sondern nur vor ihnen glänzen und ihren Applaus einheimsen. Aber auch er verwandelt alle seine Beziehungspersonen in „Objekte", indes er das einzige „Subjekt" ist. Beide Typen kämpfen um eine Ausnahmestellung im Leben, um einen Vorrang über die anderen.

Heimchen und Tölpel sind die passiven und eher masochistischen Typen. Sie haben weder den Mut noch die Kraft, um mit der Mitwelt in Konkurrenz zu treten. Daher unterwerfen sie sich lieber einem Stärkeren oder Ausstrahlungsmächtigeren, den sie anhimmeln und verehren. Als Gegenleistung verlangen sie nur Schutz, Verwöhnung und Zuwendung (Heimchen) oder In-Ruhe-gelassen-Werden (Tölpel).

Natürlich haben die vier Typen enge Beziehungen zur Charakterologie und zur Neurosenlehre. Star und Cäsar neigen zu Ehrgeiz, Eitelkeit, Geiz, Neid, Hass und Aggressivität; Heimchen und Tölpel kultivieren in der Regel Eigenschaften wie Angst, Trauer, Bequemlichkeit, Selbstverwöhnung, Passivität usw. In sexueller Hinsicht treten die Typenpaare auseinander, indem auf der einen Seite der Sadismus und die Selbstgefälligkeit überwiegen, indes auf der anderen Seite Masochismus, Kleinmut und Ängstlichkeit anzutreffen sind.

Selbstverständlich sind diese Typen im Leben selten in reiner Ausgestaltung zu finden. Es gibt überall Mischformen, und der eine Typus kann bei Schicksalsschlägen in einen anderen übergehen oder gar in seine Gegenposition umschlagen. Ein Cäsar, der zusammenbricht, wird zum Tölpel; ein Star, der allen Mut verliert, wird zum Heimchen.

Künkel hat auch die Frage aufgeworfen, wie seine vier Typen das Partnerschaftsproblem in Liebe und Ehe zu lösen pflegen. Da es sich in allen vier Fällen um „Psycho-Sklerotisierungen“ oder Vorformen von Neurose handelt, wird man kaum erwarten, dass die genannten einseitigen Charaktere in der Zweierbeziehung glücklich werden und florieren. Da sie alle Opfer von mehr oder minder großen Wir-Brüchen sind, schaffen sie es kaum je, in der Liebe eine Subjekt-Subjekt-Relation aufzubauen. Zwanghaft und gewohnheitsmäßig sehen sie im Partner ein „Objekt“, das sie geschickt behandeln und relativ unbewusst manipulieren.

Schon die Partnerwahl fällt begreiflicherweise bei allen vier Typen in eine bestimmte Richtung. Ein Cäsar wird möglicherweise einen Star wählen, der ihm bei seinen öffentlichen Auftritten assistiert. Manchmal wählen Star und Cäsar ein Heimchen, von dem sie absolute Anbetung und Gefolgschaft erwarten. Nur der Tölpel klammert gerne alle Beziehungen in Liebe und Ehe aus, weil sie seinen prekären Seelenfrieden zu stören drohen. Auch gibt es Ehen zwischen zwei Heimchen, die sich von der harten und bösen Welt abschotten und ein freundliches Nest aus Watte bauen.

Künkels „vitale Dialektik“ ist insofern ethisch orientiert, dass sie in der Partnerschaft als Ideal das Verhältnis zweier Subjekte zueinander sieht. Jeder soll im anderen die Subjekthaftigkeit achten und anerkennen. Aber das ist alles andere als eine leichte Aufgabe. Ungemein groß ist die Verlockung, sich selbst in der Subjekt-Rolle zu etablieren und das Gegenüber in die Objekt-Rolle zu drängen. Das erspart eigenen Entwicklungsaufwand und feinfühlige Rücksichtnahme auf das Wachsen und Werden des anderen.

Schon rein erkenntnismäßig stellen Liebe und Ehe riesige Anforderungen. Denn der Partner ist zunächst das „unbekannte Wesen“, das zu erforschen mitunter die Aufgabe eines ganzen Lebens ist. Und Künkel ist sich wohl bewusst, dass das Verstehen des Du immer an die eigene innere Entwicklung und Entfaltung gebunden ist. Wer nicht entwicklungsfähig und -bereit in Liebe und Ehe eintritt, wird fast zwangsläufig sein Gegenüber verfehlen und es mit unverarbeiteten Restbeständen wichtiger Interaktionen aus Kindheit und Jugend identifizieren.

Künkel spricht in diesem Zusammenhang vom „weißen Riesen“ und vom „schwarzen Riesen“, den jeder annähernd neurotisierte Mensch in seinem Inneren als Modell bereithält, um daran den Partner zu messen, zu verkennen und zu dämonisieren. Wer aus der Ecke der Verwöhnung stammt, will unwillkürlich, dass sein Partner ihn umhegt und umsorgt und ihm in der Rolle des „weißen Riesen“ alle Lebensschwierigkeiten abnimmt. Tut er das nicht, dann wird er eben in einen „schwarzen Riesen“ verwandelt, nämlich in einen Dämon, der nichts anderes im Sinn hat, als einem das Leben schwer zu machen. So kommt es zu einer paranoiden Umformung des Partnerbildes, an der sehr viele Ehen scheitern.

Der Charakterologe unterscheidet in seinem System zwischen „weichen Ehen“, „harten Ehen“ und „gelingenden Ehen“. Eine weiche Ehe liegt dann vor, wenn zwei Partner alle Probleme und Konflikte tunlichst vermeiden und so nebeneinander herleben, aber auch aneinander vorbeileben. Das wird wohl in der Regel von der Umwelt als „gute Ehe" registriert.

In der harten Ehe stoßen zwei verhärtete Charaktere aufeinander, die einen Machtkampf über Jahrzehnte hinweg zu führen bereit sind. Da geht es dann immer und überall um die Überlegenheit, aber da die Zweierbeziehung vergleichbar ist etwa dem gemeinsamen Rudern eines Bootes oder einem Tanz zu zweit, ist sie für Überlegenheitskämpfe schlecht geeignet. Man zerstört Liebe und Ehe, wenn man als Cäsar oder Tölpel, als Star oder Heimchen mit Fehdehandschuhen um sich wirft und einen alltäglichen Kleinkrieg führt.

Nach Künkel ist vermutlich jede gelingende Ehe auch durch eine Zeit der Krise hindurchgegangen. Da es zwei verschiedene Charaktere sind (also auch verschiedene Erlebnisweisen, Weltanschauungen, Werthorizonte und Gesinnungen), kommt es notwendigerweise zu einem Aufbrechen von Gegensätzen. Dann entscheidet es sich, ob die Ehe standhält oder zugrunde geht. Von beiden Beteiligten wird hierbei erwartet, dass sie einen „langen Spannungsbogen" (Geduld) haben und genügend Toleranz aufbringen, um die Andersartigkeit des Du zu erforschen und zu lieben.

Künkels Charakter- und Eheschema ist gewiss etwas zu einfach. Aber in praktischer Hinsicht ist es mitunter recht nützlich, da dieser scharfe Beobachter einiges vom Menschenleben genau und detailliert gesehen hat. Da er theologisch inspiriert war, krönt er seine Ehepsychologie mit einer Glorifikation der so genannten Schicksalsmaschen, in die sich der Mensch verstrickt und an denen er scheitert. Aber gerade in diesem Scheitern (hier wird man an die Existenzphilosophie von Karl Jaspers erinnert) zerbricht der Charakterpanzer eventuell, und die freie innere Entwicklung wird möglich. Dann ist der Mensch nicht mehr an Verhaltens-Schemata gebunden, sondern kann mit gewaltiger Flexibilität den emotionalen und geistigen Anforderungen jeder Situation gerecht werden. Besonders Liebe und Ehe erfordern tausendfältige Anpassungsschritte, die nicht selten die seelische Leistungsfähigkeit des Normalmenschen weit übersteigen. Darum hat cin witziger Franzose vielleicht nicht zu Unrecht gesagt, dass die gute Ehe offenbar etwas ganz Vollkommenes sei; das sehe man schon daran, dass sie so selten vorkomme!

Jürg Willis Theorie der Zweierbeziehung

Sehr viel Beachtung fand in der Vergangenheit die Partnerschafts-Theorie des schweizerischen Psychiaters Jürg Willi. Sie wurde unter anderem dargelegt in den drei Büchern *Die Zweierbeziehung* (1975), *Therapie der Zweierbeziehung* (1978) und *Ko-evolution* (1980). Wir beschränken uns auf die Darstellung des erstgenannten Textes, der die Grundpositionen des Autors mitteilt.

Jürg Willi stützt sich im Wesentlichen auf die Psychoanalyse, die Familientherapie und die Kommunikations-Theorie. Die psychoanalytische Erfahrung lehrt nun, dass viele Paare über Jahre und Jahrzehnte hinweg um einen und denselben Konflikt kreisen, den sie nicht bewältigen und aus der Welt schaffen können. Woher stammen diese Konflikte, die im Allgemeinen sehr destruktiv sind?

Wir konstatieren immer „Formen der seelischen Unreife“ bei beiden Partnern einer Beziehung. Diesen Reifemangel kann man psychoanalytisch als das Fixiertsein auf prägenitale Stufen der Libido-Entwicklung beschreiben. Alle solche Fixierungen ergeben seelische Unbeholfenheiten und Anomalien, die in der Regel ins Unbewusste abgedrängt werden. Nach Willi bilden Paare jeweils ein „gemeinsames Unbewusstes“, das durch derartige Entwicklungs-Defizite und den in ihnen verankerten unbewussten Motiven und Bedürfnissen resultiert.

Eine Partnerschaft ist ein „System“, in dem zwei Menschen durch ein weitgehend unbewusstes Zusammenspiel sich mit den Mängeln ihrer Sozialisation und ihres Persönlichkeitsaufbaus arrangieren wollen. Willi nennt das „Kollusionen“. Er postuliert, dass in vielen Zweierbeziehungen gleichartige Grundstörungen bei beiden Partnern vorhanden sind, wobei sie aber in recht verschiedenartigen Rollen ihren „Urkonflikt“ austragen. Mit Hilfe von unbewussten Arrangements bearbeiten sie die Urprägungen ihres Ich, ohne wirklich über ihre Schwächen hinwegkommen zu können.

Der oberflächliche Betrachter gewinnt zunächst den Eindruck, dass in vielen Paaren „gegensätzliche Charaktertypen“ zusammengekommen sind. Der Kenner jedoch wird erraten, dass es sich meistens um so genannte „Polarisierungen“ handelt; man kann dieselbe Charakter-Variante oft mit konträren Haltungen ausleben.

Der eine Partner übernimmt etwa die progressive, überkompensierende und expansive „Rolle“. Der andere jedoch reagiert regressiv und anlehnungsbedürftig. So kommt es zu einem „Zusammenspiel“, das beide Verhaltensweisen zementiert.

Aber der Grundkonflikt in beiden Persönlichkeiten wird nicht überwachsen. Es ergibt sich eine psychische Stagnation, die als quälend empfunden werden kann. Erst wenn durch Erkenntnis die Mechanik oder Dynamik einer Partnerschaft erhellt wird, kann man die charakterlichen Zwänge abbauen.

Wo das nicht geschieht, muss man damit rechnen, dass sich ein Paar lebenslänglich in seiner Kollusion wund reibt oder den Ausweg der Trennung sucht. Es kann aber geschehen, dass in der nächsten Partnerwahl wiederum im Sinne einer Kollusion agiert wird. Man könnte nach Willi in

Abwandlung eines bekannten Wortes von Napoleon über die Politik sagen: „Kollusion ist Schicksal!“

Nach der Meinung Willis gibt es vier Hauptkollusionen, die den Phasen der Libido-Entwicklung beim Kinde entsprechen. Es sind dies: 1. das narzisstische Beziehungsthema; 2. das orale Beziehungsthema; 3. das anal-sadistische Beziehungsthema; 4. das phallisch-ödipale Beziehungsthema.

In den genannten vier Themen geht es nacheinander um Verschmelzung oder Abgrenzung, Bemuttern oder Bemuttert-Werden, Kontrolle oder Kontrolliert-Werden und Bewundern oder Bewundert-Werden. Natürlich gibt es noch viele Zusatzthemen in jeder dieser Kollusionen, wie ja auch die Stichwörter Narzissmus, Oralität, Analität, phallische Ödipalität bei jedem Experten eine ganze Vielfalt von existenziellen Motiven in Erinnerung rufen.

Willi beschreibt nun sorgfältig die Konflikte narzisstischer, oraler, analer, phallischer und ödipaler Paare. Überall gibt es spezifische Nöte und Auseinandersetzungen, die diese Typologie brauchbar machen, um im Chaos möglicher Partnerschafts-Komplikationen eine Ordnung zu schaffen. Gemäß dieser Ehe-Psychologie liegen die Probleme sowohl in der Beziehung zur Umwelt wie auch im interpersonellen Raum. Immer leben die betreffenden Protagonisten in einer prekären Situation, da ihre Urkonflikte stets von neuem hochsteigen und kaum je eine tatsächliche Lösung finden. Kommt ein solches Paar in die Psychotherapie, dann steht man vor der doppelten Aufgabe, einerseits die psychische Reifung der beiden Beteiligten voranzutreiben und andererseits ihre gemeinsame Partnerschafts-Neurose zu klären und zu mildern.

Man muss sich diese Interventionen nicht als einfach vorstellen. Denn die Rollenverteilung in Zweierbeziehungen entspricht tief liegenden Charakterstrukturen, sodass die Beteiligten einer grundsätzlichen Veränderung Widerstand entgegensetzen. Meistens fürchten sowohl die aktiven als auch die passiven Rolleninhaber bei den Kollusionen, dass ein Sich-Wandeln zu einem Absturz ins „gegenteilige Verhalten“ führt, was wegen spezifischer Prägungen in der Kindheit als beängstigend erlebt und definiert wird.

Mit diesem Schema, auf das Willi in allen seinen Publikationen zurückkommt, hat er gleichsam einige „Kästchen“ geschaffen, in die man die „neurotischen Ehen“ einordnen kann. Nun ist bestimmt Schematisierung ein Grundprinzip der Wissenschaft; wer die Fakten nicht übersichtlich anordnet, wird sie kaum verstandesmäßig bewältigen können. Aber ist das Schema von Willi differenziert genug, um die Fülle möglicher seelischer Attraktionen und Konflikte in Partnerschaften in sich aufnehmen zu können?

Wir möchten es nachdrücklich bezweifeln. Jede Ehe oder Zweierbeziehung hat eine ganz individuelle Geschichte, Konfliktlage und Not, die man mit solchen Typenbegriffen nur marginal erfasst. Es handelt sich um jeweils einmalige Schicksale und Verstrickungen, die eventuell durch das Kollusions-Konzept arg verschleiert werden. Willi beteuert zwar, dass er sein Schema sehr flexibel gehandhabt wissen will. Aber wer sich auf Typenmerkmale einlässt, ist meistens nachlässig gegenüber dem Individuellen, und gerade dieses ist in der Psychotherapie das Zentrale. Sagt doch Leo Tolstoi bei Gelegenheit: „Glückliche Ehen ähneln einander; aber unglückliche Ehen haben ihre einmalige Geschichte." Und der Psychotherapeut hat bekanntlich eher mit unglücklichen Zweierbeziehungen zu tun.

Willis Bücher sind nützlich, weil sie im Chaos der Zweierbeziehungen eine erste Orientierung anbieten. Man muss aber über sie hinausgehen und das Problem einer „Charakterologie der Liebe und Ehe" in Angriff nehmen. Dabei wird sich zeigen, dass die Charakterstrukturen der beiden Partner das Schicksal ihrer Beziehung ausmachen.

Sobald wir die Charakterprobleme der Protagonisten in Liebe und Ehe ins Auge fassen, werden wir auch konfrontiert mit den jeweiligen Affekten und Gefühlsbeschaffenheiten, die von den beiden Partnern ins Liebesverhältnis eingebracht werden. Hier eröffnet sich ein weitläufiger Forschungsbereich, der noch wenig Klärung gefunden hat. Da die Psychoanalyse sich von Anfang an als „Trieb-Psychologie" verstand, hat sie die Sphäre der Emotionen und Gefühle erst spät oder gar nicht „wissenschaftlich entdeckt". Gefühle machen den Kern der menschlichen Persönlichkeit aus; sie sind Werthaltungen und Grundlagen einer persönlichen Weltanschauung. Wie wir innerhalb von Ich-Du-Beziehungen empfinden, reagieren und agieren, hängt im Wesentlichen von der Gefühlsstruktur der Beteiligten ab. Jede Liebe und Ehe hat eine nur andeutungsweise bewusste „Gefühls-Geschichte", die ihr Profil und ihren Inhalt bestimmt.

In einer kleineren Arbeit unter dem Titel *Liebesbeziehungen und deren Störungen* (1926) führt Alfred Adler dazu aus:

> Wir können zurückblickend eine Anzahl von Schlüssen ziehen, die uns die Übersicht über das große Gebiet der Liebesbeziehungen erleichtern und uns das Dunkel plötzlich ein wenig erhellen. Wir können feststellen, dass ein Mensch, dessen soziale Entwicklung Schaden gelitten hat, der keine Freunde hat, kein richtiger Mitmensch geworden ist, der eine Weltanschauung sein Eigen nennt, wie sie dem Gemeinschaftsgefühl widerspricht, der auch vielleicht seine Berufsfrage nicht gut lösen konnte, also wieder der, der für die Gemeinschaft ganz oder nahezu ganz verloren ist, in seinen Liebesbeziehungen Schwierigkeiten haben muss, ja kaum imstande sein wird, die erotische Frage zu lösen. Die so gearteten Menschen werden absonderliche Wege ein-

schlagen, Schwierigkeiten schaffen und, wo sie sich ihnen darbieten, wie nach einer sichernden Ausrede nach ihnen greifen. Diese Schwierigkeiten wollen wir genauer betrachten, wobei wir in das ganze Problem eine tiefere Einsicht gewinnen werden. Wir werden feststellen können: Auch in den Liebesbeziehungen eines Menschen schwingt seine ganze Persönlichkeit mit. Es ist uns sowohl möglich, aus seinen Liebesbeziehungen seine Persönlichkeit mitzuverstehen, als auch aus dem Verständnis seiner Gesamtpersönlichkeit heraus die dazu passende Eigenart seiner erotischen Ansprüche zu erraten.

Mit dieser Optik werden wir in der Folge das Zusammen- und Gegeneinander-Wirken von Ich und Du in Liebe und Ehe untersuchen. Unseres Erachtens ist es diese Sichtweise der Individualpsychologie Alfred Adlers, die am tiefsten ins Verständnis der gelingenden und misslingenden Partnerschaften Einblick nehmen lässt.

Was sind Gefühle?

Die Psychoanalyse hat es sich unter anderem zum Ziel gesetzt, die Sexualität des Menschen sachlich zu erörtern und den Kampf gegen ihre Verdrängung und Verleugnung aufzunehmen. Sigmund Freud war der Meinung, dass die Kulturmenschheit unter ihrer Unehrlichkeit *in sexualibus* sehr zu leiden habe; das sei eine der wichtigsten Ursachen für seelische Störungen aller Art und für das weit verbreitete „Unbehagen in der Kultur".

In der Rückschau auf hundert Jahre psychoanalytischer Theorie und Praxis wird man einräumen müssen, dass es Freud und seinen Schülern gelungen ist, viele Sexual-Tabus zu zerstören und eine gewisse Offenheit und Unbefangenheit in diesem Bereich zu etablieren. Aber merkwürdigerweise hat sich davon nur relativ wenig Nutzen für die seelische und sexuelle Gesundheit der Menschen gezeigt. Anstelle der „gehemmten Puritaner" des Viktorianischen Zeitalters sind die „ungehemmten Genussmenschen" der Konsumgesellschaft getreten, die zur Sexualität ein ebenso gestörtes Verhältnis aufweisen wie ihre Großväter und Großmütter. Irgendetwas am psychoanalytischen Konzept scheint lückenhaft gewesen zu sein.

Nach unserer Ansicht hätte die Befreiung der Sexualität kombiniert sein müssen mit einer Erziehung der Gefühle. Nicht nur der Sexus ist beim Kulturmenschen unterentwickelt und verklemmt; noch mehr ist es das Gefühlsleben, und dieses entscheidet darüber, wie ein Mensch seine sexuelle Befriedigung sucht und gestaltet. Das war die Lehre von Alfred Adler, des eigentlich ersten prominenten Freud-Kritikers, der in seiner Individualpsychologie eine wichtige Antithese und Alternative zur Psychoanalyse schuf.

Der Schwenk von der Trieb- zur Gefühlspsychologie ist in der neueren Literatur weithin zu beobachten. Die gesamte Neo-Psychoanalyse, die Gestaltpsychologie, die Ganzheitspsychologie, die Humanistische Psychologie usw. haben die außerordentliche Wichtigkeit der Sphäre der Gefühle – und das bedeutet auch der Werte, Normen und Ideale – wieder entdeckt und sind darum bemüht, darauf ihre Thesen zur Erziehung, Psychotherapie, Psychohygiene usw. zu gründen. Selbst in der Erziehung ist die Gefühlspädagogik noch viel zentraler als die „Sexual-Kunde", von der derzeit allzu viel die Rede ist.

Jede tiefenpsychologische Theorie der Gefühle tut gut daran, zunächst von den Konzepten Freuds auszugehen. Für den Begründer der Psychoanalyse sind Gefühle nichts Autonomes und Autochthones im Seelenleben. Sie stellen lediglich „zielgehemmte Triebreaktionen“ dar. Wenn es der Erziehung und später der Selbsterziehung gelingt, das triebhafte Bedürfnis aufzuschieben und vor allem auf soziale Zielsetzungen abzuleiten, wird die Bedürfnisspannung in Emotion umgewandelt. Das ist eine innerpsychische „Alchemie“, die von jeher den Protest der Autoren ausgelöst hat. Natürlich spielte hierbei auch das selbstgerechte Pathos des Kulturmenschen eine Rolle. Man wollte unter keinen Umständen wahrhaben, dass die edle Sphäre der Gefühle nur ein Ableger der vulgären Triebe sei.

Aber auch unpathetische Kritiker haben gewichtige Einwände gegen Freuds Reduktion des Gefühls auf die scheinbar allmächtige „Triebbasis“ vorgebracht. Adler, Jung, Schultz-Hencke und die Neo-Psychoanalyse haben darauf insistiert, dass die Gefühle ein eigenständiger Bereich der Psyche seien. Sie trafen sich dabei auf halbem Wege mit Philosophen wie Max Scheler und Alexander Pfänder, die ebenfalls die Eigenständigkeit der Gefühlswelt betonten.

Auch wir haben unsere Zweifel bezüglich der psychoanalytischen Gefühlstheorie. Aber Freud hat oft etwas Substanzielles gesehen, wenn er es auch nicht immer theoretisch genau fixieren konnte. Darum sollte man seine Thesen nie leichtfertig verwerfen, sondern immer darum bemüht sein, ihren echten „phänomenalen Kern“ ans Licht zu heben.

Der Meister spricht davon, dass die Entstehung des Gefühls abhängig sei von einem Akt des „Triebverzichts“. Nur wenn das triebhafte Bedürfnis blockiert werden kann, entfalten sich Gefühle. Nun ist die Begierde wesensmäßig auf ihr Objekt fixiert und will es „verbrauchen“. Es scheint, dass Freud eine Überwindung dieser „Verbraucher-Haltung“ anvisierte, als er die Emotion eine Art „Sublimierung“ nannte. Wir fühlen erst dann richtig gegenüber Sachen und Menschen, wenn wir diese in ihrem „Eigenwert“ auffassen und nicht nur darauf aus sind, sie für unsere Zwecke nutzbringend zu verwerten. In gewisser Weise wiederholt hier Freud eine Argumentation von Kant, der von der Kunst – und diese wurzelt ja in der Gefühlswelt – ein „interesseloses Wohlgefallen“ fordert.

Um tiefer in unser Thema einzudringen, ist es von Vorteil, an dieser Stelle auch auf die Adler'sche Gefühlslehre einzugehen. Adler war der Meinung, dass die Gefühle zeitlich früher im Seelenleben konstituiert werden als die sexuelle Triebhaftigkeit. Im Zärtlichkeitsbedürfnis des Kindes sah er eine autonome seelische Regung, die bald nach der Geburt einsetzt und den Kontakt mit der Mutter herstellt. Es bleibt auch im späteren Leben so, dass das Bedürfnis nach zärtlicher Interaktion fast stärker und fundamentaler ist als der Wunsch nach „triebhaften Abreaktionen“. In seiner Charakterlehre deklariert Adler, dass die Menschen jene Form von Triebverhalten wählen, die ihrer allgemeinen Charakterbeschaffenheit entspricht. Nicht der Trieb fundiert den Charakter, sondern die Charakterstruktur bestimmt die vorherrschenden Triebmodalitäten. So liegt etwa der Schlüssel zu den sexuellen Anomalien des Alltags und auch der sexuellen Perversionen nicht in speziellen Sexualtraumen der Kindheit, sondern in Abwegigkeiten der frühen Charakterentwicklung.

Was ist nun im individualpsychologischen Sinne das Gefühl? Nach Adler ist es der „Dampf in der Maschine“; durch die Emotion wird der Mensch mit der Welt verflochten und engagiert sich in ihr. Hätten wir keine Gefühle und wären wir nur Ratio, dann würden wir relativ unbeteiligt die Welt betrachten und beurteilen. Handeln könnten wir in ihr in keiner Weise. Da wir aber Gefühle haben, werden wir dazu gedrängt, die Welt in uns hineinzunehmen und uns ihr hinzugeben. Jedes Gefühl ist daher ein Mitteldding zwischen Freiheit und Unfreiheit, und zwar eine gesunde Mischung davon. In einer prägnanten Formulierung sagt der Begründer der Individualpsychologie, dass wir auf Grund unserer Gefühlsbetontheit „wollen, was wir sollen“. Das Gefühl lässt uns Ziele, Zwecke und Werte sehen, und zwar in solcher Attraktivität, dass wir dazu animiert sind, diese zu realisieren. Gefühle sind die eigentlichen Motoren des Seelenlebens.

Auch die Phänomenologen haben sich sehr gründlich mit der Gefühlswelt des Menschen auseinander gesetzt. Pionier in diesem Bereich war Max Scheler, der 1921 mit seinem Buch *Wesen und Formen der Sympathie* philosophische Grundlagenforschung bei diesem Thema betrieb. Man kann heute keine Gefühlstheorie vorlegen, wenn man nicht die Befunde der Phänomenologie ausgiebig berücksichtigt.

Diese Disziplin fragt zunächst danach, worauf denn das Gefühl wesensmäßig gerichtet (Intentionalität) ist. Die Antwort lautet: Gefühle beziehen sich immer auf Werte. Das leitet natürlich über zur Frage, was denn ein Wert sei. In diesem Zusammenhang muss die so genannte Wertphilosophie konsultiert werden.

Die Philosophen unterscheiden zwischen einer Welt der Tatsachen und einer Welt der Werte. Die erstere weist ein reales An-sich-Sein auf. Sie existiert unabhängig vom Menschen in „handfester“ Konsistenz. Die Dinge sind realiter da und werden noch da sein, auch wenn es keine Menschen mehr gibt.

Anders bei den Werten. Ihnen wird ein ideales An-sich-Sein zugeschrieben. Nach Nicolai Hartmann existieren auch sie relativ unabhängig vom Menschen. Auch wenn es keine Menschen auf der Erde mehr gibt, werden Werte wie Wahrheit, Gerechtigkeit, Schönheit usw. ihre Gültigkeit haben, nur ist dann niemand mehr vorhanden, der sie erblickt. Tatsachen nimmt man mit den Sinnesorganen wahr. Werte hingegen „sieht“ man nur mit dem Gefühl; indem sie wahrgenommen werden, erhalten sie erst eine komplette Existenz. Je gefühlsreicher ein Mensch ist, umso mehr ist er im Wertekosmos beheimatet. Und er wird dabei entdecken, dass es eine Hierarchie der Werte gibt, mit niederen, hohen und höchsten Werten. Je differenzierter die Gefühlsbeschaffenheit eines Menschen ist, umso feiner reagiert er auf verschiedenartiges Wertniveau und umso höher reicht sein Blick bis zum Gipfel des „ordo amoris". Hartmann ist der Meinung, dass die Menschheit seit ihren Anfängen Entdeckungen im Wertekosmos macht, ähnlich wie sie sich erkenntnismäßig die Realwelt aneignet. Große Individuen und kulturorientierte Zeitalter richten ihren Blick auf die Welt der Werte und fassen dabei immer neue Ziele und Ideale ins Auge. Im Verlaufe der Kulturentwicklung wird auch der Sinn für die Werthierarchie verfeinert. Man erkundet nach und nach immer höhere Werte, die man durch Gefühlsentwicklung realisieren kann. Dumpfe und barbarische Kulturlosigkeit wird ersetzt durch differenzierte Lebensformen, die jeweils auf gesteigerter Liebesfähigkeit beruhen.

Nach Scheler und Hartmann ist es also die Liebe, die den Menschen wertsichtig macht. Der lieblose Mensch ist weitgehend wertblind. Darum kann nur eine liebevolle Erziehung den Menschen in die Wertwelt einführen. Andererseits wächst unsere Liebesfähigkeit durch den Umgang mit Werten, wobei ein dialektisches Verhältnis stattfindet. Liebe und Wert sind immer einander zugeordnet.

Weiterhin hat Scheler die Beobachtung gemacht, dass das Fühlen und damit auch Werterkennen sogar dem Wahrnehmen des Menschen vorausgeht. Es findet sich bei ihm die Formulierung, dass jede Wahrnehmung zunächst eine „Wertnehmung" ist. Nur was uns als wertvoll (oder wertwidrig) gilt, kann erkenntnismäßig rezipiert werden. Was unserem Werturteil als gleichgültig erscheint, bleibt lediglich am „Saum unseres Bewusstseins" und fällt sozusagen durch die Maschen unserer Aufmerksamkeit. Wie sehr diese These richtig ist, belegt etwa das bekannte Beispiel von einigen Menschen, die durch einen Wald im Frühling gehen. Der Jäger beobachtet Spuren von Wild; der Holzhändler überschlägt in Gedanken, was er an Gewinn bekäme, wenn er die Bäume fällen ließe; ein Liebespaar ist beeindruckt durch die Waldeinsamkeit und den Gesang der Vögel usw.

Scheler behauptet, dass Gefühle den Kern der menschlichen Persönlichkeit ausmachen. Nicht Triebe stehen im Zentrum der Person, sondern das Gefühl oder das Gemüt. Ähnlich spricht auch Philipp Lersch vom „endothymen Grund" im „Aufbau der Person". Je mehr Gefühle ein Mensch hat, umso kräftiger ist sein Ich oder sein Selbst. Daraus leitet sich die Forderung ab, man müsse z. B. in der Psychotherapie den Gefühlshaushalt des Patienten in Ordnung bringen, wenn man seine innere und äußere Entwicklung begünstigen will.

Aus dem Obigen lässt sich auch deduzieren, dass es notwendig ist, die Liebesfähigkeit eines Menschen zu vermehren, wenn er entfaltet werden soll. Scheler hat sogar gesagt, dass es möglich ist, durch wachsende Werterkenntnis „sich selbst hinaufzulieben“. Wenn der Mensch liebt, strömen ihm neue Kräfte zu, und er kann an Format gewinnen. Der erfühlte höhere Wertbereich hebt sozusagen auf ein höheres Niveau. Es ist also nicht, wie Goethe meint, das „Ewig-Weibliche“, das uns hinanzieht, sondern die Wertwelt in ihren vielfachen Gestaltungen (wozu natürlich auch das Ewig- und Zeitlich-Weibliche gehört).

In Martin Heideggers Existenzphilosophie ist das Thema „Gefühl“ scheinbar fast ganz unbeachtet. Aber genau genommen, kann auch diese tiefgründige Ontologie in *Sein und Zeit* (1927) an der Gefühlsproblematik nicht vorbeigehen. Nur erörtert der Philosoph diesen Bereich unter dem Stichwort der „Befindlichkeit“, was im Grunde „Stimmung“ (als grundlegende Existenzverfassung bzw. „Existential“) bedeutet. Nach Heidegger ist das Dasein (also der Mensch) „je und je schon gestimmt“. Das bedeutet, dass wir immer schon – bemerkt oder unbemerkt – in einer Stimmung leben und dass von ihr unsere Welterfahrung zutiefst geprägt ist. Je nach dem jeweiligen Gestimmtsein können spezifische Fakten, Ideen, Erinnerungen usw. in unseren Erfahrungshorizont eingehen.

Nun ist die Stimmung wesensmäßig der tragende Grund, aus dem die Gefühlswelt entspringt. Stimmungen sind weniger intentional als die Gefühle; sie erscheinen als „ungerichtet“, haben aber doch im Prozess des Lebens eine weitreichende Bedeutung. Da Heidegger im genannten Hauptwerk eine sehr düstere Lebensphilosophie vorlegt, diskutiert er nur die Stimmungen der Angst und der Langeweile, die seiner Meinung nach „das Dasein vor die Erfahrung des Nichts“ bringen. In der Angst etwa sind wir „ins Nichts hineingehalten“. Sie beinhaltet ein „Entgleiten des Seienden im Ganzen“; ähnlich die Langeweile. Daraus soll nach dieser heroisierenden Existenzphilosophie der trotzige Mut des Menschen erwachsen, sein „Vorlaufen zum Tode“, wodurch er zur „eigentlichen Existenz“ wird.

Die Abwesenheit der helleren Gefühle und Stimmungen in Heideggers etwas trostloser Welt- und Lebensanschauung hat Friedrich Otto Bollnow in seinem Buch *Das Wesen der Stimmungen* (1941) mit Recht bekämpft. Er plädiert dafür, auch das Gestimmtsein der Freude, der Hoffnung und der Zuversicht in die Analytik des menschlichen Daseins einzubeziehen. Es ist nicht viel damit gewonnen, wenn wir dem Pessimismus Raum geben und die Dramatik des Menschenlebens auf Angst, Tapferkeit und „Sein zum Tode“ reduzieren.

Einen mächtigen Fortschritt über den Heidegger'schen Standpunkt hinaus bedeutet Jean-Paul Sartres *Skizze einer Theorie der Emotionen*. Dieser um 1940 publizierte Essay ist eine feinsinnige Analyse der Affekte und Gefühle des Menschen; eigentlich überwiegt darin die Affekt-Untersuchung. Denn Sartre deklariert, dass jegliche „Emotion“ eine „Vereinfachung der Welt" intendiert. Normalerweise sei die Menschenwelt sehr kompliziert und unübersichtlich; sie stellt hohe Anforderungen an das Individuum, das sich in sie integrieren will. Um sie rational zu bewältigen, muss man gewaltige geistige Anstrengungen unternehmen, und dazu ist nicht jedermann disponiert oder gewillt.

Wenn nun also dadurch eine Situation der Hilflosigkeit oder Überlastung entsteht, dann kann sich der Betroffene aus der Welt zurückziehen und sich „in seinen Leib hineinfallen" lassen. Durch das Bewusstsein sind wir immer mehr oder weniger „draußen in der Welt". Wird es uns dort unheimlich oder ganz einfach „zu viel", dann wollen wir die Welterfahrung reduzieren und vielleicht auch primitivisieren. Das geschieht durch die Affekte, die Sartre leider mit den Gefühlen in einen Topf wirft. Er bringt das Beispiel von jemandem, der in einer Situation zu unterliegen droht; er entzieht sich dieser Niederlage dadurch, dass er ohnmächtig wird. Oder ein Mensch entwickelt eine vorübergehende oder dauernde Depression. Die Welt, die vorher doch artikuliert und differenziert war, verwandelt sich in eine graue und widerständige Wand, die einschüchtert und verängstigt; aber die Probleme sind im allgemeinen Grau weggerückt und verschwunden.

Ähnlich geht es bei allen Affekten zu. In Wut, Zorn, Hass, Neid, Eifersucht, Angst usw. vermindert das Subjekt die bedrohlichen Aspekte im Detail, was aber natürlich den Widerstandskoeffizient der Welt im Ganzen durchaus nicht verkleinert. Darauf wird mit der Affekt-Entwicklung geantwortet, die immer auch eine kämpferische Haltung in sich birgt. Es liegt ein Stück „Weltvernichtung" im Affekt, die allerdings auch auf das Subjekt zurückschlägt, welches sich im affektiven Verhalten selbst schädigt. Der zur Selbstdurchsetzung alarmierte Leib bringt seine Funktionen in Unordnung; die ganze Psychosomatik ist im Prinzip eine Anwendung der Affekttheorie auf die Lehre von den psychogenen Erkrankungen.

Sartre bezieht irrtümlich auch die Liebe in dieses Emotionskonzept ein. Unseres Erachtens ist aber dieses Gefühl keine Primitivisierung des Lebens und der menschlichen Beziehungen. Im Gegenteil: Durch die Liebe wird die Welt reicher, bunter, schöner und verlockender. Der Liebende entflieht nicht aus seiner Situation in die Tiefen seines Leibes, sondern schlägt die Brücke zum Du und damit auch zur gesamten Wirklichkeit. Gefühl und Affekt sind eben nicht identisch.

Ähnlich steht es mit der Freude. Auch sie ist keine reduktive Haltung, sondern durchwegs produktiv. Sartre selbst sagt, dass Freude „die Erkenntnis der Freiheit durch sich selbst" sei. Während uns der Affekt unfrei macht, erweitern die Gefühle den Freiheitsspielraum der menschlichen Persönlichkeit.

Das hat übrigens schon Spinoza im 17. Jahrhundert ganz deutlich gesehen, wie man in seiner *Ethik* nachlesen kann. Dort gibt es die wichtige

Formulierung, dass der Philosoph die Freude (und damit meint er auch die Liebe) als ein Zeichen dafür ansieht, dass der Mensch innerlich „vollkommener" wird. Trauer hingegen sei ein Diagnostikum für die zunehmende Unvollkommenheit eines Individuums. Damit wird bereits die Ganzheitsbetrachtung und eine feinsinnige Beobachtung über das Wesen des Gefühls vorweggenommen. Wie bereits weiter oben angedeutet, verflechten uns die Gefühle mit der Wirklichkeit. Indes der Affekt „Flucht, Rückzug und Kampfverhalten" bedeutet, ist das Fühlen ein „Transzendieren", ein Über-uns-Hinausgreifen in die Welt, und nur da kann Entwicklung und Entfaltung stattfinden.

Alle referierten Gefühlstheorien lassen erkennen, dass man fehlgeht, wenn man Gefühl und Geist als einen Gegensatz ansieht. Nach der Meinung der Philosophen sind Gefühle nicht antithetisch zum Geistigen, sondern selbst „geistbestimmt". Man spricht ja auch von „geistigen Gefühlen", wozu Liebe, Freude, Heiterkeit und Humor gehören. Des Weiteren haben wir auch auf die Erkenntnisfunktion des Gefühlslebens hingewiesen. Man irrt sich sehr, wenn man Gefühle – wie es im Volksmund geschieht – „blind" nennt. Eher schon sind die Affekte eine partielle oder gar totale Blindheit, wenn nicht gar eine Lähmung von Verstand und Geist. Wer liebt, ist der „eigentlich sehende Mensch", indes der lieblos in die Welt hineinschauende Menschentyp zwar materielle Güter und Nutzwerte sehen kann, aber für unendlich viele Aspekte der wertträchtigen Wirklichkeit unempfänglich bleibt. Das wissen weder die großen noch kleinen „Realpolitiker" und halten sich für kluge Realisten, wenn sie an Werten vorbeisehen und vorbeileben.

Wir verlassen nun die Ebene des Autoren-Referats und wenden uns der beschreibenden Psychologie und Charakteristik der Gefühle und ihrer Dynamik zu. Dabei wird jedoch wiederum eine Anlehnung an die phänomenologische Betrachtungsweise unentbehrlich sein.

Wir sagten weiter oben, dass Gefühle allemal auf Werte ausgerichtet seien. Aber was ist nun eigentlich ein Wert? Nach der Meinung der Autoren ist er ein „Sollsein", d. h. etwas, das durch den Menschen verwirklicht werden soll. In dem Augenblick, wo Werte erfühlt oder erkannt werden, erlebt man auch den inneren Appell, der zu ihrer Realisierung drängt. Wert ist etwas, das unmittelbar Bejahung und Zustimmung im Betrachter hervorruft. Die Idee der Vollkommenheit oder des Guten überhaupt ist von der Wertwelt unabtrennbar.

Der Mensch könnte nicht wertempfänglich sein, wenn er nicht selbst ein unfertiges und an seiner Unzulänglichkeit leidendes Lebewesen wäre. Im Wert sieht er Möglichkeiten der Perfektion der Welt und seiner selber. Durch innere und äußere Entwicklung nimmt er die „richtige" Haltung zum Wertekosmos ein.

Wie bereits erwähnt, findet sich bei Scheler die Formulierung, dass es Aufgabe und Möglichkeit des Menschen sei, sich selbst hinaufzulieben. Durch die Liebe – und das heißt Teilhabe an höheren und höchsten Werten – wächst die menschliche Person in ihr eigentliches Format hinein. Denn die genauere Betrachtung lehrt, dass im Zentrum der Persönlichkeit im Wesentlichen Gefühle lebendig sind. Sie sind die wahren Bausteine von Ich und Selbst.

Das bringt uns auf den Gedanken, dass es im Grunde nur positive Gefühle geben kann. Freude, Zuversicht, Hoffnung, Glück, Wohlwollen, Mitgefühl usw.: All das sind eindeutig Manifestationen der menschlichen Solidarität, der Selbstliebe und der Beziehung zur Mitwelt. Nun spricht man aber im Alltag (und leider auch in der Wissenschaft) dann und wann von schlechten oder unguten Gefühlen. Im Sinne unserer Betrachtungsweise ist das ungenau und irreführend. Die angeblich „negativen" Gefühle sind u. E. eben die Affekte. Wenn Gefühle pervertiert werden, dann erscheinen sie in Affektgestalt. Das gilt z. B. für Neid, Eifersucht, Groll, Missmut, Hass und ähnliche Regungen, die die Person nicht aufbauen, sondern destruieren.

Alle diese Affekte liegen auf der (vertikalen) Linie von Ohnmacht und Macht; sie entspringen einer Hilflosigkeitssituation und wollen diese gewaltsam kompensieren. Die wahre Kompensation von Schwäche und Unzulänglichkeit läge in der Beziehungsaufnahme; dazu ist der Affekttyp von seiner Sozialisation und Lebensgeschichte her nicht in der Lage. Daher kommt es zu einem Erregungssturm, der die vorhandenen Probleme nicht löst, aber sie durch Imponiergehabe und Aggression eliminieren will. Darum scheint es sogar erlaubt, bei den „unguten" Gefühlen von Gefühlsarmut zu sprechen. Man fällt nur dann den wenig sozialen Affekten anheim, wenn man ein karges Gefühlsleben hat und wenn die Person relativ unentwickelt und unentfaltet ist.

Genau so, wie sich der Mensch „hinauflieben" kann, wird er durch häufiges affektives Reagieren in seinem Personsein geschädigt, da der Kern seines Ich durch Affekt-Missbrauch gleichsam abgebaut wird. Bei neurotischen Patienten und anderen psychopathologischen Fällen findet sich in der Regel ein stark aufgeblähtes Affekt-Leben, indes die Gefühlswelt eher reduziert ist.

Diese Problemlage kann noch verdeutlicht werden, wenn man das Verhältnis von Leib und Seele in Betracht zieht. Natürlich handelt es sich hier um Abstraktionen, wenn man den Menschen sozusagen in zwei Kompartimente aufteilt, als ob es sich um relativ selbstständige Wesenheiten handele. In Wirklichkeit ist immer eine leib-seelische Ganzheit vorhanden; nur aus Zwecken der Darstellung teilt man diese auf, aber bei vorsichtigem Gebrauch hat diese künstliche Dichotomie auch ihren Wert.

Im Gefühl scheinen Leib und Seele harmonisch zusammenzuklingen. Die wesentlichen Gefühle sind mild, stetig, ruhig und sanft. Das entspricht auch einer positiven Beziehung zu Mensch und Umwelt, in die weder Angst noch Aggression hineinspielen. Auch das Verhältnis zum Leib ist entspannt. Anders beim Affekt: Hier geht gleichsam die Person im Leib unter, der Weltkontakt verflüchtigt sich, und im wilden Taumel oder in einer plötzlichen Besessenheit gibt es nur noch die nackte Selbstbehauptung. Gefühle schaffen Welt, indes der Affekt etwas Narzisstisches an sich hat, das das Subjekt isoliert. Überwältigung durch Affekte kommt in der Vereinsamung des Ich zustande und vermehrt diese noch. Denn nur die relativ handlungsfähige Personalität ist fähig zur echten Beziehungsaufnahme.

Gefühle bewirken eine Beseelung des Leibes, indes die Affekte den Leib aufblähen und die Ohnmacht der Psyche manifestieren. Damit ist wohl ausreichend klar gemacht worden, dass in psychohygienischer Hinsicht der Ersatz von Affekten durch die Emotionen von weit tragender Bedeutung ist. Wahrscheinlich gelingt auch z. B. die sexuelle Kontaktnahme am ehesten bei intakter Gefühlsstruktur, indes Affektcharaktere allerlei Hindernisse in der Hingabe aufweisen.

Man kann diese Problematik auch am Thema der Situation und der so genannten Situations-Unfähigkeit abhandeln. Unseres Erachtens ist die Letztere der Schlüssel zu jeder Art von Psychopathologie. Alle Wachstumsprozesse des Menschen kommen nur dadurch zustande, dass er in die jeweilige Situation „hineinsteht“, ihren Aufforderungscharakter begreift und das jeweils Mögliche danach gestaltet. Nun haben aber die Patienten in der Psychotherapie in ihrer Kindheit das Sich-Einfügen in Situationen viel zu wenig eingeübt. Sie haben so missliche Erfahrungen „situativ erlitten“, dass in ihnen eine panische Angst lebt, sie könnten beim Akzeptieren der Realität Schiffbruch erleiden. Darum verträumen sie lieber ihr Leben, ziehen sich zurück in einen Schlupfwinkel und entschärfen das „In-Situation-Sein“ durch starre Verhaltensmuster, Abwehrmechanismen und Fluchttendenzen. Fast jeder Neurotiker hat zahlreiche Tricks und Taktiken, durch die er sich die Endlichkeit und Endgültigkeit des Lebens vom Leibe halten kann. Werden jedoch die Welt und die Menschen allzu „zudringlich“, dann kommt es eben zur Affekt-Entwicklung, die die Situation zertrümmert und zur Isolierung führt.

Situation heißt nämlich immer auch Begegnung und Verschränkung, und das ist etwas, was der seelisch kranke Mensch mehr fürchtet als irgendetwas. Das ist seine „Situations-Phobie“, die ein wichtiges Diagnostikum für seelische Störungen aller Art ist. Wir haben weiter oben erwähnt, dass die Situation in ihrer Begrenztheit den Menschen mit seinem Endlichsein konfrontiert. Nun schlummert aber in jeder kranken Psyche das Verlangen nach Unendlichkeit, genauer gesagt: ein Gottähnlichkeits-Bedürfnis. Solange das Individuum isoliert und abgekapselt träumt, ist es uneingeschränkt in seiner Macht und seinem Sicherheitsbedürfnis. Steigt es aber in irgendwelche Situationen ein, dann schrumpft es gleichsam und muss sich mit „menschlichen Dimensionen" begnügen.

Gefühle sind jene Eigenschaften der Seele, durch die sie sich in die einmaligen und unwiederholbaren Konstellationen des Lebens einlässt und sich mit ihnen auseinander setzt. Darum ist das entwickelte Gefühlsleben so unendlich bedeutsam für die erfolgreiche Lebensgestaltung. Fehlt es an Gefühlen, dann lebt der Betroffene „am Leben vorbei", und es kann auch keine „Resultate des Lebens" geben. Schon aus diesem Grunde sollte sich die Psychotherapie sehr umfassend und nachhaltig mit der Gefühlstheorie befassen.

Alle diese Überlegungen sind wichtig für die Psychotherapie. Man hat viele Definitionen für die Zielsetzung seelenärztlichen Handelns propagiert. Eine davon stammt von Franz Alexander, der mit Recht gesagt hat, dass das Wesen psychotherapeutischer Behandlung in der „emotional-korrigierenden Erfahrung" liegt. Gewiss gibt es auch andere treffende Beschreibungen für das Therapieproblem. Wir erinnern nur daran, dass wir auf Erinnerungsarbeit, biographisches Denken überhaupt, Selbsterkenntnis und Menschenkenntnis, Übertragungsbeziehung, Abbau von rigidem Überich, Veränderungen in der Weltanschauung und Gesinnung usw. aufmerksam gemacht haben. Alle diese Aspekte sind bedeutsam, aber in unserem Zusammenhang legen wir den Akzent auf den Gefühlsbereich und seine Umstrukturierung.

Der Patient kommt mit einem verstörten und verkümmerten Gefühlsleben in die Sprechstunde des Therapeuten. Er soll neue Gefühle erlernen, die ihn zu einer neuartigen Lebensführung und -gestaltung animieren. Wie aber kann das zuwege gebracht werden?

In manchen Texten wird betont, dass in der Psychotherapie eine wechselseitige „Gefühlsansteckung" zwischen Analytiker und Analysand stattfindet. Das ist ein bekanntes Phänomen in allen lang dauernden menschlichen Beziehungen; wo immer Menschen zusammenleben und zusammenarbeiten, gibt es Gefühlsaustausch, und die Gefühlswelt des einen strömt unwillkürlich auf die des anderen über. Aber dieser Prozess ist launisch und nicht allzu effektiv. Es ist zwar immer nützlich, wenn der Therapeut etwa eine positive und optimistische Gefühlsausstrahlung hat, die er seinen Schützlingen mitteilen kann. Aber Letztere sind nicht ohne weiteres gewillt und fähig, sich solchen ermutigenden Einflüssen auszusetzen. Sie sperren sich unbewusst dagegen, und man muss schon andere Mittel einsetzen, um den Widerstand gegen die Gefühlsumwandlung zu verringern.

Bekanntlich hat Freud die „Übertragungsbeziehung" als eine hohe Schule der Gefühlserneuerung beschrieben. Er deutet damit an, dass der

Patient alle seine Gefühle und Affekte, die er im Laufe seines Lebens erlernt hat, auf den Therapeuten und die therapeutische Beziehung „überträgt". Dabei kommt es häufig zu sehr unsachgemäßen Einstellungen und Verhaltensweisen, weil das Bild des Analytikers durch Ängste, Projektionen, Idealisierungen, Wahrnehmungsverfälschungen, Missverständnisse aller Art verzerrt wird. *Nolens volens* erfährt der Analysand seinen Mentor im Lichte aller ihn prägenden Autoritätsbeziehungen, von den Eltern über die Lehrer bis zu den Phantasiebildern, die er sich von den Menschen überhaupt konstruiert hat. In der Entlarvung dieser Übertragungsanomalien sah Freud fast das stärkste therapeutische Agens der analytischen Kur.

In unserer Sprache ausgedrückt: Der Patient neigt dazu, das Psychotherapieverhältnis durch affektive Erwartungen und Bereitschaften zu stören und eventuell sogar auffliegen zu lassen. Hält der Therapeut in den Stürmen der Übertragung stand, und gelingt es ihm, im Seelenleben seines Gegenübers annähernd realistisch zu erscheinen, dann bewirkt er bei diesem ein Anwachsen von Gefühl, Ichstärke und personaler Lebendigkeit. Eine von Sympathie und Vertrauen getragene Zusammenarbeit zwischen den beiden Protagonisten des Therapie-Geschehens ist das erstrebenswerte Ziel und ein Heilfaktor ersten Ranges.

Durch Erweckung und Belebung der Gefühlssphäre kommt etwas zustande, was die Daseinsanalytiker die „Überwindung der existenziellen Verschlossenheit" des Menschen nennen. Nach der Lehre dieser Autoren ist das Dasein primär Weltoffenheit; es kann sich prinzipiell für die ganze Welt der Menschen und Dinge öffnen. Unter dem Einfluss von Angst und Abwehr in der Erziehungssituation und im gesellschaftlichen Leben überhaupt verwandelt sich dieses urtümliche Offensein und Offenstehen in ein In-sich-Verkapseltsein, welches Sartre geradezu die „menschliche Ursünde" nennt. Verschlossensein und Verstimmtsein sind zwei Seiten einer Medaille. Mit ihnen geht jeweils Gefühlsverkümmerung einher, und darum muss man sich nicht wundern, wenn in allen Fällen von seelischer Erkrankung das genannte Syndrom auffällig hervortritt. Will die Therapie grundlegend kurieren, dann muss sie im Rahmen der Übertragungsbeziehung Verstimmung und Verschlossenheit verringern, damit das verschüttete Gefühlsleben des Patienten zum Tragen kommt. Das ist kaum je machbar, wenn sich die Erörterungen von Analytiker und Analysand lediglich auf „innerseelische Konflikte und Komplikationen" beziehen. Es muss sich das Gespräch der beiden Protagonisten zur Welt hin öffnen, denn die Menschenwelt und ihre mannigfaltigen Aufgaben sind die Sphäre, in der sich Gefühle entfalten und betätigen können. So sieht die Daseinsanalyse ihre Funktion nicht nur darin, im „Innern der Seele" Ordnung zu schaffen, sondern den Menschen zur Welt hin zu öffnen und zu aktivieren.

Von hier aus ist die Anwendung der obigen Überlegungen auf die Probleme der Erziehung nicht schwer zu bewerkstelligen. Dieses uralte Thema hat trotz unendlich vieler Bemühungen nur wenig von seiner Ungeklärtheit verloren. Wir haben zahlreiche pädagogische Programme, die im Laufe der Kulturgeschichte angewendet wurden, aber ein eigentlich erfolgreicher Weg zur Formung und Bildung der Jugend ist nicht gefunden worden. Man tappt im Dunkeln, und die meisten Erzieher verlassen sich auf die alte und unbewährte Praxis, die Kinder nach ihrem Ebenbilde zu modellieren.

Gemäß unserer Sicht muss der Akzent auf der Gefühlspädagogik liegen. Aber die Gefühle des Heranwachsenden sind schwer zugänglich; eine rationale und willentliche Einwirkung auf sie ist illusorisch. Beim Gefühlsleben sind das Reifen und Wachsenlassen viel wichtiger als jegliches „Machen" und „Planen". Man hat gesagt, dass die grundlegendsten Psychotherapeuten-Eigenschaften die Geduld und das Zuhören-Können sind. Ähnliches kann man für den Erzieher postulieren.

Er muss selbst in seiner Persönlichkeit Werthaltigkeit repräsentieren und so dem Zögling ein echtes und inneres Bezogensein auf die Werte und die Kultur vorleben. Dann darf er dem spontanen Werden im Kinde keine Hindernisse in den Weg legen. Durch seine Vitalität und Spontaneität bringt das Letztere von selbst emotionale und geistige Anregbarkeit mit. Diese darf nur nicht blockiert werden, z. B. durch Angst, rigide Verhaltensmuster, Dogmatismen und Vorurteile. Jedes Mal, wenn das Kind mittels seines Urvertrauens sich zur Welt hin öffnet, soll es ermutigt und bestätigt werden. So kann u. U. eine intensive Werdens-Bereitschaft in ihm konstituiert werden. Darin sind aber schon Tugenden und „gute Gesinnungen" enthalten.

Des Weiteren soll jedoch die Erziehung auch bewusst den Zögling zur Kulturassimilation und zur sozial-kulturellen Leistungsfähigkeit heranbilden. Das bedeutet ein intensives Training in allen möglichen Lernbereichen, was uns mindestens so wichtig erscheint wie die liebende Zuwendung zum Kinde. Anders ausgedrückt: Man soll die Kinder die Liebe nicht entbehren lassen, aber wenn man nur liebt, nähert sich das der (ungemein schädlichen) Verwöhnung. Behält man aber im Sinn, dass der Zögling auf ein produktives Leben in der Gemeinschaft vorbereitet werden soll, dann wird man in Manifestationen der Zuneigung nicht übertreiben und die nötige Wärme und Geborgenheit mit der Aufforderung zur sozialen Beitragsleistung „legieren".

Gefühlserziehung ist der einzige Weg, der später zu einer sinnvollen Lebensgestaltung führen kann. Im Gefühl begegnet der Mensch nicht nur der Welt der Werte, sondern auch dem Kosmos aller Sinnmöglichkeiten. Der Ausblick auf solche Horizonte ist ein enormer seelischer Gesundheitsschutz.

Was ist Liebe?

Der Spötter Heinrich Heine formulierte einmal den saloppen Satz: „Was Ohrfeigen sind, weiß jeder; was die Liebe ist, das hat noch niemand herausbekommen." Diese These in ihrer witzigen Zuspitzung kann wohl kaum ernstlich aufrechterhalten werden. Sie ist ebenso fragwürdig wie die Meinung La Rochefoucaulds, der in seinem pessimistischen Aphorismenbuch aus dem Jahre 1665 die Lehre vertritt: „Die wahre Liebe ist wie ein Gespenst: Jeder spricht davon, aber niemand hat es wirklich gesehen!"

So schwierig und so düster liegen die Dinge nicht, wie der Witzbold und der Misanthrop uns glauben machen wollten. Das Problem der Liebe ist tiefgründig; wer es erforschen will, muss aber nicht am Nullpunkt beginnen, sondern kann sich auf vielfältige Vorarbeit stützen. So haben vor allem die Dichter Wesentliches zur Erkenntnis der Liebesthematik beigetragen. In den großen Romanen der Weltliteratur, in der Lyrik aller Zeiten und Völker, in Dramen und Lustspielen sind unendlich reiche Beobachtungen über Glück und Tragik der Liebe beschrieben. Auch die Philosophen wussten hierüber einiges zu erzählen: Von Plato *(Symposion)* bis Max Scheler *(Wesen und Formen der Sympathie)* wurden Einsichten deutlich, die sich mit den Intuitionen der Dichter und Schriftsteller sehr wohl messen können. Besonders für die so genannten „existenziellen Denker" war die Liebe eine zentrale Frage. Sowohl erlebnismäßig als auch metaphysisch versuchten sie, das Thema zu deuten und einzukreisen.

Des Weiteren hat sich die Spruchweisheit des Volkes sehr ausgiebig mit dem Liebesphänomen befasst. Die Sprichwörter der Völker enthalten eine Psychologie, die aus dem konkreten Leben stammt und sich nicht in verstiegene Allgemeinheiten verirrt. Wer anthropologische und moralisch-ethische Grundfragen studiert, sollte stets auch diesen Erfahrungsschatz zu Rate ziehen, da in ihm die schlichte Erfahrungsmodalität des Alltagslebens ihren Niederschlag gefunden hat.

Ein wissenschaftliches Verständnis der Liebe scheint sich in den Erkenntnissen der Tiefenpsychologie anzubahnen, die lebensnäher und überzeugender sind als die Resultate der akademischen Psychologie des 19. und 20. Jahrhunderts. Hier wird nicht mehr der Mensch unter künstlichen Laboratoriumsbedingungen untersucht, und man vermeidet es auch, mit dürren Abstraktionen sein Innenleben zu schematisieren.

All dies wurde nämlich relativ uninteressant, als man in langjährigen Psychotherapien Gelegenheit hatte, das faktische Liebesleben der Menschen bis in seine feinsten Verzweigungen zu erforschen. Vor allem warfen auch die psychopathologischen Befunde (Neurosen, Perversionen usw.) ein Licht auf das Wesen des normalen Liebesphänomens: Gerade in den krankhaften Veränderungen zeigte sich mit großartiger Deutlichkeit, wie man sich etwa die unverstümmelte Liebe vorzustellen habe. Mit Hilfe der tiefenpsychologischen Charakterologie können wir hoffen, das Rätsel der Liebe einigermaßen klären zu können.

Konstruktionen des Materialismus

Die Materialisten des 19. Jahrhunderts entwarfen Theorien der Liebe, die eigentümlich und konstruiert anmuten. Meistens ging man von biologischen Voraussetzungen aus, die durch die Evolutionslehre Darwins ein besonderes Gewicht erhalten hatten. Im Rahmen dieser Ideenwelt handelte es sich hauptsächlich darum, die Liebe von irgendeinem animalischen Phänomen abzuleiten. Es war nahe liegend, hierbei an Sexualität zu denken. Viele naturalistische Autoren sind sich darin einig, das liebende Verhalten des Menschen als sublimierte Sexualität zu deuten.

Das eindrücklichste System dieser Art ist die Psychoanalyse. Für Freud entsteht die Liebe gewissermaßen aus verzögerter oder verhinderter Sexualbefriedigung; sie ist ein Gefühl im Bereich der „Vorlust", welche den Sinn hat, die „Endlust" zu ermöglichen, nämlich die sexuelle Vereinigung. In ähnlicher Weise interpretierte Freud die Freundschaft zwischen Männern als eine sublimierte Homosexualität. Das Sexuelle galt als die tragende Schicht, auf der das Seelische lediglich als ein Derivat ruht.

Selbst die mütterliche Liebe zum Kind wurde von den Psychoanalytikern in die Rubrik Sexualität eingeordnet. Nicht zu Unrecht erhob sich dagegen ein Entrüstungssturm, in dem allerdings auch Missverständnisse eine erhebliche Rolle spielten. Was die Psychoanalyse Libido nennt, umfasst ja nicht nur das Triebhafte, sondern eben auch das Seelische im Menschen.

Gleichwohl ist der Einwand moderner Biologen ernst zu nehmen, die darauf hinweisen, dass die Handlungen, mittels deren man einander Liebe bezeugt, gar nicht so sehr aus dem Umkreis der Sexualität, sondern viel eher aus dem Bereich des Brutpflegeverhaltens stammen. So wird die menschliche Sexualität durch die Mutter-Kind-Beziehung geprägt und nicht umgekehrt. Ein namhafter Verhaltensforscher umschreibt diesen Tatbestand folgendermaßen:

> Aus dem bisher Gesagten dürfte deutlich geworden sein, dass viele Verhaltensweisen, die man als typisch sexuell ansieht, wie Küssen und Streicheln, ihrem Ursprunge nach eigentlich Brutpflegehandlungen sind. Wir erinnern daran, weil Sigmund Freud

> in einer merkwürdigen Umkehrung der Deutung einmal behauptet hat, dass eine Mutter wohl erschrecken würde, wenn sie erkennen würde, dass sie ihr Kind so reichlich mit sexuellen Verhaltensweisen bedenke. Freud hat in diesem Falle die Richtung falsch gelesen. Eine Mutter betreut ihre Kinder mit Brutpflegehandlungen, und sie umwirbt mit diesen ihren Mann (Eibl-Eibesfeldt 1970).

Eine andere Ableitung, die seit dem Darwinismus Furore machte, ist die Erklärung des Liebeslebens aus dem Arterhaltungs- und aus dem Herdentrieb. Es wird etwa erläutert, dass der Mensch von Herdentieren abstammt, die immer schon gemeinschaftlich den Daseinskampf bestritten und dadurch große Vorteile gegenüber isoliert lebenden Arten mitbrachten. Aus diesem sozialen Instinkt habe sich nach und nach die Fähigkeit zur persönlichen Zuneigung herausentwickelt. Alfred Adlers Lehre vom angeborenen Gemeinschaftsgefühl des Menschen ist abhängig von dieser biologischen Denkweise, von der auch die Väter des Sozialismus stark geprägt waren.

Der biologistische Materialismus interessiert sich ganz entscheidend für die Frage: „Woher kommt die Liebe?“ Fasziniert von der Frage nach ihrer Herkunft vergisst er oft die viel wichtigere Frage: „Wie ist die Liebe?“ Man überspringt das Phänomen selbst und ergeht sich in Spekulationen über dessen Ursprünge und Entstehungsgründe. Die neuere Forschung tendiert mehr zur sorgfältigen Beschreibung des Liebesgeschehens und gibt nicht mehr allzu viel auf Hypothesen, die ziemlich gewaltsam A aus B oder B aus C erklären (das heißt: kausal ableiten) wollen.

Freud scheint die Einseitigkeit solcher reduktiver Denkmanöver auf dem Gebiet der Liebe erkannt zu haben. So verzichtet er in seinem Spätwerk auf die Deduktion der Liebe aus der Sexualität und führt den Eros als eine quasi mythische Macht ein, die danach strebt, größere Einheiten des Lebens zu stiften und herbeizuführen. Dem Eros steht als Gegenspieler der Thanatos gegenüber, ein dumpfer und dämonischer Drang zum Tode. Aus dem Zusammen- und Gegeneinanderwirken dieser Mächte ergebe sich die Fülle der Lebenserscheinungen.

Das ist sicherlich etwas düster dargestellt, aber man kann dem die Formel entnehmen, dass Liebe ein Drang zu Leben und Mehr-Leben ist und wesensmäßig auf Vereinigung abzielt. Je mehr und je stärker diese Tendenz ausgeprägt ist, um so kraftvoller entfaltet sich das Lebendige, indes sich eine Abschwächung des Liebenkönnens dem Tode annähert. Hier wurde vom Begründer der Psychoanalyse etwas gesehen, das trotz der mythologischen Sprache recht realistisch zu sein scheint.

Phänomenologie der Liebe

Wie sieht eine nicht-reduktive Theorie der Liebe aus? Was bekommen wir zu sehen, wenn unser Blick ruhig auf dem Liebesphänomen verweilt, ohne dass wir es eilig haben, unsere Erfahrung in vorgefertigte Konzepte zu fassen? Was erleben wir, wenn wir lieben, und was können wir beobachten, wenn wir wahrhaft an der Liebe anderer teilnehmen?

Zunächst drängt sich die (populäre) Bestimmung auf, dass die Liebe ein Gefühl sei. Ein psychologisches Lexikon sagt über diesen Terminus:

> Gefühle sind Grundphänomene des Erlebens. Sie durchstrahlen als Dauergestimmtheiten das Seelenleben, bilden Ursprungserlebnisse vieler Strebungen und Wollungen und stellen eine Art Filter dar, durch den Umweltwirkungen den Menschen „ansprechen" und ihr spezifisches „Wertprofil" erhalten. Nach Qualität, Ansprechbarkeit, Tiefe und Nachhaltigkeit sind die einzelnen Gefühlsbereiche sehr verschieden und bedingen als individuelle Weisen des Gestimmtseins und Stellungnehmens den Grundtypus eines Menschen mit (Hehlmann 1968).

Gefühle werden in der Regel gegenüber dem Erkennen und Wollen als verschiedenartig dargestellt. Im Fühlen ergreift uns etwas Innerweltliches oder die Welt als Ganzes: Wir sind dem Geschehen schicksalhaft hingegeben. Erkennen und Wollen sind aktiver; in beiden verschmelzen wir nicht mit dem Gegenstand, sondern verfahren mit ihm, entweder urteilend oder handelnd. Bei genauerem Hinsehen entdeckt man jedoch, dass sich alle drei psychischen Funktionen wechselseitig durchdringen: keine Erkenntnis ohne Gefühl und Wille, kein Wollen ohne Erkenntnis und Gefühl, und kein Fühlen ohne begleitendes Wollen und Erkennen!

Ein wesentlicher Aspekt des Gefühls ist seine Fundierung in einer Stimmung. Die Stimmung des Liebenden möchten wir nun als heiter-ernst bezeichnen. Wer wirklich lieben kann, hat eine heitere Lebenseinstellung, die auch Ausdruck innerer und äußerer Freiheit ist. Diese Heiterkeit wird durch einen gewissen Ernst untermalt, worin sich die realistische Selbst- und Welteinschätzung des Liebesfähigen zeigt. Dieser ist nicht lustig und nicht traurig, Eigenschaften, von denen die erstere keinen Tiefgang besitzt, indes die letztere durch Schwerfälligkeit oder Schwerblütigkeit die Zuwendung zum Du erschwert. An der heiteren Ernsthaftigkeit oder der vernünftigen Freude kann man die Bereitschaft zur Liebe wahrnehmen.

Gefühle sind gerichtet auf einen Gegenstand oder ein Objekt im weiteren Sinne des Wortes. Ihr zuständlicher Anteil liegt im Gestimmtsein; ihre intentionale Komponente hat Menschen oder Dinge im Visier. Liebe als eminent positives Fühlen will sich dem geliebten Objekt annähern und sich mit ihm vereinigen. Das ist das Strebenselement in der Liebe; sie ist die

Kraft, die uns auf andere hinbewegt und Schranken zwischen ihnen und uns überwindet.

Ein Aspekt der Erkenntnis des Liebesgefühls wurde von Max Scheler mit der Formel bestimmt, dass Gefühle Werterkennen seien. Liebe ist nicht neutral oder gar gefühlsleer wie das rein rationale Erkennen, sondern ein Werten, das alle unsere Gemütskräfte in Anspruch nimmt.

Der Zusammenhang zwischen Liebe und Erkenntnis ist längst bekannt. Schon Goethe schrieb in seinen jungen Jahren: „Man lernt nichts kennen, als was man liebt, und je tiefer und vollständiger die Kenntnis werden soll, desto stärker, kräftiger und lebendiger muss die Liebe, ja Leidenschaft sein." Andererseits betonte Leonardo da Vinci: „Jede große Liebe ist die Tochter einer großen Erkenntnis."

Die genannte Relation gilt jedoch weniger für das naturwissenschaftliche Erkennen als vielmehr für die Humanwissenschaften und sicherlich auch für die zwischenmenschlichen Beziehungen. In diesen Bereichen können Einsichten nur durch differenziertes Werterleben gewonnen werden. Ein dumpf dahinlebender Mensch, der wenig achtet und liebt, kann weder in den Künsten noch in den Wissenschaften vom Menschen brauchbare Arbeit leisten. Auch Paracelsus hatte derlei im Sinn, als er sagte:

> Der, der nichts weiß, liebt nichts. Der, der nichts kann, versteht nichts. Der, der nichts versteht, ist wertlos. Der aber, der versteht, liebt und erkennt und sieht ... Je mehr Wissen mit einer Sache verbunden ist, desto größer ist die Liebe ... Wenn einer glaubt, dass alle Früchte zur gleichen Zeit reif sind wie die Erdbeeren, versteht er nichts von den Weintrauben.

Weniger einleuchtend mag auf den ersten Blick die Konkordanz von Liebe und Wille sein. Populäres Denken möchte die Liebesleidenschaft ganz von Willenselementen frei halten: Gefühl soll darin „alles" sein. Dies aber gilt – wenn überhaupt – nur für gewisse Formen der Verliebtheit, für Strohfeuer, gemischt aus unklaren Gefühlen und bedrängenden Triebwünschen. Der Liebende ist kontinuierlich auf die Geliebte bezogen; da er auf Dauer ausgerichtet ist, kann er Willenskraft nicht entbehren. Auch hat die reale Liebe stets mit dem Widerstand der stumpfen Welt zu kämpfen; wie will sie den bezwingen, wenn sie nicht willentlich gegen Hemmnisse aller Art zu arbeiten bereit ist? Rollo May sagt in seinem Buch *Der verdrängte Eros* (1970, S. 252) zu diesem Thema:

> Beide, Liebe und Wille, sind Formen der Erfahrung, die auf eine Bindung gerichtet sind. Beide kennzeichnen einen Menschen, der sich einem anderen zuneigt, sich zu ihm hinbewegt, danach trachtet, in ihm ein Gefühl zu erzeugen, und sich öffnet, damit

> auch der andere in ihm ein Gefühl erwecken kann. Beide, Liebe und Wille, sind Weisen des Gestaltens, des Formens, des Sich-Beziehens auf die Welt und der Bemühung, auf dem Weg über Menschen, nach deren Interesse oder Liebe wir trachten, eine Antwort von der Welt zu bekommen. Liebe und Wille sind zwischenmenschliche Erfahrungen, aus denen die Macht erwächst, andere Menschen zu beeinflussen und durch sie beeinflusst zu werden.

Sieht man die Zugehörigkeit von Gefühl, Wille und Erkennen zum Liebesphänomen, dann werden auch andere Aspekte dieser Erlebnissphäre begreiflich. So hebt Ortega y Gasset in seinen *Meditationen über die Liebe* hervor, dass die Liebe vor allem ein Phänomen der Aufmerksamkeit sei: Wenn wir lieben, ist unsere Aufmerksamkeit in hohem Maße von der geliebten Person in Anspruch genommen. Man empfindet eine kontinuierliche Hinwendung zu ihr. Der Phänomenologe Alexander Pfänder sprach davon, dass das Sein des Liebenden gleichsam ständig „ausfließt in Richtung auf den Geliebten". Ortega y Gasset bezeichnet die Liebe als einen Gefühlsakt, an welchem in erster Linie „eine warme, jasagende Teilnahme an einem anderen Sein um seiner selbst willen" festgestellt werden kann. Gedanken und Gefühle zielen im positiven Sinne auf das Geliebte; sogar der Körper richtet sich ständig darauf aus.

Ein hübsches Beispiel hierfür gibt Theodor Fontane in seinem Roman *L'Adultera.* Er schildert darin eine Ehe, in der die Frau infolge der Plumpheit des Mannes unbefriedigt dahinlebt. Nun wird ein junger Mann als Gast des Hauses aufgenommen, in welchen sich Melanie zu verlieben beginnt. Eines der ersten unmerklichen Zeichen der Verliebtheit hat Fontane zart angedeutet. Sowohl der Gatte als auch der spätere Geliebte besuchen Melanie draußen im Freien:

> Und nun wurde man ihrer ansichtig, und Melanie sprang auf und warf ihrem Gatten, wie zur Begrüßung, einen der großen Bälle zu. Aber sie hatte nicht richtig gezielt, der Ball ging seitwärts, und Rubehn fing ihn auf. Im nächsten Augenblick begrüßte man sich, und die junge Frau sagte: „Sie sind sehr geschickt. Sie wissen den Ball im Fluge zu fassen." „Ich wollt', es wäre das Glück." „Vielleicht ist es das Glück."

Mit diesen Worten verständigen sich die zum Ehebruch bereits geneigte Melanie und der junge Rubehn in einer Sprache, die aus dem Unbewussten kommt und das Unbewusste des Lesers anzusprechen vermag. So deutet sich der erste Anflug von Liebe im Werfen und Fangen eines Balles an. Thomas Mann hat in seinem *Zauberberg* ein ähnliches Aperçu eingefügt. Der Romanheld Hans Castorp erbittet im entscheidenden Moment von seiner späteren Geliebten Madame Chauchat einen Bleistift; man muss in diesem Stift nicht unbedingt ein Penissymbol sehen, aber er ist immerhin eine Gabe, die auf die spätere Hingabe verweist.

Hier wird noch eine weitere psychische Funktion deutlich, die zum Lieben gehört: die Einbildungskraft oder die Phantasie. Wer liebt, bereichert die faktische Welt durch symbolische Beziehungen. Sie wird für ihn schöner, heller und weiträumiger, als dies im lieblosen Zustand der Fall ist. Vielleicht entsteht „Welt“ überhaupt erst durch Liebenkönnen, und wo die Liebe versiegt, befindet sich das betroffene Individuum in einem „weltlosen Zustand“, den wir in der Sprache der Psychopathologie Autismus nennen.

Ludwig Binswanger hat in seinem Buch *Grundformen und Erkenntnis menschlichen Daseins* (1942) eindrückliche Äußerungen von Dichtern zusammengestellt, in denen die weltschaffende Kraft der liebenden Imagination vortrefflich dokumentiert wird. So gibt er aus den Sonetten der Elisabeth Barett-Browning den Vers wieder: „Die Namen: Heimat, Himmel schwanden fern, nur wo Du bist, entsteht ein Ort.“

Nach Binswangers Meinung schafft die Liebe erst für den Liebenden Raum, Zeit und Welt; wo diese Zuwendung zum Du und zur Mitmenschlichkeit erlischt, zerfallen Räumlichkeit, Zeitlichkeit und In-der-Welt-Sein. Wir haben es dann mit einem phantasielosen Leben zu tun, das extreme Formen der Verkümmerung aufweist.

Charakterologie der Liebe

Man ist geneigt, die Liebe zwischen Mann und Frau als das eigentliche Liebesphänomen aufzufassen. Dagegen ist nichts einzuwenden, aber man darf doch nicht vergessen, dass es daneben noch weitere Formen der Liebe gibt, die man aus einer Gesamtdarstellung der Liebesfähigkeit nicht ausklammern darf. So spricht man auch etwa von Nächstenliebe, Mutterliebe, Elternliebe, Kindesliebe, Selbstliebe, Liebe zur Menschheit, Gottesliebe usw.

Liebe ist nicht nur ein kurzfristiges Zusammenspiel von Denken, Fühlen, Wollen, Aufmerksamkeit und Einbildungskraft; sie ist eine kontinuierliche Wesensbeschaffenheit, ein psychisches Gebilde, zusammengesetzt aus Haltungen, Einstellungen und Dauermotivationen. Wer liebesfähige Menschen studiert, wird mit der Zeit die Struktur ihrer Wesens- und Charaktereigenschaften erkennen. Der liebesfähige und der liebesunfähige Mensch unterscheiden sich in tief greifenden Charaktermerkmalen, d. h. in fundamentalen Beschaffenheiten ihrer Persönlichkeit.

Struktur – psychologisch gesehen – heißt, dass im Seelenleben alle Teile unter sich und auch Teile und Ganzes aufeinander zu beziehen sind. Die Elemente einer Struktur sind vom selben Motiv, Stil oder Ganzheitsprinzip durchflossen. Bei der Struktur der Liebesfähigkeit ergibt die geduldige Beobachtung eine Fülle von Charaktereigentümlichkeiten, die wechselseitig aufeinander wirken; wir zählen sie auf:

Wohlwollen, Offenheit, Freude und Befriedigung in der Arbeit, Geduld, Lebensmut, Selbstachtung, Anteilnahme an anderen Menschen (Sozialinteresse), Zuversicht, Aufgeschlossenheit, relative Angstfreiheit, Kommunikationsbereitschaft, affektive und emotionale Stabilität, ein harmonisches Verhältnis zum eigenen Körper, Kontaktfreude, Solidarität, ansprechende Umgangsformen, Lebensglaube, Hoffnung usw.

Bei den Liebesunfähigen jedoch fallen zumeist folgende Eigenschaftskomplexe auf, die wir ebenfalls resümieren:

Angst, Misstrauen, Herrschsucht, gesteigerte Minderwertigkeitsgefühle, Egozentrizität, Negativismus, Verschlossenheit, Geiz, Neid, Eifersucht, Hass, Trauer, gestörte Körperbeziehung, Unsicherheit, geringe Toleranz und schwaches Einfühlungsvermögen, mangelnde Umgänglichkeit, starke Affektbereitschaft (z. B. Wutausbrüche), Distanziertheit, Launen, emotionale Kälte usw.

Daran ist zu erkennen, dass Liebe nicht nur davon abhängt, ob der oder die Richtige gefunden werden; sind die charakterlichen Dispositionen nicht entwickelt und entfaltet worden, dann wird eine Liebesbeziehung nicht gelingen, selbst dann nicht, wenn der Zufall dem sehnsüchtig Harrenden oder Suchenden einen „Engel" ins Haus führt.

Die tiefenpsychologische Forschung hat sich sehr gründlich mit der Entstehung von Charakterzügen auf Grund spezifischer Kindheits- und Erziehungsbedingungen befasst. Ihre Erkenntnisse sollten uns eine große und wichtige Hilfe im Verständnis liebesfähiger und liebesunfähiger Menschen sein. Der Charakter wird hierbei interpretiert als Reaktionsbildung des Kindes auf seine biologische, familiäre, psychische, soziale und kulturelle Situation; es kommt aber auch hierbei ein schöpferischer Faktor mit ins Spiel.

Charakterbildung erfordert im Sinne der Psychoanalyse ein Absolvieren verschiedener Reifungsphasen, die als Phasen der Libidoentwicklung charakterisiert werden. Orale, anale und phallische Stufe der Libido-Organisation sind gewissermaßen auch verschiedene Stufen des Welt-Erlebens, der Liebesfähigkeit und des Differenziertheitsgrades der Person.

Wird ein Kind durch Lebensangst, ungutes Milieu, Frustrationen aller Art usw. auf prägenitale Stadien der Libido fixiert, dann kommt es zu verminderter Realitätszuwendung, gestörter sozialer Verbundenheit und deutlich verringerter menschlicher Reife. Reifsein, Arbeits-, Liebes- und Kulturfähigkeit eignen im Wesentlichen nur der so genannten genitalen Stufe der Libidoentfaltung, die durch günstige Erledigung des Ödipuskomplexes gekennzeichnet ist.

Menschen mit dieser vollgültigen Entwicklung wagen es, durch realitätsgerechte Identifikation mit ihren Eltern aus der Kindheit herauszustreben und erwachsen zu werden. Als schönstes Resultat ihrer „desexualisierten Familienbeziehungen" stellt sich dann eine weitläufige Kontakt- und Beziehungsfähigkeit ein, die der Liebe und der Kulturarbeit zugute kommt. Wer in der Kindheit und Jugend lieben lernt, hat auch wahrhaft leben gelernt.

Alle psychopathologischen Entwicklungen zeigen Individuen mit infantilen Charakterstrukturen, die man – mit einiger Phantasie – als oral, anal und phallisch einordnen kann. Dies ist ein Schlüssel zum Verständnis von Charakteranomalien, Neurosen, Perversionen, Psychosen, Verwahrlosung, Süchtigkeit und Delinquenz.

Man muss immer auf die Erziehung zurückverweisen, wenn man die Störungen der Liebesfähigkeit begreiflich machen will. Wer etwa unter dem Einfluss von verwöhnender Erziehung heranwuchs, wird Liebe zumeist als Verwöhnt-werden-Wollen missverstehen. Er misst dann seinen Partner daran, ob dieser ihn so verhätschelt, wie dies etwa die Mutter getan hat. Regungen von Eigenständigkeit und auch persönliche Ansprüche werden beim Liebespartner als Egoismus gedeutet, indes man sich selbst Anspruchshaltungen und zügellose Selbstherrlichkeit sehr tolerant durchgehen lässt.

Auch lieblos erzogene Menschen können sich nur schwer in die Realität einer Liebesbeziehung einfinden. Da sie in kalter und herzloser Atmosphäre aufwachsen, sind sie misstrauisch, überempfindlich, übelnehmend, reizbar und latent oder manifest aggressiv. Sie projizieren das Unglück ihrer Vergangenheit in ihre Gegenwart hinein, die auch bei günstigen Bedingungen mit der Zeit via Wahrnehmungsverfälschung arg verdüstert werden kann. Endlich kommt es dann zu einer „selbsterfüllenden Prophezeiung" – wer beim Partner immer Lieblosigkeit vermutet, benimmt sich so unfreundlich, dass dieser sich zuletzt tatsächlich lieblos verhält. Nun ist der gefürchtete Zustand wirklich eingetreten, und der Betroffene weiß nicht, dass er an dieser Entwicklung maßgeblich beteiligt ist. Schon Heraklit sagte in der Antike: „Der Charakter des Menschen ist sein Dämon und sein Schicksal!"

Wer als Kind nicht ausreichend zur Liebe erzogen wurde, kann dies durch Selbsterziehung oder durch psychotherapeutische Nacherziehung korrigieren. Er wird hierbei womöglich harte Arbeit leisten müssen, die sich aber gewiss auch lohnt; es erfordert allerdings schmerzliche Prozesse der Selbsterkenntnis.

Erich Fromm hat in seinem Buch *Die Kunst des Liebens* (1956) die Auffassung vertreten, dass Liebe für niemanden ein Geschenk des Himmels sei, sondern stets eine aktive Leistung des Menschen darstellt. Liebe ist eine Antwort auf die Fragen des Lebens, und zwar eine sehr gute Antwort. Das Individuum nimmt hierbei mit der ganzen Kraft seiner Persönlichkeit Stellung zum Problem des Isoliertseins, der triebhaften und seelischen Bedürfnisse und findet eine Lösung, die das Einssein mit einem Du, aber auch die Verbindung mit allen anderen Menschen ermöglicht, ohne die eigene Individualität preiszugeben. Liebe ist also Treue zu sich selbst und gleichwohl auch größtmögliche Hingabe: „In der Liebe ereignet sich das Paradox, dass zwei Wesen eins werden und doch zwei bleiben."

Der Gesichtspunkt, dass Liebe eine Aktivität und vorzüglich auch ein Geben und Nehmen ist, verdient genauere Beachtung. Der wahrhaft Liebende gibt nach Fromm in erster Linie nicht von seinen materiellen Dingen, sondern von seiner Freude, seinem Interesse, seinem Verständnis, seinem Wissen, seinem Humor und von seiner Traurigkeit – kurz, von allem, was in ihm lebendig ist. Und dadurch, dass er von seinem Leben reichlich spendet, bereichert er den anderen, steigert dessen Lebensgefühl in der Entfaltung des eigenen Lebensgefühls.

Meistens entwickelt sich aus echter Hingabe beim Empfangenden eine Gebefreudigkeit, die auf den primär Gebenden zurückwirkt. So stimuliert eine Lebendigkeit die andere; ein Gefühl erweckt das Gegengefühl, wobei man kaum ermitteln kann, wann dieser Prozess einsetzt und wann er fortgesetzt wird. Es handelt sich um einen Zirkel, den man gewiss nicht „vitiös" nennen wird.

Fromm beobachtet in der Liebe die vier charakterlichen Grundtendenzen der Fürsorge, der Verantwortlichkeit, des Respekts und des Wissens. Er weist darauf hin, dass Leidenschaft allein bodenlos ist, es sei denn, sie ist in den genannten Merkmalen seelischer Reife verankert. Die Charakterstruktur, die allein Liebesfähigkeit im eigentlichen Sinne des Wortes bedeutet, nennt er den genital-produktiven Charakter.

Das ist aber auch genau der Charaktertyp, den Alfred Adler als den Menschen mit entfaltetem Sozialinteresse, d. h. mit echter und differenzierter mitmenschlicher Verbundenheit beschrieben hat. Zwar liege in jedem Menschen eine Disposition zum Gemeinschaftsgefühl und zu sozialer Ansprechbarkeit. Diese Disposition muss aber durch zahllose Lernprozesse im sozialen und kulturellen Bereich gefestigt und vertieft werden. Lieben können nur jene, die frühzeitig gelernt haben mitzudenken, mitzufühlen, kooperativ zu handeln und solidarisch zu leben.

Nach dieser Auffassung wird Liebe bereits im Kindesalter geübt. Das zeigt sich – bei guter Pflege, emotionaler Betreuung und ermutigendem Umgang – im Lebensmut des Kindes, in seinem Wachsen- und Werdenwollen. Kinder, die gut essen und schlafen, sich für ihre Umwelt interessieren, leicht sprechen lernen und ihre Eltern nachzuahmen versuchen, haben die ersten Ansätze zum Sozialempfinden erworben. In dieser Richtung liegen auch Spielen- und Lernenkönnen, gute Manieren, Offenheit, Eifer und Aufmerksamkeit für die kleinen Pflichten und Beitragsleistungen, die es schon in der Kindheit gibt und auch geben soll. Andererseits stellen wir ein ernstes Defizit im Liebespensum bei jenen Kindern fest, die soziale und psychische Ausfallserscheinungen dokumentieren wie etwa: Stottern, Bettnässen, Daumenlutschen, nächtliche Angst, Lügen, Stehlen, Faulheit, Nägelbeißen, Absonderungstendenzen, Aggressionen usw.

Das wohlerzogene Kind, das nicht mit dem Musterkind und dem Produkt einer Dressur verwechselt werden darf, lernt frühzeitig, im großen Spiel des Lebens mitzuspielen. Daher wird es meistens auch in der Schule erfolgreich sein, Freundschaften mit dem eigenen und dem anderen Geschlecht beginnen, einen ihm angemessenen Beruf ergreifen und auch sonst die Erfordernisse des sozialen Lebens im Auge behalten. Aus der gut geförderten Kooperationsfähigkeit erwächst später die Kraft und die Fähigkeit zum Lieben.

Damit sollte klar geworden sein, dass Liebe eine soziale Aufgabe ist. Hat man diese ergriffen, dann kann man nicht bei einem Du allein Halt machen, sondern wird auch die übrige Menschheit, Tiere, Pflanzen und die Dingwelt im Maße seiner Einfühlungsgabe einzubeziehen versuchen. Man kennt großherzige und humane Charaktere, die ihr Herz für die gesamte Natur und Menschenwelt zu öffnen vermochten.

Zerrformen der Liebe

An unseren obigen Darlegungen kann mit einiger Überzeugungskraft der Unterschied zwischen wahrer und falscher Liebe demonstriert werden. Bekanntlich gibt es in diesem Bereich viel mehr Ersatzmittel und „Verfälschungen" als echtes Gefühl; es ist nur für die meisten Menschen sehr schwer, Echtheit und Unechtheit voneinander zu trennen.

So wird allgemein angenommen, dass Mütter ihre Kinder lieben. Gewiss wird dies sehr oft der Fall sein, aber so manche Mutterliebe lässt uns nachdenklich werden. Wie sollen wir es einschätzen, wenn eine Mutter z. B. ihr Kind daran hindert, expansiv zu werden, andere Menschen kennen zu lernen und zu mögen? Die Betreffende wird sagen, dass sie ihr Kind an sich halte, weil sie es so sehr liebe (oder andere Rationalisierungen verwenden). Eine genauere Beobachtung zeigt jedoch, dass die Mutter einen allzu engen Kontakt mit ihrem Kind aufbaut, weil sie unter Lebensangst leidet und besitzergreifend ist. Sie kettet aus Anklammerungstendenz ihr Kind an sich und will es nicht loslassen. So stört sie dessen Entwicklungsfähigkeit und drosselt das Werden seiner Person. Das aber ist das Gegenteil von Liebe – oder eine dürftige Zerrform.

Eifersüchtige Menschen behaupten von sich, dass sie ihren Partner über alle Maßen lieben; nur darum kontrollieren sie seine Bewegungen, seine

Mimik und Gestik wie sein gesamtes Verhalten. Sie fordern Rechenschaft für eine verspätete Heimkehr, machen Szenen, weinen und klagen an, fordern und stellen Bedingungen, die in offenen oder geheimen Terror ausarten. Der Partner des Eifersüchtigen fühlt sich als Opfer von Launen, Herrschsucht, irrationaler Angst und permanentem Misstrauen. Besonders der letztgenannte Charakterzug ist beim Eifersüchtigen dominant; gelegentlich trägt er Züge von Paranoia. So zeigt sich, dass der Eifersüchtige gar nicht an die Liebe glaubt. Er kann besser streiten als lieben, und damit macht er sich selbst und sein Gegenüber unglücklich. Was sich hier Liebe nennt, ist ein verzweifeltes Bemühen um Nähe und Zuwendung, an die man – als Liebespessimist – ohnehin nicht glauben kann. Daher der Kontrollzwang, der von der eigenen Liebesunfähigkeit ablenken soll.

Ebenfalls liebesunfähig ist derjenige, der eine Partnerschaft zu erzwingen sucht, indem er fortwährend droht, sich das Leben zu nehmen, wenn man ihn abweist. Das naive Gemüt des umworbenen Partners geht auf diese Repressalie womöglich ein. Doch sind diese angeblich leidenschaftlichen Liebhaber meist unerträgliche Lebensgefährten; sie entpuppen sich als herrschsüchtig, nachtragend, lieblos, überempfindlich und ichhaft. Das kann nicht überraschen, denn schon bei ihrer Liebeswerbung haben sie eine Art von Gewalt ausgeübt. Liebe ohne Freigabe des Du, selbst wenn dessen Entscheid gegen den Liebenden ausfällt, zeigt nur Machtwillen und Hoffnungslosigkeit. Der Hoffnungsvolle nämlich ist nicht darauf angewiesen, nur diesen einen Partner zu gewinnen.

Wenn junge Menschen einen bestimmten Partner wählen, stoßen sie dabei nicht selten auf hartnäckige Opposition ihrer Eltern, die eventuell sogar diese oder jene Missheirat verbieten wollen. Es ist im Einzelfall zu überprüfen, welche Argumente die Eltern gegen eine bestimmte Partnerwahl vorbringen; sie sind nicht immer im Unrecht, wenn sie ihre Vorsicht und ihre Lebenserfahrung in die Waagschale werfen. Mitunter ist es aber offenkundig, dass Vorurteil, Standesdünkel und besitzergreifende Haltung gegenüber dem Kind der Ursprung jener unerquicklichen Streitigkeiten sind, in denen einem jungen Menschen seine Wahl ausgeredet und eine Vernunftwahl aufgezwungen werden soll.

Im Übrigen ist aber die Liebeswahl der Menschen, auch wenn niemand interveniert, problematisch genug. Sie ist oft motiviert von Einsamkeit, sexueller Not, oberflächlicher Charaktereinschätzung und tausend anderen fragwürdigen Faktoren. Auch die eigene Charakterpathologie kann einem schlimme Streiche spielen. So jubelt etwa ein Masochist, wenn er – nach langem, frustrierendem Herumsuchen – endlich seine Sadistin gefunden hat (und umgekehrt). Alle Gefühle und Affekte sind aufgewühlt, weil man endlich ein Du hat, das scheinbar die richtige Wesensergänzung bietet. In einem solchen Fall kann sich aber das Zusammensein und Zusammenleben als sehr schwierig erweisen, weil pathologische Charaktere zu einer schönen und gleichmäßigen Beziehung nicht taugen. Es ergibt sich ein sadomasochistisches Tauziehen, wobei beide Seelen am Ende eines dünnen Seils zu hängen scheinen und die Beteiligten ihre Freude daran haben, am Gemüt des anderen zu zupfen und zu reißen, bis dieser wirklich oder beinahe seelisch zusammenbricht. Man versucht, das sich gegenseitig zugefügte Leid mit kurzfristigen Versöhnungen zu übertünchen, aber die Dissonanzen sind stärker als die Konsonanz.

Auch Casanova und Don Juan (sowie deren weibliche Gegenstücke) sind Falschspieler in der Liebe. Ihnen geht es lediglich darum, einen anderen Menschen zu erobern, um das eigene labile Selbstwertgefühl zu stützen. Von Gefühlsaustausch und Liebe, von Dauer und gegenseitiger Förderung, von Zuneigung und sich entfaltender Achtung kann dabei sicher nicht die Rede sein. Beide Charaktertypen sind eminent patriarchalische Erscheinungen, d. h. Figuren im Kampf der Geschlechter, der durch eine sinnenfeindliche Moral und durch die Geringschätzung des weiblichen Geschlechts in der männlichen Kultur etabliert wurde.

Zuletzt noch ein Wort zum Thema Liebe und Politik. Politiker behaupten oft von sich, dass sie von Vaterlandsliebe oder gar Menschenliebe beseelt seien und nur das Wohl der Gesamtheit im Auge haben. Da sie meist gute und geübte Redner sind, machen sie dieses Motiv in allen Varianten ihren Zuhörern glaubhaft. So bekommen sie die notwendige Stimmenmehrheit und damit die Insignien der Macht. Wie oft diese dann missbraucht wird, muss den Zeitgenossen des 20. und 21. Jahrhunderts kaum noch gesagt werden. Eduard Spranger scheint nicht Unrecht zu haben, wenn er in seinem Buch *Lebensformen* (1921) das Politische wesensmäßig als Machtwille definiert und eindeutig von Liebe, Wahrheit, Gemeinnutzen und Schönheit abhebt.

Man möge sich daran erinnern, wie geschickt Hitler seine Liebe zum Volk (und zur Rasse) zu beteuern verstand! Schon bei seinem Putsch im Jahre 1923 betonte er vor Gericht, dass die übergroße Vaterlandsliebe der Ursprung seiner Revolte sei; die konservativen Richter glaubten ihm seine Slogans und verurteilten ihn zu einer milden Kerkerstrafe, die er unter sehr erträglichen Bedingungen absitzen durfte. Auch später wurde die Liebe des Führers zu seinen Volksgenossen (und auch zu Kindern!) in der NS-Propaganda plausibel gemacht.

Zur Zeit der Machtausweitung des Dritten Reiches werden viele Deutsche diese Lüge geglaubt haben. Sie sahen nicht, dass der dominierende Charakterzug des Demagogen Hass war, und dass er – der seine eigene Minderwertigkeit gut verdrängte – Opfer von Eitelkeit, wahnsinnigem Ehrgeiz, Vorurteilen und Fanatismus war, alles Wesenszüge, die mit Liebe absolut unvereinbar sind.

Hat der schlaue und halbverrückte Diktator überhaupt je einen Menschen – geschweige denn sein Volk – geliebt? Spätestens nach Stalingrad war zu erkennen, dass der Krieg nicht mehr zu gewinnen war. Gleichwohl wurde er weitergeführt und kostete Millionen Menschen das Leben. Jeder Monat, den der Krieg früher beendet worden wäre, hätte unzählige Menschen gerettet. Aber den Führer, seine Generäle und leitenden Beamten interessierte das nicht – ihnen waren diejenigen vollkommen gleichgültig, die sie doch angeblich so sehr liebten.

Hätte man mehr politische Menschenkenntnis gehabt, so würde man auch gewusst haben, dass ein Hassender, ein Gewaltanbeter und Verkünder von blutrünstigen Vorurteilen immer ein Zerstörer und kein Liebender ist. Liebe ist gütig, zart, tolerant; das Geschick der Völker sollte in die Hand von Liebenden und Großherzigen, von Wissenden mit weltumspannenden Einsichten und Gefühlen gelegt werden.

Liebe, Selbstliebe und Leiblichkeit

Die Ursache der erörterten Zerrformen des Liebens liegt nicht nur in der Unfähigkeit, ein Objekt in seiner Freiheit und Unabhängigkeit zu bejahen, sondern auch in mangelnder Selbstliebe, die bei der dominanten Mutter, beim Eifersüchtigen, bei Sadomasochisten aller Spielarten und auch bei Diktatoren gewissermaßen mit den Händen zu greifen ist.

Die Tiefenpsychologie postuliert wohl mit Recht, dass Selbstliebe und Fremdliebe immer parallel laufen; auch Selbsthass und Fremdhass (in Form von Herrschsucht, Intoleranz usw.) sind siamesische Zwillinge, die man nicht voneinander trennen kann. Menschen lernen daher Liebesfähigkeit, wenn man sie lehrt, sich selbst zu akzeptieren – wer sich selbst verneint, wird nie echte Zuneigung zu anderen aufbringen können.

Man kann es nicht oft genug wiederholen: Selbstliebe und Selbstbejahung müssen sich auf alle Gegebenheiten unseres Seins erstrecken, ansonsten wird man vergeblich nach der Liebe des Menschen zum Menschen rufen. Wer zum Beispiel seine Sexualität unterdrücken will, wird bei dieser nahezu unlösbaren Aufgabe immer wieder Niederlagen erleiden, die ihn frustrieren und seinen Selbsthass hervorbrechen lassen. Wer nicht seine körperliche Erscheinung, seine Beschaffenheit, seien es auch Mängel und Untugenden, zunächst einmal liebevoll akzeptiert, wird schon aus Unzufriedenheit mit sich ein relativ schwieriger Partner und Mitmensch sein.

Minderwertigkeitsgefühle (und das daraus resultierende Geltungsstreben) trennen zwangsläufig die Liebenden voneinander. Ein mit sich selbst in Frieden lebender Charakter ist ein besserer Liebhaber als ein permanenter Selbstkritiker. Aristoteles sagt in seiner *Nikomachischen Ethik*, dass jemand, der sich selbst liebt, gerne bei sich verweilt. Er flüchtet nicht vor sich, und gerade das befähigt ihn, auch beim Du zu verweilen. Wer nicht bei und in sich selbst zu Hause ist, kann auch beim anderen keine Heimat finden.

Die Liebe zum Mitmenschen, zum eigenen Selbst, zum eigenen Leib und zur Welt als Ganzem ist offenbar ein einheitliches Phänomen, eine Totalität des Lebens und Erlebens. Man kann irgendeinen dieser vier Faktoren herausgreifen, um das Lieben und Bejahen zu erlernen; es wird sich stets auf alles Übrige gut auswirken, da alles mit allem zusammenhängt.

Um dem jahrtausendealten Prinzip der Verdrängungsmoral entgegenzuarbeiten, wollen wir an dieser Stelle hauptsächlich die Bedeutung der Leiblichkeit im Rahmen des Liebesgeschehens würdigen. In früheren Epochen beschrieben Romane die Liebe meist als Vereinigung der Seelen, heute beschreiben viele Autoren sie als eilige Vereinigung von Körpern mit geringer seelischer Beteiligung. Beiderlei ist einseitig und wird dem eigentlichen Liebesgeschehen nicht gerecht. Denn dieses erfordert die Kommunikation zwischen leib-seelischen Personen.

Welche Rolle spielt die Annäherung und das Verschmelzen der Leiber in der Liebe? Warum hat Sexualität einen so hohen Stellenwert beim Lieben? Was kann man aus dem Wesen der zärtlichen und der sexuellen Hingabe über die Liebeswirklichkeit erfahren?

Wie schon erwähnt, sagte Kant in seiner schwerblütigen Art ein wenig abfällig: „Die Ehe ist ein Vertrag zum wechselseitigen und ausschließlichen Gebrauch der Geschlechtsorgane zwischen Mann und Weib.“ Schopenhauer, der dem Unbewussten in allen Lebenssphären den höchsten Rang einräumen wollte, meinte, dass die Liebenden bei ihrer Wahl einander sorgfältig prüfend anschauen, weil ihr „Wille“ (und Unbewusstes) von der Frage bewegt werde, ob sie miteinander ein passendes Kind zeugen könnten. Beide Auffassungen sind wohl überholt. Bei genauerer Betrachtung steckt jedoch in beiden Thesen ein Kern, der eine sachliche Überlegung sehr wohl verdient.

Warum ist die Sexualität bei den Menschen so außerordentlich beliebt? Weshalb nimmt sie im Leben aller einen so unvergleichlich großen Raum ein? Unserer Meinung nach liegt der Grund darin, dass sie dem selbstentfremdeten und überaus zerstreuten Menschen die einzigartige Chance bietet, sich zu sammeln und in seinen Leib zurückzukehren. Das ist vermutlich der wahre Sinn der Prüfung, die Liebende einander zumuten, wenn sie sich gegenseitig „tief ins Auge schauen“ und sich in mancher Hinsicht gründlich beurteilen. Die Frage, die ihnen – unverstanden und unbewusst – auf den Lippen liegt, ist nicht die nach dem Kind, sondern die andere: „Bist du der Mensch, der meine Selbstentfaltung unterstützen kann? Bist du in der Lage, meinen Leib und damit mein tieferes Selbst zum Erblühen zu bringen? Kannst du mich aus meiner inneren Einsamkeit und Isolierung erlösen?“

Tatkräftige Solidarität im Zusammenleben, zärtliches Beisammensein mit Worten, Gesten und Liebkosungen, Umarmungen und schließlich auch der Koitus selbst sind Versuche einer vollständigen Vereinigung zweier Menschen, aus welcher – wenn sie gelingt – das Ich der beiden Beteiligten heiterer, vitaler und jugendlicher zu sich selbst zurückkehren kann. Man hat nicht zu Unrecht den Orgasmus der Liebenden einen „kleinen Tod" genannt, aus dem man durch Wiedergeburt verjüngt hervorgeht.

Die Kommunikation der Leiber im Liebesakt ist eine wichtige Unterstützung der Kommunikation der Seelen im Alltagsleben. Die Verständigung im Seelischen erleichtert die Hingabe im Leiblichen und umgekehrt. Daher soll man bei liebesgestörten Menschen die Sexualität in die Untersuchung einbeziehen; in ihr zeigt sich oft das psychische Gesamtproblem in eigenartiger Verdichtung.

Wo soll der Mensch wohnen, wenn nicht zuerst und vor allem im eigenen Leibe? Vom neuplatonischen Philosophen Plotin (drittes Jahrhundert nach Christus) berichtet einer seiner Biographen, er sei einer gewesen, „der sich schämte, im Leibe zu wohnen". Genau das Gegenteil ist erstrebenswert. Wer dem Menschen durch Scham, Ekel, Angst, Sündenbegriff und Schulddeklamation den Leib entfremdet, schädigt ihn an der Wurzel seines Wesens.

Die Kant'sche Formel heißt also in unserem Sinne: „Die Liebe ist eine Beziehung zweier Menschen, die sich darauf einstellen, durch physische und psychische Annäherung bis zur oft wiederholten restlosen Einswerdung ein Gefühl für die eigene Kontinuität und Selbstwerdung zu bekommen." In diesem Gedankengang ist die Überlegung mitenthalten, dass die Bemühung um Treue und Lebenslänglichkeit zum Begriff der Liebe gehört.

Glück in der Liebe heißt demnach, einen Menschen suchen und finden, der dazu bereit ist, uns die langwierige und mühsame Hilfeleistung zu geben, die wir brauchen, um in uns selbst, in unserem Leib und in unserer Welt zur Ruhe und zur Entwicklung zu kommen. Am ehesten gewinnen wir das Du zu einer solchen Bereitschaft, wenn auch wir ihm diese Hilfe durch Liebe und Geduld zuteil werden lassen. Wer das nicht kann, muss eventuell auf dem Wege oder Umwege der Psychotherapie die Kunst des Liebens lernen. Er wird hierbei sich selbst entdecken, seinen Leib wahrnehmen und die Realität der Mitwelt erahnen, in die hinein sein Personwerden stattfindet.

Liebe und Psychotherapie

In der psychotherapeutischen Praxis muss man möglichst genau zu beurteilen wissen, wie viel Liebesfähigkeit ein Patient hat und wo seine diesbezüglichen Grenzen liegen. Diese Einschätzung ist eine große Kunst, die nur in jahrelanger gewissenhafter Ausübung des seelenärztlichen Berufs erlernt werden kann. Reife und Menschlichkeit des Therapeuten werden hier auf die Probe gestellt. Jedes Manko in seiner Charakterstruktur und seiner Berufskenntnis wirkt sich als Handikap der Diagnose und der Therapie aus.

Man misst nämlich die Liebesfähigkeit eines Menschen gleichsam mit der eigenen Liebesfähigkeit (Sensibilität, Werterfahrung und Vernunft), wie man auch den Gefühlsreichtum eines Menschen nur mit dem eigenen Differenziertheitsgrad des Fühlens wahrnimmt. Man ersieht hieraus, wie wichtig die langwierige und sorgfältige Ausbildung des Psychotherapeuten ist. Dieser muss in seiner eigenen Charakter- und Lehranalyse die Engen und Einseitigkeiten seiner individuellen Persönlichkeitsstruktur ins Auge fassen lernen, damit er hernach lebenslänglich an ihnen arbeiten kann. Nur aus dem tiefen Wissen um die eigene Unzulänglichkeit kann man sich im Laufe der Zeit zu einem feinen Instrument der psychologischen Beurteilung machen, das fast automatisch auf Vorzüge und Verkümmerungen des Gegenübers reagiert und ihm aus den Engpässen seiner Entwicklung heraushelfen kann. Nur an der Reife des Therapeuten wächst der Patient zum Selbstsein heran.

In der Psychotherapie wird bekanntlich die Lebensgeschichte des Patienten durchleuchtet und zum Indikator seiner Beziehungs- und Kontaktfähigkeit gemacht. Der Beziehungsunfähige hat einen anderen Lebenslauf als derjenige, der an seinen Mitmenschen und an der Kultur interessiert ist. Hier ist Lebens- und Kulturerfahrung unentbehrlich, um biographische Aspekte auf das Ausmaß ihres Beziehungsgehalts zu überprüfen.

Aber nicht nur lebensgeschichtliche Fakten belehren den Therapeuten über die Liebesfähigkeit seines Analysanden. Die wertvollste Belehrung empfängt er diesbezüglich im so genannten Übertragungsgeschehen. Sowohl der Patient als auch der Seelenarzt reagieren stark gefühlsmäßig aufeinander, wobei Beziehungsmodelle aus der eigenen Vergangenheit die Wahrnehmung des Gegenübers enorm verfälschen können. Auch die Kooperation der beiden Charaktere verlangt im Therapieprozess gegenseitige Toleranz.

Therapie ist nicht nur ein technisch-rationales Miteinanderreden, sondern ein existenzielles Verhältnis, in dem die Dialogpartner sich entwickeln müssen, um den anderen begreifen zu können. Nur so kommt es zu jener Zwiesprache von Existenz zu Existenz, die heilend wirkt. Kann der Therapeut nicht liebend und verstehend in die Beziehung zum Patienten einsteigen, wird er ihm keine aufwühlende und entwicklungsfördernde Erfahrung vermitteln. Sehr leicht entartet die therapeutische Kommunikation dann in ein wirkungsloses Gerede.

Die Psychotherapie gerät unweigerlich in den Bereich der Ethik, da es sich in ihr nicht nur darum handelt, einem Menschen irgendetwas zu suggerieren, sondern ihm so viel Achtung, Respekt und Liebe entgegenzubringen, dass er den Mut zum Selbstsein bekommt. Durch die Maskierung neurotischer Fehlhaltungen hindurch muss der Therapeut die wahre Wesensstruktur und die Entfaltungsmöglichkeiten seines Analysanden erkennen; er muss auch dazu bereit sein, alles einzusetzen, was er an beruflichem und menschlichem Format besitzt, damit dieses Mögliche am Patienten wirklich werden kann. Dazu bedarf er unter anderem des „liebenden Blicks“, den Nicolai Hartmann in seiner *Ethik* (1926) als jene Beziehungsmodalität preist, in der wir nicht nur den Istbestand eines Menschen einschätzen, sondern auch seine Werdensmöglichkeiten freilegen. Es heißt im Text des Philosophen:

> Persönliche Liebe entdeckt in der empirischen Persönlichkeit die ideale. Wie sie im Hinstreben und Hinleiten auf das ideale Ethos des Geliebten dieses erst verwirklicht und in den Grenzen ihrer Kraft gleichsam erschafft, so muss sie eben dazu jenes sein Ethos erst erfasst haben, und zwar erfasst im Gegensatz zur gegebenen empirischen Person. Die Antizipation des Idealen geht, wie überall, der Realisation voraus. Das schöpferische Werk der Liebe folgt dem Erkennen in ihr nach. Alle Erfüllung und alles Hochgefühl der Erfüllung beruht schon auf der durchdringenden Erkenntniskraft des liebenden Blicks.

Psychotherapie hat es immer mit Menschen zu tun, die in ihrem inneren und äußeren Werdegang nicht liebevoll gesehen und erkannt wurden. Daher irren diese Menschen im Leben umher; ihr Selbstbildnis ist falsch, wie auch ihr Fremdbildnis irreführend ist. Nun soll in der psychotherapeutischen Behandlung erstmals der Analysand erfahren, wer er wirklich ist und was er noch werden kann. Es ist schwer zu beschreiben, welche wohltuende und befreiende Wirkung davon ausgeht, dass man zumindest von einem Menschen nicht verkannt wird, und dass uns ein Gegenüber trotz unserer Mängel und Ungereimtheiten prinzipiell bejaht und an unsere Wertrealisierung glaubt.

Die Frage ist nur, woher wir dic nötige Anzahl von Psychotherapeuten nehmen sollen, die zu einer solchen tätigen Menschenliebe wirklich fähig sind. Wo ein solches Lieben fehlt, bleibt auch das Verstehen aus. Das spürt der Patient und verschließt sich in wesentlichen Teilen seiner Persönlichkeit, die dann der Klärung und Entfaltung nicht zugänglich ist. Man kann jahrelang miteinander reden, Träume, Symptome, Fehlleistungen und angebliche oder reale Kindheitserlebnisse analysieren, ohne die geringste emotionale Erschütterung auszuüben.

Ist aber der gefühlsmäßige (oder nach Philipp Lersch der endothyme) Grund der Person nicht aufgewühlt, dann kann auch keine Energie zur

Wandlung und Wertsteigerung frei werden. Der Charakter eines Menschen ist ein sehr stabiles Gefüge, das – wenn die Kindheit vorbei ist – fast wie ein Panzer anmutet. Aus unserer Argumentation sollte deutlich geworden sein, dass Charakter-Veränderungen nur dann stattfinden, wenn im Selbstverstehen des Betreffenden, im Werterleben und Lebensmut und in seiner grundlegenden Weltzuwendung echte Wandlungen zustande kommen.

Vom Sinn des Liebens

Wir haben die Auffassung zurückgewiesen, dass Liebe lediglich irgendein Gefühl sei, das neben anderen Gefühlen aufgelistet werden kann. Unserer Interpretation zufolge ist Liebe eine Gesamtbewegung der menschlichen Existenz, ja sogar das innerste Geschehen von deren Selbstschöpfung und Selbstverwirklichung. Das menschliche Sein ist nicht einfach eine Gegebenheit, sondern eine Aufgabe; es muss sich selbst aktiv schaffen, gestalten und in seinem Werte steigern. Nur so lebt es in einer reichen und mannigfaltigen Realität; letztere zerfällt, wenn die Kraft der Stellungnahme und Sinnsuche im Individuum erlahmt. Psychopathologische Zustände sind Persönlichkeitsdefizite, in denen zentral ein grundlegendes Manko der Liebesfähigkeit auffällt.

Andererseits scheint alles Große und Tüchtige am Menschen mit dem Liebenkönnen im Zusammenhang zu stehen. Die Liebesfähigen finden nicht nur ihr eigenes Glück, sondern beglücken auch andere, die in ihren Einflussbereich geraten. In den Künsten, Wissenschaften, Kulturleistungen, in der Lebenspraxis und im alltäglichen Zusammenleben sind es in erster Linie jene, die von gesteigerter Beziehungsfähigkeit erfüllt sind, welche den Fortschritt in die Welt bringen. Sie haben die Geduld und die Aneignungsbereitschaft, welche die Gaben der Tradition fruchtbar zu machen wissen, indem frühere menschheitliche Errungenschaften durch neue Formen des Lebens und Gestaltens ergänzt werden.

Max Scheler deutet in *Wesen und Formen der Sympathie* (1921) die Liebe als eine „Bewegung vom niederen zum höheren Wert“ hin. Es besteht eine Wert-Hierarchie, die durch das Erkenntnisorgan des Gefühls wahrgenommen werden kann. Im Laufe der Kulturentwicklung treten nach und nach immer deutlicher die einzelnen Werte hervor, auf die wir unser Streben und Verhalten ausrichten können.

Die Ethik aller Zeiten und Völker untersuchte den Stufenbau im Wertreich und hat Abhängigkeiten und Rangordnungen mit wechselhaftem Geschick bloßgelegt. Meinungsverschiedenheiten werden in diesem Bereich, in den Weltanschauungen und Ideologien mächtig hineinspielen, kaum zu vermeiden sein. Das europäische Denken der Neuzeit scheint dahin zu tendieren, dass es der Individualität oder Persönlichkeit des Menschen einen sehr hohen Rang im Wertreich zuschreibt.

Vielleicht ist Liebe jene Kraft, die uns das Individuelle am Mitmenschen fühlen und schätzen lehrt und auch uns selbst zum Personwerden ermutigt. Vielleicht ist sie der Impetus, der uns alles Seiende in seinem Eigenwert erspüren lässt, sodass wir uns ihm ohne Machtwille und Verwendungsintention nähern können. Ein anderes Wort für diese Existenzsituation wäre Achtung oder Freigabe oder Fürsorglichkeit. Liebend vollendet der Mensch nicht allein sich selbst, sondern auch die Welt.

Was ist Sexualität?

Wir pflegen zu sagen: Es liegt der Natur viel daran, dass sich die Lebewesen fortpflanzen; daher hat sie bei der Kopulation der beiden Geschlechter eine hohe Lustprämie gesetzt, die allgemein verlockend wirkt. Im ganzen Tierreich sind Männchen und Weibchen in der Zeit der Brunst eifrig bemüht, zueinander zu kommen und das Zeugungsgeschäft zu betreiben. Wir gehen davon aus, dass sie vom „Sexualtrieb" dazu getrieben werden. Tatsächlich scheint eine dumpfe Macht die Tiere in Bewegung zu setzen, wenn es an der Zeit ist, Nachwuchs zu produzieren. Männchen umwerben die Weibchen, imponieren ihnen durch Größe, Kraft, Balzrituale, Stimmaufwand usw.; die Weibchen wählen die passenden Partner und lassen sich befruchten. Oft kommt es auch zu Familiengründungen, in denen die Jungen Ernährung, Betreuung und Schutz finden. Die Analogien zum Menschenleben liegen auf der Hand.

Dennoch ist es fraglich, ob man tierische und menschliche Sexualität miteinander gleichsetzen darf. Beim Tier ist es ein weitgehend biologisch oder instinktiv bestimmter Ablauf, der das Sexualverhalten reguliert. Wenn der Mensch anders ist als die Tiere (trotz Abstammung aus dem Tierreich), dann muss auch sein Sexus spezifisch menschlich sein. Was beim Tier ein eruptives Geschehen ist, auf das ein gedämpftes Gestimmtsein folgt *(Omne animal post coitum triste!)*, ist beim Menschen von Psyche und Geist überformt und überlagert, sodass gänzlich veränderte Gesetze darin eine wesentliche Rolle spielen.

Um die Jahrhundertwende waren die Darstellungen sehr beliebt, die das Liebesleben in der Natur als Gleichnis für menschliche Liebe poetisch ausmalten. Ein Werk von Wilhelm Bölsche zum Beispiel wurde damals zum Bestseller; das Kopulationsverfahren von Bienen, Ameisen, Milben, Glühwürmchen, Gottesanbeterinnen, Spinnen, Fischen, Hühnern usw. bis hinauf zu den Säugetieren und Primaten wurde eingehend geschildert. Aber lernte man daraus, wie der menschliche Sexus zu verstehen ist? Wir bezweifeln es. Der naturalistische Ansatz taugt in diesem Bereich wenig. Wer ein grundlegendes Phänomen im Bereich des Menschlichen studieren will, muss von der Eigen- und Sonderart der menschlichen Natur ausgehen. Das ist ein Thema der philosophischen Anthropologie.

Das Versagen der Philosophie und der Triumph der Psychoanalyse

Die philosophische Tradition des Abendlandes zeigt eine merkwürdige Phobie in sexuellen Fragen. Nahezu alle Philosophen seit den Anfängen des spekulativen Denkens beschreiben, sofern sie vom Menschen reden, einen *Cephalopoden*, d. h. einen Kopffüßer, der offenbar keinen Unterleib besitzt. Natürlich spielt hier die christliche Überlieferung kräftig hinein. Um eine Übereinstimmung mit dem moralischen Kodex des Christentums aufrechtzuerhalten, war die Philosophie gleichsam gezwungen, die Sexualthematik zu eliminieren; wenn man schon irgendwo am Rande von der menschlichen Triebhaftigkeit sprach, dann geschah es mit dem Unterton der Verachtung und Verunglimpfung.

Erst Schopenhauer (mit dem rühmlichen Vorgänger Michel de Montaigne) setzte sich über dieses *Anathema* hinweg. Im zweiten Band seines Hauptwerkes *Die Welt als Wille und Vorstellung* handelt er breit die „Metaphysik der Geschlechtsliebe“ ab und war sich wohl bewusst, damit eine Pionierleistung zu vollbringen. Er würdigt das Sexuelle als eine der Haupttriebkräfte im Menschen; seiner Meinung nach dreht sich ein Großteil des Menschenlebens darum, „dass jeder Hans seine Grete bekommt“ oder dass jeder Penis zu seiner Vagina findet. Ganz Unrecht hatte der große Pessimist nicht, wenngleich er wohl in seiner „Willensphilosophie“ allzu apologetisch für den Sexus argumentiert.

Nietzsche trat in die Fußstapfen seines „Erziehers“ Schopenhauer. Auch er weist oft und deutlich auf die Tragweite des sexuellen Bedürfnisses im Menschen hin. In einem bekannten Aphorismus behauptet er, dass Art und Grad der Triebhaftigkeit eines Menschen bis in die höchsten Gipfel seines Geistes hinaufreichten. Sodann verkündet er maliziös, dass der Unterleib daran Schuld habe, dass sich die Menschen nicht so leicht als Gott fühlen können.

Noch manche andere Namen wären zu nennen. Aber erst Sigmund Freud und die Psychoanalyse haben das Sexualtabu im europäischen Denken massiv beseitigt. Auch wenn hier Übertreibungen vorkamen, ist doch das unsterbliche Verdienst der Psychoanalytiker nicht zu leugnen, dass sie das Sexuelle wissenschafts- und hoffähig machten. Jede psychologische Forschung nach 1900 profitiert vom freudschen Ansatz, der eine sachliche Erörterung der normalen und kranken Sexualität möglich machte. Auch die philosophische Menschenkunde gewann viel durch die Psychoanalyse.

Sexualtrieb oder gesamtmenschliches Verhalten

Aber in einem sehr wichtigen Punkt scheint die Psychoanalyse einem Denk-Irrtum erlegen zu sein. Freud als Naturalist ging von vornherein davon aus, dass das menschliche Seelenleben (wie das tierische) durch Triebe determiniert sei. In seiner genialen Ehrlichkeit jedoch stellte er zugleich fest, dass wir kaum wissen, was denn „Triebe“ sind; diese seien „großartige mythische Wesen“ von seltsamer Unbestimmtheit.

Nun kann man schwerlich eine Wissenschaft auf mythischen Wesenheiten aufbauen. Auch das „Unbestimmte“ ist nicht gerade ein verlässliches Fundament. Wohl besagt zwar die Definition: Ein Trieb ist ein „angeborener, gerichteter, gefühlsnaher Antrieb, Teil der psychophysischen Antriebsdynamik“ (Hehlmann 1968); Triebe äußern sich als periodisch auftretende, imperative Befürfnisse, die zu bestimmten Handlungsweisen führen, welche den Triebreiz ausschalten oder befriedigen.

Das hört sich relativ vernünftig an. Aber der Umstand, dass die psychologische Forschung im Laufe der Zeit ca. 3000 Triebe angegeben hat, bleibt dennoch beunruhigend. Offenbar haben die Gelehrten die goethesche Regel befolgt: „Jedoch wo die Begriffe fehlen, da stellt ein Wort zur rechten Zeit sich ein …“

Tiere haben Triebe; aber gilt das auch für den Menschen? Im Triebbegriff liegt die Idee einer bewusstseinsunabhängigen Kraft, die „hinter dem Bewusstsein“ steht und es zu Verhaltenssequenzen motiviert. Man denke an den Nahrungs- und Sexualtrieb, aber auch an Selbsterhaltungs- und Arterhaltungstriebe, an Flucht-, Bewegungs-, Schlaf-, Mutter-, Pflegetrieb; aber auch an Geltungs-, Machttrieb usw.

Wir fragen uns: Ist beim Menschen nicht das ganze psychische Geschehen immer auch geist- und kulturgeformt? In verschiedenen Kulturbereichen und Zeitaltern nehmen nahezu alle Triebe so verschiedenartiges Aussehen an, dass man zwar einen gleich bleibenden biologischen Kern anerkennen muss; aber wie dieser Kern sich manifestiert und auslebt, ist immer wieder fundamental anders. Darum wird es kein menschliches Benehmen geben, das nur triebhaft ist. Es ist stets auch Seele und Geist darin, die das Biologische in nahezu jede Richtung abdrängen können.

Leib-Seele-Geist-Einheit und Sexus

Der Gedanke, dass in jedem sexuellen Verhalten irgendwie auch Seele und Geist involviert sind, mag auf den ersten Blick hin als zweifelhaft erscheinen. Gibt es doch Formen der Sexualität, die man als rein triebhaft empfindet. Aber das sind oberflächliche Urteile; bei genauerem Zusehen wird man unsere Auffassung bestätigt finden.

Man denke etwa an die *Onanie*. Sie gilt als eine kurzschlüssige Abreaktion, ein Sich-Befreien von sexuellen Spannungen ohne viel seelischen oder gar geistigen Aufwand. Aber der Onanist frönt seinen Triebwünschen stets mit allerlei Begleitvorstellungen, die er selbst oft nur dunkel vorschweben hat. Habituelle Onanie entsteht nicht selten auf dem Hintergrund einer Beziehungsschwäche; der Betreffende kann oder will kein zärtliches Verhältnis zu einem Partner etablieren und vergnügt sich an sich selbst. Zu diesem Modus gehören im Allgemeinen Kontaktmangel, Angst, Unsicherheit und eine gewisse Bequemlichkeit; es ist viel leichter, die

Sache mit sich allein abzutun, als ein Du für die gemeinsame Lust zu gewinnen.

Auch die *Prostitution* gilt als triebhafte Abreaktion. Wo steckt denn da das Psychische und Geistige, wenn ein Mann eine Dirne auf Zeit mietet, um einen gekauften Sexualgenuss zu absolvieren? Die Prostituierte und ihr Kunde überspringen viele Vorstufen der sexuellen Vereinigung und gehen gleich aufs Ganze; das sieht fast animalisch aus, ist aber unseres Erachtens sehr menschlich. Denn wiederum hebt sich die sexuelle Modalität auf dem Hintergrund von seelisch-geistigen Defizienzformen ab. Wie schon bei der Onanie, spielen in dieses mehr oder minder autoerotische Verhalten enorme Machtphantasien hinein, die meistens unbewusst bleiben.

Unsichere Charaktere erquicken sich an der Idee, dass sie ein andersgeschlechtliches Du via Bezahlung ganz für sich in Anspruch nehmen können. Die Herabwürdigung der Frau ist für den männlichen Prostituiertenbesucher ein Stimulans, das mehr als seine sexuelle Bedürftigkeit animiert. Auch die Prostituierte selbst sucht sich ihre Stärke und Überlegenheit zu beweisen, indem sie Geld kassiert und als Gegenleistung nur gespielte Lust bekundet. Der „Wille zur Macht" geht ein Junktim mit dem „Willen der Lust" ein. – Nirgendwo in der Welt gibt es Sexualität ohne seelisch-geistige Stellungnahme; diese kann allerdings verborgen sein.

Komplexität des Sexuellen

Sofern die sexuelle Vereinigung gelingt, strömen in ihr leibliche, seelische und geistige Befriedigungen harmonisch zusammen. Alle Aspekte des Menschseins sind an ihr ganzheitlich beteiligt. Aber aus Gründen der Didaktik kann man atomistisch beschreiben, wie Leib, Seele und Geist hierbei funktionieren.

Die leibliche Seite der Sexualität zeigt ein bewundernswertes Zusammenspiel von nervösen und hormonalen Regelkreisen, die bei innerer Bereitschaft und äußerem Reiz die Erektion und die Ejakulation zustande bringen. Was da im Einzelnen geschieht, soll hier nicht erläutert werden; es ist dies die Aufgabe von biologischen Spezialforschern. Immerhin kann es schon auf dieser Ebene zu wesentlichen Störungen kommen. Vermutlich ist ein Teil der Fälle von Impotenz und Frigidität auch von der Biologie her zu verstehen. Aber noch sehen wir nicht vollständig klar, welche Impulse und Botenstoffe im Organismus nötig sind, um den sexuellen Apparat in Funktion zu setzen. Erst kürzlich haben z. B. Forscher mitgeteilt, sie hätten den Stoff gefunden, der die Erektion bewerkstelligt. Wenn das richtig ist, wird man vielleicht in Zukunft die „Pille" zur Verfügung haben, die manche Impotenz heilt; derzeit hat das Medikament *Viagra* eine neue Situation geschaffen, wodurch viele Fälle von Impotenz sich offenbar beseitigen lassen.

Indes der Leib bei der Sexualität Spannung erzeugt und in der darauf folgenden Entspannung Lust produziert, will die Seele in der sexuellen Situation vor allem Nähe und Zärtlichkeit genießen. Seelische Befriedigung im Sexualakt ist an das Erlebnis der Intimität gebunden. Reine Abreaktion hinterlässt Frustrationen; darauf bezieht sich der oben schon erwähnte antike Ausspruch, dass alle Lebewesen nach dem Koitus traurig sind. Wo Nähe und Zärtlichkeit nicht gegeben und empfangen werden, kann auch der ganze Sexualakt misslingen. Aber unbedingt erforderlich sind diese beiden erotischen Partialstrebungen nicht.

Auch die Beteiligung des Geistes ist fakultativ in der Praxis des Eros. Er äußert sich im Dialog, in der gemeinsamen Zukunft der Liebenden, in der Treue und Beständigkeit der Bindung und in manchem anderen mehr. Nicolai Hartmann sagte: „Bewusstsein hat jeder für sich; Geist aber verbindet." Sofern Liebe im Spiel ist, führen die Partner einen beständigen Dialog, der dann und wann in den sexuellen Dialog einmündet und von ihm gekrönt wird. Der Geist sucht auch Inkarnation im Leibe; dazu ist aber der liebende Andere nötig – denn Masturbation erobert den Leib nicht, sondern benützt ihn nur instrumental. Der Geist lebt aus seiner Verankerung in Intimität, Sexus und Zwiesprache.

Normale und pathologische Sexualität

Die Daseinsanalyse von Medard Boss erklärt, der Sinn der Sexualität liege in der „Daseinseinung und Daseinsmehrung". Das bedeutet, dass die Liebenden eine möglichst totale Vereinigung anstreben, die selbst ein Garant dafür ist, dass beide Beteiligte wachsen und sich entwickeln können. Aber dieser Sachverhalt kann auch umgekehrt gelesen werden: Nur wo zwei Menschen sich mehr oder minder kontinuierlich entfalten, kann ihr Sexus lebendig bleiben und zum Einklang der Geschlechter führen.

Aus der daseinsanalytischen Definition werden unseres Erachtens die Ursachen vieler sexueller Abirrungen und Fehlfunktionen durchaus deutlich. Die Menschen wundern sich darüber, dass ihnen die ersehnte sexuelle Tüchtigkeit fehlt; sie bedenken aber nicht, dass sie in ihrem Charakter und Wesen so viele trennende Eigenschaften haben, dass eine Einigung mit dem Du kaum möglich ist.

Wer sich etwa angstvoll oder herrschsüchtig gegen seinen Partner abkapselt, kann sich nicht in der sexuellen Situation wirklich öffnen und vertrauensvoll an das Gegenüber hingeben. Die Lebensgeschichte vieler Menschen ist ein einziger Kampf gegen andere oder eine Flucht vor ihnen. Wenn man sich nun ins Liebesspiel einlässt, verschwinden diese Kampf- und Fluchthaltungen nicht auf Wunsch oder Kommando. Sie mischen sich ins Geschehen ein, stören die biologischen Funktionsabläufe, behindern das Intimsein und blockieren den Akt, der wie ein empfindlicher Seismograph das Zusammenspiel der Seelen wiedergibt. Man erntet im Koitus, was man zuvor im Zusammenleben mit den Mitmenschen gesät hat. Nur liegen Ursache und Effekt oft weit auseinander, sodass wir ihren Zusammenhang nicht mehr sehen.

Wir sagten: Zum Gelingen des Sexualakts sind Seele und Geist nicht unentbehrlich. Man kann auch seelen- und geistlos ganz schlicht koitieren. Wenn aber die sexuelle Fähigkeit angeschlagen ist, dann kann Funktionstauglichkeit sehr oft nur über das Erlernen von seelisch-geistigen Brückenschlägen hergestellt werden. Der sexualneurotische Mensch muss in der Regel in der Psychotherapie den Mut zur Intimität und die geistige Kommunikation und Kooperation erlernen. Oft muss er an Vernunft zunehmen, das heißt ideologische Vorurteile und Weltanschauungsblockaden abbauen. Man heilt den Sexus mitunter nur vom Geiste her.

Zerrbilder des Sexuellen

Vor allem an den Sexualneurosen wird transparent, wie sehr eine gesunde Seele und ein weltoffener Geist für das liebende Miteinander unabdingbar sind. Wir geben einen kurzen Überblick über das Gebiet der sexuellen Pathologie.

Über die Seelenarmut und die Geistkargheit der *Onanie* haben wir uns bereits geäußert. Es ist selbstverständlich, dass wir mit diesem Hinweis nicht in das Wutgeheul der Moralisten und der Frommen einstimmen, die in der Masturbation eine Sünde und ein Laster entdecken. Das religiöse und leider auch das medizinische Schrifttum der Vergangenheit sind voll von Verlästerungen dieser harmlosen Abreaktion, aus der man bis in die Neuzeit hinein sehr viele Krankheiten und Defekte ableitete.

Wenn der einsame Mensch onaniert, folgt er einem natürlichen Trieb, mit dem er sich weder gegen Gott noch gegen den eigenen Leib versündigt. Aber seelisch und geistig geht er dabei leer aus. Das ist das Einzige, was man gegen die Onanie einwenden kann. Auch kann man gegen sie sagen, dass in ihr weder Daseinseinung noch Daseinsmehrung stattfindet. Darum ist Liebe oder Sexus zu zweit enorm wünschbar.

Auch *Frigidität* und *Impotenz* wurden bereits angesprochen. Wir legen den Akzent bei solchen Leiden nicht auf einen angeblichen biologischen Defekt, sondern auf das Fehlen von Urvertrauen, kooperativer Gesinnung und dialogischem Brückenschlag. Auch handelt es sich oft um Menschen, denen im Heranwachsen der eigene Leib entfremdet wurde. Nur zufriedene und muntere Kinder eignen sich den Leib als Instrument der Kommunikation an. Unglückliche und schlecht geliebte Kinder projizieren ihren Selbsthass in das Leibliche, welches dementsprechend von Seele und Geist losgekoppelt wird. Das kann dann in der sexuellen Situation nicht ohne weiteres aufgehoben werden. Die Betreffenden streben dann gewaltsam die Lust an, die sich ihnen entzieht. Je mehr man die Lust will, umso mehr entschwindet sie. Nur die Hingabe an den Leib, das Du und die Situation wird durch intensive Lustempfindung prämiert.

Alle sexuellen *Perversionen* sind ein Ausweichen vor der Ich-Du-Beziehung und der in ihr enthaltenen Aufforderung zur Hingabe. Was man Sadomasochismus, Fetischismus, Voyeurtum, Exhibitionismus usw. nennt, sind die Verhaltensweisen einsamer, selbstentfremdeter und gehemmter Seelen, die nicht vom Ich zum Du gelangen können und daher auch einen pathologischen Sexualmodus benötigen, um eine Karikatur von Ichexpansion und Leibwerdung des Ich zu realisieren.

Psychosexualität und Sexualpsychosen

Wir nannten die Perversionen Sexualneurosen; man kann sich aber fragen, ob man sie nicht als Sexualpsychosen bezeichnen sollte. Damit würde anerkannt, dass es auch Wahnsysteme gibt, deren hervorstechendste Manifestation im Sexuellen liegt.

Ein Wahn ist unter anderem daran erkennbar, dass das betroffene Individuum aus der menschlichen Kommunikationsgemeinschaft ausscheidet. Mittels eines Wahns kann man sich nicht mit der Umwelt verständigen; man bleibt mit ihm allein. Die mehr oder minder völlig vereinsamte Seele wird psychotisch. Wer aber in Arbeit, Liebe und Sprache zu den Mitmenschen findet, kann nicht wahnsinnig werden.

Nun sehnt sich aber nicht nur die Seele nach der Gemeinschaft, sondern auch der Leib. Auch er kann in eine Isolierung geraten, die derjenigen ähnlich ist, die wir beim wahnkranken Ich diagnostizieren. Die seltsamen und zum Teil abstoßenden Verhaltensweisen sexualkranker Menschen muten wie ein Wahn an, weil durch sie keine liebende Kooperation hergestellt wird.

Der Wahnsinn führt auch zu völlig unzweckmäßigen Verhaltensweisen, die im Widerspruch zu Vernunft und Commonsense stehen. Ist das nicht aber auch beim perversen Gebaren der Fall? Wenn sich der Masochist prügeln und demütigen lässt, wenn der Sadist seinen Partner quält und herabwürdigt, wenn der Exhibitionist die Frauen durch eine sexuelle Entblößung erschreckt, wenn der Voyeur einer Frau den Anblick ihrer Nacktheit gleichsam raubt oder stiehlt, dann haben wir einen Un- und Widersinn vor uns, der niemals zur wirklichen Vereinigung der Seelen und Leiber führen kann. Die Hartnäckigkeit und Schwerkorrigierbarkeit solcher Fehlhaltungen ist ein weiteres Argument dafür, dass wir von sexuellem Wahn sprechen dürfen.

Nun gibt es aber keinen partikulären Wahn, wo ein Verhaltenssystem verrückt spielt, indes die anderen Systeme intakt sind. Psychosen betreffen immer die ganze Persönlichkeit und alle ihre Funktionsbereiche.

Freud war auf dieser Spur, als er deklarierte, dass das Luststreben (die Libido) in alle Sphären der Person diffundiert. Die Psyche ist sexuell bis in ihre feinsten Verästelungen. Kommt ein Wahn zustande, dann ist das Liebesleben krank; wohl möglich, dass ein Mensch gegen jede Psychose immun ist, wenn er irgendwann wahrhaft glückliche Sexualität praktiziert hat und damit einem Du physisch und psychisch wirklich nahe gekommen ist.

Konsequenzen für die Therapie

Wenn sexuelle Störungen irgendwie in neurotischen oder gar psychotischen Erlebnisverarbeitungen fundiert oder doch davon überlagert sind, dann heißt das, dass man die Therapie der Neurose oder Psychose angehen muss, um die Sexualität zu normalisieren. Nur lang dauernde Charakter- und Persönlichkeitsanalyse führt allenfalls zu solchen grundlegenden Umstellungen der Person. Diese muss ihre Gesamtstruktur erkennen und durcharbeiten, ihre Lebensgeschichte als determinierenden Faktor begreifen und einen neuen Lebensstil entwickeln, in welchem nicht nur die sexuelle Hingabe ihren Platz findet, sondern auch kooperative und kommunikative Kompetenz und der Aufbau einer freiheitlich-humanistischen Weltanschauung.

Natürlich möchte man gerne Sexualtherapie billiger haben; darum wurden in den letzten Jahrzehnten einige Verfahren propagiert, die sich über die Umständlichkeit der klassischen Psychotherapie hinwegsetzen. Die Frage ist nur, ob solche Abkürzungen sinnvoll und hilfreich sind.

Es bleibt eben doch nur der mühsame Weg der Selbsterkenntnis und Selbsterziehung mithilfe eines psychotherapeutischen Experten, der mit seinem Schützling die sexuellen Probleme unter weitestem Horizont beleuchtet. Nach unseren Gesichtspunkten ist der Sexus etwas Soziales und Geistiges; demnach kann er nur durch Veränderung der Werterfahrung und der Zwischenmenschlichkeit überhaupt korrigiert werden.

Eros und Sexus

Als Freud über das Verhältnis von Eros und Sexualität nachdachte, war er an die Vorannahmen des Naturalismus gebunden. Darum musste er davon ausgehen, dass die sexuellen Triebe das Primäre, die erotischen Gefühlsqualitäten jedoch das Sekundäre sind. Zärtlichkeit ist demnach für ihn nur gehemmte Sexualität; Liebe ist ebenfalls ein Derivat der sexuellen Bedürftigkeit, die sich sublimieren und vergeistigen lässt. Auch die schöpferischen Tätigkeiten in Kunst und Kultur sind geläutertes Sexualverhalten; wir lieben die Philosophie, die Wissenschaften, die Künste, die Menschheit usw. mit libidinösen Energiebeiträgen, die wir von unserem Sexualleben abgezweigt haben.

Die These, dass Gefühle von ihren Zielen abgelenkte Sexualstrebungen sind, wurde allgemein als zweifelhaft empfunden. Richtiger scheint die Auffassung zu sein, dass das Gefühl einen autochthonen Bereich der menschlichen Persönlichkeit darstellt. Eher schon hängt die sexuelle Betätigung von den ihr zugrunde liegenden Gefühlen (oder deren Mangel) ab, als dass die Gefühle ein Ableger des Sexus sind.

Das eigentliche Geheimnis des Liebeslebens liegt möglicherweise nicht in den Trieben, wohl aber im Gefühlsleben des Menschen. Nach Max Scheler sind Gefühle Modalitäten des Werterkennens; wo immer wir einen Wert verstanden haben, erzeugt dieser auch ein Gefühl in uns, auf Grund dessen wir uns den Mitmenschen und der Welt annähern. Gefühle sind die Motoren des Seelenlebens. Sie treiben uns an, uns mit wertvollen Sphären oder Gegebenheiten der Welt einzulassen, an ihnen zu wachsen und uns zu entwickeln. Nach einer schönen Formulierung von Scheler kann sich jeder Mensch „hinauflieben"; der Eros bleibt nicht bei den Fakten der Realität stehen, sondern will diese im Lichte der Wertwelt bereichern und verklären. Dabei entfaltet sich aber auch die liebende Person. Sie schöpft alle ihre natürlichen und geistigen Gegebenheiten aus.

Darum sind produktive Künstler meistens große Erotiker. Sie gehen in der Regel eine authentische und kontinuierliche Liebesbeziehung zur Welt ein; darin inbegriffen ist oft auch eine erhöhte erotische und sexuelle Ansprechbarkeit überhaupt. Eros ist der Vereiniger par excellence, wie ihn Platon im *Symposion* prachtvoll geschildert hat. Der sexuelle Akt gelingt jenen am besten, die auch Erotiker im wahren Sinne des Wortes sind.

Metaphysik der Sexualität

Nicht nur der Trieb treibt uns zum Liebespartner, sondern auch die Einsamkeit unseres Ich, die erst in der liebenden Kommunikation ihre Beruhigung findet. Das Ich kann nur existieren, wenn es durch ein Du bestätigt und anerkannt wird. Darum ist die Zwiesprache so unentbehrlich für die Existenz und die Selbstauszeugung der Person. Lassen wir ein Ich für längere Zeit sich isolieren und abkapseln, dann wird es schnell abgebaut und schließlich nur noch biologisch funktionieren.

Wir sind eben, wie Plato in Gestalt eines Mythos formulierte, nur halbe Wesen, die der Ergänzung durch ein passendes Du bedürfen. Der ganze Mensch ist der mann-weibliche; wer sich gegen dieses Lebensgesetz auflehnen will, bleibt eine halbe Portion, die weder als Mitmensch noch als Kulturträger in Frage kommt.

Wir bedürfen des Du aber nicht nur zu unserer Anerkennung und unserer Triebbefriedigung; der Partner soll und kann uns auch dazu verhelfen, die lebenslängliche Aufgabe zu vollbringen, unseren Leib zu sozialisieren und zu kultivieren. Der richtig verstandene Liebesakt ist nicht eine libidinöse Abreaktion; er ist ein eminent partnerschaftliches Geschehen, wobei bis in die Tiefen des Leibes hinein kommuniziert werden soll. Dadurch geschieht erst die Aneignung der Leiblichkeit durch das Subjekt; ein Mensch allein kann gar nicht seine „Tiefenperson" (Friedrich Kraus) mobilisieren, und erst das innere Mitgehen des anderen in der sexuellen Übereinstimmung öffnet den Leib völlig zur Welt hin. Darum haben Künstler und andere Kulturschöpfer meistens ein sehr inniges und intensives Verhältnis zum Sexus gehabt. Sie waren Enthusiasten der leiblichen und seelischen Liebe, weil durch sie ihr schöpferisches Ingenium zu Höchstleistungen befreit und angespornt wurde.

Vielleicht sehen wir es allzu mechanisch, wenn wir dem Glauben huldigen, dass jeder Sexualakt ungefähr ähnlich wie seine Vorgänger ist. Die bloße Repetition des Sexualgenusses ist möglicherweise bereits eine Fehlhaltung. Bei einem echten Liebespaar könnte eine Kontinuität der beiderseitigen Verschmelzung dahingehend denkbar sein, dass mit jedem Koitus immer mehr Tiefe und Innigkeit erreicht wird. So wie sich ein Mensch immer weiter entwickelt, entfaltet sich sein Sexus zu stets neuen Varianten der Empfindung. Eintauchen ins Sexuelle ist die Suche nach dem Ursprung, aus dem heraus wir uns entwickeln und reifen.

Man zerstört die Entwicklungspotenzen eines Menschen, wenn man ihm seine Triebhaftigkeit verekelt oder verängstigt. Rilke sagt in seinem *Brief an einen jungen Arbeiter* (1922), genau das sei der Bereich, wo wir „ewig Kind" bleiben; von da aus können wir über uns selbst hinauswachsen. Der Sexus ist geistig, und der Geist sexuell; Triebbekämpfung ist Geist-Destruktion.

J.-P. Sartre liefert in *Das Sein und das Nichts* (1943) eine explizite Philosophie der Sexualität, die bis zum Erscheinen dieses Werkes kaum ein Pendant aufzuweisen hatte. Die Gedankenfiguren des Existenzphilosophen bewegen sich auf ähnlichen Bahnen, wie wir sie skizziert haben. Eindrücklich ist auch Sartres Überlegung, warum wohl die Sexualorgane in die Mitte des Leibes platziert wurden; sie hätten auch anderswo ihren Platz finden können. Aber der Ort zwischen den Beinen ist jene Stelle, wo der Leib am wenigsten gezielt aktiv ist. Kopf, Arme und Beine sind Willkürorgane; aber die Leibesmitte entzieht sich willentlichen Intentionen; in ihr kann der Leib seiner Eigengesetzlichkeit folgen und als Leib erblühen.

Das zeigt sich in der Erektion, die eine Art passive Aktivität bedeutet. Der Mensch, in dem sie geschehen soll, muss sich passiv und aktiv zugleich verhalten. Er muss sich seinem Leib überlassen können und dennoch mit den Organen dieses Leibes den Akt vollziehen. Da viele seelisch irritierte Menschen dort aktiv sind, wo sie passiv sein wollen, und passiv, wo Aktivität ansteht, haben sie Mühe mit der sexuellen Hingabe. Sie wollen diese machen und erzwingen, was meistens schief geht. Viktor Frankl sagt mit Recht: „Wem es hauptsächlich um die Lust geht, dem vergeht sie auch schon.“ Wer Potenz und Orgasmus *machen* will, der erlebt nur sein Fiasko, nämlich einen Organismus, der ihm die Kooperation verweigert.

Was ist Ehe?

Die üblichen Standardwerke über die Ehe liefern einleitend oft sehr weitläufige historische Betrachtungen. Sie setzen ein bei der Ehe innerhalb der Naturvölker, gehen zu den Eheverhältnissen im Altertum und Mittelalter über und gelangen auf solchen Umwegen endlich zu den Eheproblemen der Gegenwart. Sehr gründliche Forscher äußern auch Mutmaßungen über die Zweierbeziehung von Mann und Frau in der Urzeit, wo man schon in den Höhlen Spuren davon vorfindet, dass es die menschliche Familie in ihrer gegenwärtigen Form bereits in Ansätzen gab.

Andere Autoren greifen bis in die Tierwelt zurück und schildern mit lebhafter Überzeugungskraft, dass es auch schon Tier-Ehen gibt, die als Vorform der Menschen-Ehe gewertet werden können. Überall dort, wo es beim Brüten und bei der Aufzucht von Jungen die Beteiligung beider Geschlechter braucht, vereinigen sich Männchen und Weibchen zu stabilen Partnerschaften, die mitunter sogar von lebenslänglicher Dauer sind. Rührende Beispiele davon sind etwa Paarungen bei den Vögeln, die Konrad Lorenz bei einigen Vogelarten besonders gründlich untersucht hat. Berühmt sind seine Beschreibungen von Gänse-Familien, wo Partnerschafts-Treue durchaus an der Tagesordnung ist. Aber auch hier gibt es Abweichungen vom Ideal, und so mancher Ganter kann der Versuchung zu einem Seitensprung nicht widerstehen. Das hat eine Schülerin von Lorenz zu dem Stoßseufzer veranlasst: „Gänse-Männchen sind eben auch nur Männer!"

Der Erklärungswert historischer und zoologischer Hinweise ist unseres Erachtens für das Verstehen der Eheprobleme der Gegenwart nicht allzu groß. Denn die Eheverhältnisse ändern sich sehr mit den Zeiten und Zonen. Was in der grauen Vergangenheit gültig war, hat heutzutage in der Regel kaum noch Bedeutung. Und die rührenden Beispiele von Tier-Ehen liegen auf einer ganz anderen Ebene als das menschliche Verhalten, das eben nur teilweise Natur und in einem größeren Maßstab „Anti-Natur" (also Kultur) beinhaltet. Die Ehe ist ein „Anthropinon", d. h. ein Wesensmerkmal des Menschen. In ihr spielen nicht nur natürliche Faktoren eine tragende Rolle, sondern auch soziale, wirtschaftliche, kulturelle und psychologische.

Diese Abgrenzung von Geschichte und Biologie ist deshalb wichtig, weil das Sich-Anlehnen an solche Betrachtungsweisen oft in die Irre führt. Könnten wir z. B. die Tiere als „Muster und Vorbilder" nehmen, dann ließe sich etwa aus dem Verhalten des Hahnes auf dem Hühnerhof und des männlichen Alpha-Tieres auf dem Affenfelsen die Berechtigung zum „Harem" ableiten, der unter historischen Bedingungen in manchen Kultursphären heimisch war und ist, aber bestimmt eine andere Sinngebung hat als bei Tiergruppen. Der Harem ist auf menschlicher Ebene patriarchalisch untermauert und in seinen Großformen ein exquisites Machtsymbol. Wer die Herrschaft hat, muss viele Frauen haben, um auch so sein „Übermenschentum" zu dokumentieren.

Jedenfalls ist die mann-weibliche Zweierbeziehung in Gestalt der Ehe eine der ältesten Institutionen der Menschheit. Sie hat die Zeiten überdauert und sich trotz gewaltiger ökonomischer und politischer Wandlungen am Leben erhalten. Allerdings ist sie in der jüngsten Vergangenheit einigermaßen unter Beschuss geraten. Man hat Zweifel daran geäußert, ob sie noch *up to date* ist. Diese Skepsis nährte sich unter anderem aus einer gewissen Eheverdrossenheit der jungen Generation. In den späten 60er-Jahren wurde sogar im Rahmen von angeblich revolutionären Gesinnungen die Ehe als Relikt des bourgeoisen Zeitalters als spießbürgerlich disqualifiziert. Solche Kritiker sind jedoch inzwischen verstummt.

Aber es ist wahr, dass derzeit eine Aufwertung jener Lebensform in Erscheinung tritt, die mit dem englischen Stichwort *Single* etikettiert wird. Eine nicht geringe Zahl von Menschen behauptet, keine dauernde Partnerschaft aufbauen zu wollen. Daher bleiben sie allein und befriedigen ihr Bedürfnis nach Liebe und Sexualität mit Gelegenheitsliebschaften oder Spontan-Abenteuern, die als „durchaus zufrieden stellend" erklärt werden.

Psychologisch gesehen liegt hier eine Rationalisierung vor, die eine Resignations-Haltung als „Wunschlösung" deklariert. Das Bedürfnis nach einer stabilen Zweierbeziehung scheint unausrottbar in der menschlichen Natur zu liegen. Wo ihm keine Folge geleistet wird, muss eine psychische Hemmung postuliert werden bzw. tief sitzende Ängste vor Dauerverhältnissen zwischen Mann und Frau. Letztere bedeuten nämlich eine Testsituation für die psychische und sexuelle Kooperationsfähigkeit eines Menschen. Wer hierin durch Angst und Unsicherheit motiviert ist, wird ein zeitüberdauerndes Zusammensein und Zusammenleben tunlichst vermeiden.

Die betreffenden Singles verweisen nicht selten darauf, dass es ja auch höchst schwierig ist, einen geeigneten Lebenspartner zu finden. Diese Argumentation ist zweifellos in Grenzen stichhaltig. Aber die Erfahrung lehrt, dass bei hartnäckigem und geschicktem Suchen beinahe immer das englische Diktum zum Tragen kommt: *„A loving person always finds somebody to love."*

Aber wie will man begründen, dass Mann und Frau durchaus geeignet sind, ein ganzes Leben lang liebend miteinander zu verbringen?

Selbst ein so kühner und unbefangener Denker wie Bertrand Russell (1872–1970) hat in seinem berühmten Buch *Ehe und Moral* (1929) offenbar große Mühe, die monogame und zeitüberdauernde Zweierbeziehung als sinnvolle Form des Zusammenlebens zu akzeptieren. Er macht den etwas merkwürdigen Vorschlag, man solle die Zeitdauer von Ehen auf fünf Jahre festlegen und nach Bedarf diese Zeitstrecke eventuell verlängern. Nun ist der große Philosoph nicht unbedingt der beste Experte für solche Fragen, da er auf Grund seiner Biographie voreingenommen war. Hat er doch selbst im Laufe seines sehr langen Lebens vier Ehen geführt, die jeweils ca. 17 Jahre dauerten. Er fand in allen vieren das Glück und rühmt den betreffenden Frauen nach, dass er ihnen viel verdanke: „Ohne sie wäre ich viel engstirniger gewesen."

Aber lassen wir Bertrand Russell und sein eigenwilliges und reichhaltiges Liebesleben. Wir stehen vor der Frage nach der anthropologischen Verankerung des Monogamie-Prinzips, die erst unseren Überlegungen das geeignete Fundament verschaffen wird.

Wir gehen von der Tatsache aus, dass der Mensch in seinem Wesen „Person" ist. Das unterscheidet ihn von den übrigen Lebewesen; auch Tiere sind Individuen, aber Personen sind sie nicht. Daher muss jede Anthropologie eine genaue Bestimmung der Personalität abgeben.

Person ist kein Faktum am Menschen, sondern ein Fakultativum. Er hat von der Natur her eine Disposition dazu, Personalität zu entwickeln; aber unabdingbar ist das nicht. Es müssen günstige Bedingungen beim Heranwachsen bestehen, die Freiräume schaffen, innerhalb deren das Individuum sich zum Person-Sein entfalten kann. Das wird ihm jedoch nicht geschenkt. Nur durch eigene Anstrengungen und Bemühungen kommt die personale Existenz zustande.

Ein Merkmal der Personalität ist der Selbst- und Weltbezug. Die Person ist bezogen auf die Welt, zugleich hat sie aber auch ein Selbst-Verhältnis. Letzteres wird deutlich an Begriffen wie Selbsterkenntnis, Selbsterziehung, Selbstbewusstsein usw., die zum Person-Sein gehören. Der Selbstbezug entfaltet sich am ehesten, wenn auch der Weltbezug sich weitläufig und differenziert gestaltet. Im Sich-Öffnen zur Welt wird der Mensch erst aller seiner geistigen Potenzen habhaft. Verschließt er sich in eine enge (und dem Tier analoge) „Umwelt", dann erlischt auch seine Befähigung zum eigentlichen Selbst-Sein. Synonyme für Person sind übrigens Selbst, Existenz, Vernunft und Freiheit.

Wo immer ein Mensch zum Person-Sein erwacht, eröffnet sich für ihn das universelle „Reich der Werte". Nur eine Person lebt im Hinblick und Aufblick auf die Werthierarchie, die allem menschlichen Streben und Erleben Orientierung verleiht. Ist ein Mensch mehr oder minder wertblind, dann kann er auch nicht Person sein. Daher muss z. B. die Erziehung stets

Wertgefühl und Wertbewusstsein vermitteln, wenn sie aus den Zöglingen Menschen im eigentlichen Sinne des Wortes machen will. Versagt sie in dieser Funktion, dann entartet sie rasch zur seelenlosen Dressur, die soziale Automaten heranzüchtet, welche möglicherweise gut brauchbar sind, aber für die Kulturarbeit nicht in Betracht kommen.

Wir sagten schon weiter oben, dass die Personalität durch die existenzielle Anstrengung erst ins Leben gerufen und aufrechterhalten wird. Das bedeutet, dass ihr „tragender Grund" eine intakte Vitalität und bestimmte Charaktereigenschaften sind, zu denen etwa der Mut, die Solidarität, die Sensibilität, die Empathie, die Großherzigkeit und der Gefühlsreichtum zählen. Auch hier wieder sind leicht pädagogische Maximen abzuleiten. Eine gute Erziehung muss allemal am Leib ansetzen und Gefühlspädagogik sein. Das wurde in der Vergangenheit oft übersehen und hat recht klägliche Resultate bewirkt.

Martin Buber hat in seiner „Dialogischen Philosophie" sehr nachdrücklich betont, dass die Person grundsätzlich „Du-sagendes Ich" ist. Die Personalität bedarf dringend des personalen Gegenübers, mit dem sie mehr oder minder konstant im dialogischen Austausch lebt. Zwiesprache ist das Lebenselement von Vernunft, Freiheit und Personalität. Wo Person fehlt, wird man finden, dass Menschen in allen Fragen der existenziellen Kommunikation unbeholfen, plump und reduziert sind.

Person ist – von ihrem Wesen her – immer „eine werdende". Das unablässige Werden und Sich-Entwickeln ist für sie essenziell. Sie kann und darf nicht in einem Stadium ihrer Entfaltung stehen bleiben und sich einmauern. Sobald sie sich als „fertig" ansieht, erlahmt sie oder stirbt ab. Nicht umsonst hat z. B. die anthropologische Psychotherapie (V. E. von Gebsattel) als Grundmerkmal aller Neurosen die „Werdens-Hemmung" deklariert. Das verweist eben auf den Mangel an Person-Sein, der in den neurotischen und anderen psychopathologischen Zustandsbildern immer nachweisbar ist.

Eugen Minkowski hat in *Die gelebte Zeit* (1933) mit Recht betont, dass jedes menschliche Wachsen und Werden ein „Mit-Werden" ist. Damit sagt er etwas Ähnliches wie Martin Buber, dessen Dialogik wir weiter oben angeführt haben. Der Erkenntnisgehalt dieser Formulierung liegt darin, dass ein „einsames Subjekt" nie und nimmer in eine Werdensbewegung eintauchen kann, die Leib, Seele und Geist umfasst. Gewiss kann ein isolierter Mensch die eine oder andere Fähigkeit in oder an sich schulen und perfektionieren. Aber als Person bleibt er notwendigerweise steril, wenn er nicht in Beziehung zum Du, zum Wir, zur Gesellschaft und Kultur lebt. Das wissen die Menschen leider viel zu wenig, und so mancher „Individualist" hat sein Leben nutzlos vertan, weil er „abseits" von Mitwelt und Mitmenschlichkeit sich selbst verwirklichen wollte.

Im Zentrum der Personalität hat die moderne Forschung vor allem eine „Welt von Gefühlen" entdeckt, die den Kern des Person-Seins ausmachen. Im Innersten der menschlichen Existenz sind die eigentlichen Kraftquellen und Motoren die Gefühle. Diese sind – wie wir seit Max Scheler wissen – „Organe des Werterkennens". Nur wenn wir Gefühle haben, werden wir der Werte ansichtig. Und nur wenn wir Werte erkennen, können wir das Gefühl in uns induzieren und lebendig erhalten. Diese aus der Phänomenologie erwachsenen Einsichten tragen viel zum Verständnis der Person bei. Sie widerlegen auch den weit verbreiteten Irrtum, dass Personalität mit „Intellektualität" identisch sei. Es kann ein Mensch einen hoch entwickelten Verstand haben und doch nur eine Karikatur von einer Person sein. So ist es verständlich, dass z. B. in Diktaturen angeblich „hoch-gebildete" Menschen Handlanger der Barbarei werden, ohne dabei Gewissensbisse zu empfinden. Das erlaubt die Diagnose, dass sie nur „Charaktermasken" sind. Denn zur Personalität gehört unabtrennbar das sittlich-ethische Format, und das findet man mitunter bei scheinbar „ungebildeten" Menschen nicht seltener als bei jenen „Bildungs-Krüppeln", die durch Titel aller Art auf hohen gesellschaftlichen Rängen platziert sind.

Aus dem Vorangehenden kann abgeleitet werden, dass die Person als ihr spezifisches Existenz-Medium die Liebe benötigt. Nur liebend schwingt sich der Mensch zum Person-Sein auf. Existiert er lieblos, dann hat er die Möglichkeit von Vernunft, Freiheit und Autonomie verwirkt. Wo immer Personalität in Erscheinung tritt, sehen wir liebende Aktivitäten aller Art, und dies auch in einer „lieblosen Welt". Denn der wertempfängliche Mensch wird auch inmitten von Kulturlosigkeit und Gefühlskälte einen emotionalen Raum schaffen, wo Gefühlsaustausch und ein Einander-Lieben realisierbar sind.

Die Person hat allemal „Treue zu sich selbst". Sie ruht in sich und lässt sich durch Umgebungseinflüsse nicht aus ihrem Fundament reißen. Weil sie nun aber sich selber treu ist, kann sie auch einem Du und Wir gegenüber treu sein und bleiben. Auch das ist ein Ingrediens der personalen Existenz. Darum kann ein Treuebruch einen empfindlichen Riss im Person-Sein bedeuten. Setzt sich jemand mutwillig und willkürlich über dieses „Treue-Gebot" hinweg, dann kann er (sie) psychisch oder psychosomatisch erkranken. Das sieht man etwa dann, wenn Liebende sich trennen, ohne dass eine wirkliche Loslösung stattgefunden hat. Goethe sagt in diesem Zusammenhang sehr weise: „In jedem Abschied steckt ein Keim zum Wahnsinn." Er mag wohl an die „Trennung der Liebenden" gedacht haben, die oft nicht wissen, dass beim Sich-losreißen-voneinander ein Teil der eigenen Existenz am anderen haften und hängen bleibt und eine Wunde konstelliert, an der man verbluten kann.

Wir haben hiermit einige wesentliche Charakteristiken der menschlichen Person namhaft gemacht. Eine Vollständigkeit haben wir hierbei nicht angestrebt. Denn die Personalität des Menschen ist ein sehr weitläufiges Feld von Forschung und Betrachtung, das nicht leicht resümiert werden kann. Auch handelt es sich um ein Thema, das Psychologie, Medizin, Soziologie und Philosophie erst in den letzten Jahrzehnten umfassend in Betracht zu ziehen begannen.

Stellt man sich in unserem Sinne auf den Standpunkt einer Psychologie als personalistischer Wissenschaft, dann ist von Anfang an klar, dass der menschliche Lebensablauf nicht eine Folge von „Triebschicksalen“ sein kann (das ist er auch!), sondern eine Reihe von „Forderungen“, die eingelöst werden müssen. Wenn die Person sich entwickeln und entfalten soll, dann muss sie von Schritt zu Schritt Aufgaben bewältigen, in denen der Mensch Werte verwirklicht und seinen Selbstwert steigert. Alle diese Aufgabenkomplexe hängen innerlich zusammen.

So konstituiert sich die Person ebenso sehr in Arbeit und Beruf und in ihrer Einfügung in Gesellschaft und Kultur wie auch in einer zeitüberdauernden Zweierbeziehung. Daraus ist abzuleiten, dass für eine Konstanz in den Gefühlen zu einem Du auch berufliche Befriedigung und Teilhabe an der fortschreitenden Kultur notwendig ist.

Vielleicht sind Partnerschaften in Liebe und Ehe so schwierig, weil die meisten Menschen nur in Keim- und Zerrform Person sind. Da sie nur selten überdurchschnittlich günstige Sozialisationsbedingungen haben, können sie wohl ein Ich strukturieren, ohne dessen Hilfe ein totaler Zusammenbruch die Konsequenz wäre. Aber Personalität ist mehr als Ich-Bewusstsein; darin haben die Menschen ihre Lücken und Unzulänglichkeiten, die sich in Liebesbeziehungen als dem feinsten Indikator als Störmomente merklich machen.

Wir werden in der Folge eine Liste von Partnerschaftsstörungen aufstellen, die letztlich im Mangel an Personalität begründet sind. Wenn der Mensch in nur spärlichen Ansätzen „Personalität“ in sich verspürt, verfällt er notwendig in bestimmte Beziehungsschwierigkeiten, die er in der Regel dem Du anlastet. Es sind aber immer beide Beteiligten im Spiel, und es ist fruchtlos, einem von beiden den „schwarzen Peter“ zuzuschieben.

Wir sagten weiter oben, dass nur die Person ein „unablässiges Werden“ ist. Wo sie fehlt, stagniert der Mensch. Nun ist es ein mühsames Geschäft, mit einem Menschen ein ganzes Leben zu verbringen, wenn man sich selbst nicht entwickelt und auch der andere innerlich stehen bleibt. Das erzeugt im partnerschaftlichen Zusammensein stets Langeweile, und sie ist bekanntlich der „Tod der Ehe“. Man kennt ja ein Gegenüber nach Monaten und Jahren des Zusammenlebens fast auswendig. Wenn nun beide Beteiligten nicht die Kunst der Selbstveränderung erlernt haben, kann es sein, dass sie sich mit der Zeit „angähnen“. Darum sollte in einer Ehe jeder für sich ein permanentes Fortschreiten in einigen Sphären seines Daseins anstreben. Man liebt immer nur „das Wertvolle“; und wertvoll wird ein Mensch dadurch, dass er an irgendwelchen kulturellen Bewegungen und Bestrebungen lebhaften Anteil nimmt. Man muss zu diesem Zweck nicht hyperintelligent sein. Hier gilt die Regel: „Interessant ist, wer sich interessiert.“

Vielleicht würde der Störfaktor in Zweierbeziehungen, der unter dem Titel „Bedürfnis nach Abwechslung“ läuft, weniger Unheil anrichten, wenn ein sich entwickelndes Paar durch das Faktum der Entwicklung schon Innovation und Wechsel zustande bringt. Das mag jene resolute Dame im Sinn gehabt haben, die ihrem Gatten einschärfte: „Ich weiß, dass Männer Abwechslung lieben. Aber ich bin Abwechslung genug für dich!“

Außerdem erwähnten wir, dass Person identisch ist mit Vernunft, Freiheit und Selbstsein. Sofern sie halbwegs entwickelt ist, ist der Mensch flexibel und wandlungsfähig. Er kann sich den jeweiligen Lebenssituationen anpassen, ohne sich selbst dabei zu verlieren. Gerade eine Zweierbeziehung erfordert, wenn sie gelingen soll, ein Höchstmaß an Adaptation an die wechselnden Umstände des Zusammenlebens.

Wenn aber Personalität fehlt, dann tritt bei den Beteiligten Sturheit als Störfaktor auf. Ein nicht geringer Prozentsatz von Partnerschaften scheitert am Starrsinn der Protagonisten, die nicht nachgeben können, wo dies im Interesse der Liebe und Ehe unabdingbar wäre.

Die Partner sind jeder „eine Welt für sich“; sie haben verschiedenartige Sozialisations-Bedingungen und Schicksale hinter sich, die immer wieder zu divergenten Meinungen und Stellungnahmen führen müssen. Will man zusammenleben, dann müssen solche Dissonanzen durch Kompromisse überbrückt werden. An dieser Stelle setzt die verhängnisvolle Macht des überstrapazierten Eigensinns ein. Jeder beharrt auf seinem Standpunkt, weshalb sich kleinere Meinungs- und Geschmacks-Verschiedenheiten zu großen Kalamitäten ausweiten.

Sture Menschen stammen aus einer Kindheit, in der sie durch harte und strenge, pedantische und gefühlskarge Eltern tausendfältig „vergewaltigt“ wurden. Oft können auch die Armut oder die politischen Verhältnisse die Härte der Eltern ersetzen. Nun schwören sich alle Vergewaltigungs-Opfer, später im Leben niemals eine „Unterlegenheits-Position“ einzunehmen. Falls dies doch nötig scheint, wird vordergründig der „Wille des anderen“ akzeptiert; im Hintergrund jedoch wird zäh und unnachgiebig die eigene Vorstellung durchgesetzt.

Man kann es auch so ausdrücken: Sturheit entsteht, wenn ein innerlich ge- und zerbrochener Mensch in Beziehungen vor der Aufgabe steht, den Standpunkt des anderen zu akzeptieren. In seiner Idee ist Geschmeidigkeit Schwäche, Bestätigung des Partners aber eine absolute Niederlage. Die Sturheit soll die verletzten und innerlich zerstörten Wesensanteile zusammenhalten. Nachgiebigkeit jedoch erweckt die Befürchtung, zersprengt und vernichtet zu werden. Der sture Charaktertyp erleidet fast Todesängste, wenn er (sie) auf eine fixe Einstellung oder Haltung verzichten soll.

Natürlich hat das große Auswirkungen auf das Zusammenleben, auf die Sexualität usw. Denn ein Dahinschmelzen im sexuellen Akt erweckt allemal die erwähnten Vernichtungsängste. Sturheit ist also notwendigerweise auch Hingabeangst. Sie belastet Partnerschaften aufs Schwerste und macht auch sonst das betroffene Individuum unproduktiv, geistig unbeweglich und entwicklungsunfähig.

Auch andere „neurotische“ Charakterzüge entspringen dem Mangel an Personalität und sind Störungsquellen in Zweierbeziehungen. Um die psychologische Dynamik innerhalb von Partnerschaften zu verstehen, muss man die Charaktere der beiden Beteiligten eingehend studieren und deren Wechselwirkung aufeinander sachkundig abschätzen. Diese Aufgabe ist meistens hoch kompliziert. Schon die Charakterstruktur eines Einzelmenschen zu ergründen, stellt hohe Anforderungen an den Beurteiler. Noch schwieriger aber ist es auszumachen, wie sich Charakter A auf Charakter B und umgekehrt auswirkt.

Eine Vereinfachung des Verfahrens, die in Partnerschafts-Beratungen von Nutzen ist, besteht darin, dass man sich als Psychologe und Therapeut darum bemüht, bei jedem der Beteiligten mindestens einen Hauptcharakterzug ausfindig zu machen. Hat man die nötige Lebenserfahrung und psychologisches „Struktur-Wissen“, dann erkennt oder erfühlt man ziemlich bald, welche Zusatzeigenschaften zum Hauptwesensmerkmal gehören.

Ist z. B. Partner A ehrgeizig, dominant und geltungsbedürftig, dann tendiert er (sie) meistens auch zu Affektverhalten, Misstrauen, Aggressionen usw. Ist Partner B schüchtern und zurückhaltend, dann können wir bei ihm (ihr) Ausweichverhalten, psychosomatische Symptome, Nachgiebigkeit, Ressentiment usw. vermuten. A bevorzugt dann direkte Mittel des partnerschaftlichen Zweikampfes, B jedoch ist auf indirekte Manifestationen der Selbstbehauptung angewiesen.

Heraklit hat im 6. Jahrhundert v. Chr. gesagt: „Der Charakter des Menschen ist sein Schicksal.“ In den Charakteren der beiden Partner ist Verlauf und Schicksal ihrer Partnerschaft begründet. Daher muss jede Partnerschafts-Psychologie in einer expliziten Charakterologie ihre Begründung finden.

Wichtig ist vor allem das Verstehen pathologischer Charakterzüge. In unserem Sinne ist Charakter die Summe von Verhaltensmustern (Gewohnheiten, Einstellungen und Haltungen), die man in der Kindheit erworben hat, um sich im vorgefundenen Milieu durchsetzen und behaupten zu können. Ist das Milieu liebevoll und einfühlsam, dann entwickeln sich kooperative und produktive Charaktereigenschaften wie Freude, Fleiß, Wohlwollen, Dialogfähigkeit, Mitleid, Hilfsbereitschaft, Güte usw. Ist das Milieu aber hart, lieblos, verwöhnend usw., dann kommen egozentrische Wesenszüge zum Tragen. Diese behindern die soziale Einfügung und die Liebesfähigkeit; sie sind Hemmschuhe für die eigene Entwicklung und für das „Zusammenwachsen“ in einer Zweierbeziehung.

Im Kern der Person walten die Gefühle; sie sind Manifestationen davon, dass Personalität besteht und dass der Mensch beziehungs- und entfaltungsfähig ist. Wenn nun aber das Person-Sein beschädigt ist, wird man immer beim Betroffenen ein Gefühlsdefizit feststellen können. Was springt nun aber im Seelenleben als Substitut dieser „Lücke“ ein? Es sind immer die Affekte, die sich breit machen, wenn die Gefühlsentwicklung Schaden erlitten hat.

Zu den Affekten zählen wir seelische Phänomene wie Neid, Eifersucht, Missgunst, Trauer, Wut, Zorn, Angst, Hass, Mutlosigkeit, Verzweiflung, Geiz, Misstrauen usw. Während alle Gefühle ihre „Stamm-Mutter“ in der Liebe haben, kann man die Wurzeln des Affektlebens in der Angst und der Aggression suchen.

Gefühle verbinden die Menschen untereinander, Affekte jedoch trennen und veruneinigen sie. Sie sind allemal destruktiv und besonders in Zweierbeziehungen die Quelle von unsäglichen Leiden und Komplikationen. Das Unglück besteht darin, dass jeder „Affekt-Mensch“ so sehr gewohnheitsmäßig in sein affektives Reagieren verstrickt ist, dass man geradezu von „Affekt-Sucht“ und diesbezüglicher innerer Zwanghaftigkeit sprechen kann.

Will man das umfängliche Thema „Streit in Partnerschaften“ verstehen, dann muss man auf die Affekt-Psychologie zurückgreifen. Ein Aspekt davon ist das, was die moderne Kommunikations-Theorie behauptet, dass nämlich Affekt-Reaktionen in Zweierbeziehungen „kreisförmig“ verlaufen. Zwar sucht jeder Affekttyp fieberhaft die Schuld beim anderen; in Wirklichkeit aber gibt es einen Zirkel, an dem beide Beteiligten „mitwirken“.

Paul Watzlawick (1974) gibt ein eindrückliches Beispiel, wobei eine Frau ihrem Manne vorwirft, dass er sich innerlich immer mehr zurückziehe, weshalb sie dauernd mit ihm schimpfen müsse. Der Mann jedoch erzählt, dass sie stets mit ihm schimpfe und er sich deshalb von ihr zurückziehe. Fast in jeder Partnerschaft gibt es solche Kreisprozesse, bei denen – wie die Bibel lehrt – der Splitter im Auge des Nächsten, nicht aber der Balken im eigenen Auge gesehen wird. Dieses Exempel führt u. E. tief in das Studium der Affektpsychologie hinein.

Wir geben hier einem Dichter das Wort, der den Zusammenhang von Angst und Aggression auf der einen Seite und Partnerschaftsmisere auf der anderen Seite recht gut begriffen hat. Kurt Tucholsky sagt in seinem Gedicht *Ehekrach* (*Gedichte,* Rowohlt-Verlag, Reinbek, S. 273):

Ihr meint kein Wort von dem, was ihr sagt:
Ihr wisst nicht, was euch beide plagt.
Was ist der Nagel jeder Ehe?
Ein zu langes Zusammensein und zu große Nähe.

Menschen sind einsam. Suchen den andern.
Prallen zurück, wollen weiter wandern …
Bleiben schließlich … Diese Resignation:
Das ist die Ehe. Wird sie euch monoton?

Zankt euch nicht und versöhnt euch nicht;
zeigt euch ein Kameradschaftsgesicht
und macht das Gesicht für den bösen Streit
lieber, wenn ihr alleine seid.

Gebt Ruhe, ihr Guten! Haltet still.
Jahre binden, auch wenn man nicht will.
Das ist schwer: Ein Leben zu zwein.
Nur eines ist noch schwerer: einsam sein.

Wenn man als Psychotherapeut bei einer affektgeladenen Zweierbeziehung oder einer Streitehe von den beiden Beteiligten über ihre mitunter furchtbaren Partnerschaftskalamitäten informiert wird, verspürt man manchmal die Neigung, zur Trennung zu raten. Aber nicht selten kommt man damit gar nicht gut an.

Man erlebt dabei ein Phänomen, das Voltaire in seiner Erzählung *Zadig oder das Schicksal* karikiert hat. Der Held dieser Geschichte ist auf Reisen und begegnet einem Manne, der eine Frau auf schlimmste Weise quält und schlägt. Durch die Hilferufe des Opfers herbeigerufen, verbietet Zadig dem Unbekannten, die schöne Frau zu tyrannisieren. Es entspinnt sich ein Streit, in welchem beide Männer zur Waffe greifen. Der Tyrann und Schläger wird außer Gefecht gesetzt, und Zadig wendet sich an die Dame, um ihr die Freiheit anzubieten und dafür seinen Dank zu erhalten. Aber das Gegenteil ist der Fall; das Opfer beschimpft den Retter, er habe ihren geliebten Mann niedergeschlagen und sie nun selbst der Trostlosigkeit übergeben. Das ist für die Zwecke des Humoristen übersteigert gemalt, trifft aber doch einen mitunter realen Sachverhalt.

Es gilt eben in vielen Zweierbeziehungen die Regel, die in Anlehnung an einen Filmtitel formuliert werden könnte: „Sie küssten sich und sie schlugen sich!“ Will man in solche Verhältnisse eingreifen, dann muss man ein echter Mittler und Vermittler sein – also ziemlich das Gegenteil jener Figur, die Goethe in den *Wahlverwandtschaften* unter dem Namen „Mittler“ auftreten lässt.

Ein guter Moderator in Eheproblemen weiß, dass im Falle von Streitigkeiten niemals „nur der eine Recht hat“. Beide Beteiligten haben subjektive und objektive Gründe für ihre wechselseitigen Animositäten. Diese gilt es ausfindig zu machen, wobei den beiden Antagonisten eine Gesinnung der Toleranz und ein Einander-Verstehen vermittelt werden muss. Auf diese Weise können reale Streitgründe überbrückt und irreale Kampfmotivationen entkräftet werden.

Das gelingt kaum je ohne einen Aufschwung der beiden Persönlichkeiten zu mehr Weitblick, Gefühlstiefe, Lebenssouveränität und Selbstachtung. Wer innerlich kleinmütig und ressentimentgeladen ist, kann seinem Widersacher in Liebe und Ehe schwerlich verzeihen. Er benötigt destruktive Affekte, da diese für verzweifelte und innerlich verarmte Menschen ein Tonikum sind, ähnlich wie Alkohol und Drogen.

Man kann sich nämlich an Hass, Wut, Groll, Ärger usw. berauschen wie an anderen Rauschmitteln. Man vergisst dabei die eigene Kläglichkeit und die ungelösten Lebensprobleme. Daher muss man regelrecht mit einer „Sucht-Problematik“ rechnen, wenn man habituell streitende Paare versöhnen will. Sie zeigen zunächst heftige „Entzugserscheinungen“ und sehnen sich unbewusst nach der Zeit des Haders und der permanenten Kämpfe zurück, wo man gar nicht mehr mit den persönlichen Entwicklungsaufgaben konfrontiert war.

Es ist also meistens schwer, Streithähnen in einer Paarbeziehung eine „pazifistische Gesinnung“ zu vermitteln. Und doch müssen sie begreifen, dass es im Partnerschaftsstreit sozusagen nie einen „Sieger“ gibt. Denn der andere ist ja in Liebe und Ehe ein Teil unserer selbst, und wenn wir ihm Schaden zufügen, schlägt das auf uns selbst zurück. Da uns aber unsere Erziehung zur „Sieger-Mentalität“ (d. h. Ehrgeiz, Eitelkeit und Machthunger) sozialisiert, fällt es uns gar nicht leicht, in der Zweierbeziehung nachzugeben; man fühlt sich fast wertlos, wenn man irgendwo „unterliegt“. Aber das Gegenteil ist eigentlich der Fall: Je gütiger und entgegenkommender ein Mensch ist, umso größer steht er vor dem Partner da. Das bedeutet, dass Konzilianz eine unentbehrliche „Ehe-Tugend“ ist. Und Buddha hat mit Recht gesagt: „Nicht durch Streit kommt Streit zum Erliegen.“

Aus dem Obigen sollte klar geworden sein, dass wir den Sinn der Ehe darin sehen, dass die beiden Beteiligten nicht nur eine Schutz- und Trutzgemeinschaft im Leben bilden, sondern dass sie einander auch kräftig und nachhaltig in der Selbstwerdung fördern. Der Umgang miteinander sollte sich so einspielen, dass wechselseitige Achtung das tragende Element in allen Situationen des Zusammenlebens ist und bleibt. Denn nur im Medium der Wertschätzung kann die Personalität des Menschen gedeihen. Und so vielfältig auch die möglichen Lebensziele sein können, für uns ist – aus anthropologischen Erwägungen – die Personwerdung der zentrale Sinn und Inhalt unserer Existenz. Alle Überlegungen zum Thema „Zweierbeziehung" sollten von diesem Gedankengang inspiriert sein. Es scheint, dass die kulturell gewachsene dauerhafte Partnerschaft in diesem Sinne für den Menschen notwendig und unentbehrlich ist.

Ein Störfaktor in Liebe und Ehe: Eifersucht

Extreme Charakterzüge sind in unserer Sicht die gefährlichsten Störfaktoren einer Zweierbeziehung. Um das zu belegen, müssten wir nun eine ganze Charakterkunde vorlegen. Aber das würde den Rahmen des vorliegenden Buches sprengen. Wir beschränken uns daher nur auf das Strukturbild des eifersüchtigen Menschentyps, der bekanntlich in Partnerschaften sehr viel Leid und Kummer erlebt und verursacht.

Da die Eifersucht eine pathologische Zerrform der Liebe darstellt, kann sie nur verstanden werden, wenn man zunächst die Norm des „liebenden Miteinanderseins" ins Auge fasst. Die Vollgestalt des Liebeslebens lässt erkennen, was Sinn und Gehalt möglicher neurotischer Deformierungen ist.

Liebe ist offensichtlich eine innige Zuwendung zum Du, ein mehr oder minder konstantes Hinfließen des Ich zum Du, ein Gerichtetsein auf sein Wohl und seine Entfaltung. Man kann das mit Martin Heidegger „Fürsorge" nennen, wobei man nicht an „Sozialfürsorge" denken darf, sondern an die Sorge für das Selbstsein und Selbstwerden des anderen, die Heidegger auch „vorausspringend" nennt. Man behält die Zukunft des Du im Sinn, man weiß um seine Möglichkeiten und ist bestrebt, es dabei zu unterstützen, diese zu realisieren.

Ein Ingrediens der Liebe ist Vertrauen, verankert im Urvertrauen des vertrauenden Menschen. Das Urvertrauen drückt eine Geborgenheit in der mitmenschlichen Welt aus. Wer so im Sein verwurzelt ist, hat Selbstvertrauen und kann sich vertrauensvoll an ein geliebtes Wesen anschließen. Misstrauen jedoch ist der Tod der Liebe. Man muss an Beständigkeit im anderen glauben, um sich mit ihm einigen zu können resp. mit ihm eins zu werden.

Das Wesen der Liebe widerspiegelt sich getreu im Dialog. Die Liebenden sind in einem permanenten Gespräch, was nicht heißt, dass sie immer miteinander „schwatzen" müssen. Aber jeder Gedanke in einem der Liebenden hat den Hintergedanken: Das muss ich meinem Partner sagen! Je ruhiger dieser Dialog im Laufe der Jahre dahinströmt, um so eher ist Liebe zwischen den Beteiligten verwirklicht. Dialogunfähigkeit heißt immer auch Liebesunfähigkeit.

In der Liebe anerkennen wir ein Du wie uns selbst. Damit bestätigen wir es in seinem Sein. Hegel sagt in der *Phänomenologie des Geistes*: „Das Sein des Selbstbewusstseins liegt in der Anerkennung durch ein anderes

Selbstbewusstsein." Das bedeutet: Die Liebe verhilft der Person zu ihrer Existenz. Man kann nur Person sein in einer emotional tragfähigen Beziehung. Der vereinsamte Mensch läuft Gefahr, als Person unterzugehen. Darum ist die Trennung von Liebenden meistens eine große Bedrohung für die physische und psychische Existenz. Die Erfahrung lehrt, dass man an solchen Trennungen krank werden oder sterben kann.

Ein Strukturelement der Liebe ist die Zärtlichkeit. Man gibt dem geliebten Wesen zärtliche Gefühle, man macht es zum „Objekt" zärtlicher Handlungen. Im Wort selbst liegt der Hinweis auf zarten Umgang, feine und behutsame Behandlungsweise bzw. delikaten Gefühlsaustausch. Der Umgang einer liebenden Mutter mit ihrem Kind mag das Vorbild für die zärtliche Interaktion im späteren Leben sein. Je größer die Liebe, umso inniger ist die Zärtlichkeit mit im Spiel.

Meistens ist das zärtliche Verhalten eine Art Einleitung für sexuelle Hingabe oder Hingabe überhaupt. Wer liebt, will sich an das Du voll und ganz hingeben. Das heißt für die Sexualität, dass der Akt ohne innere oder äußere Vorbehalte vollzogen wird; man will eigentlich total im anderen aufgehen, in ihm verströmen. Wo die Hingabefähigkeit gestört ist, kann auch die Liebe nicht in ihrer ganzheitlichen Wesensreinheit existent sein. Das Sexuelle ohne Hingabe ist mitunter der Index dafür, dass man sich angsterfüllt oder aggressiv gegen den Partner anstemmt.

Der Liebende ist immer auch zur Selbstliebe fähig. Wer ein Du liebt, findet es müßig, am eigenen Ich herumzumäkeln, allfällige Schwächen hochzuspielen oder Schuldgefühle zu ventilieren. Liebe befreit von narzisstischer Selbstüberschätzung und von allerlei Selbstverkleinerungen. Es ist geradezu notwendig, sich selbst zu akzeptieren, um für den Partner hingabefähig zu sein.

Charakteristisch für den liebesfähigen Menschen ist die Grundstimmung der Heiterkeit oder Freude. Natürlich kann man diese im Alltag nicht dauernd aufrechterhalten. Aber der Liebende kommt immer wieder auf sie zurück, erreicht sie trotz mancherlei Schwankungen. Darin bekundet sich seine Weltoffenheit, seine Selbst- und Fremdbejahung, die errungene Freiheit im Leben und Sich-Verwirklichen. Heiterkeit und Freude sind – wie Sartre sagt – „die Erkenntnis der Freiheit durch sich selbst". Freie Menschen lassen sich nicht allzu oft verstimmen, sondern fühlen sich im Einklang mit der Welt, trotz deren Beschwerlichkeiten und Mängel. Wer in Verstimmungen, Ärger, Unmut und Verzweiflung dahinlebt, ist sicher kein Liebender.

Vernunft ist ein anderes Wort für Liebe. Die Einheit der beiden Wesensmerkmale liegt im Eros, der schon bei Plato diese Doppelgestalt aufweist. Ein unvernünftiger Mensch kann schwerlich ein guter Liebhaber sein. Denn es braucht viel Einsicht und Verstehen, um sich voll und ganz an ein

Du anschließen zu können. Unvernunft trennt die Menschen voneinander, Vernunft vereinigt sie. Das gilt nicht nur für das Gemeinschaftsleben und die gesellschaftliche Existenz, sondern eben auch für die Zweisamkeit der Liebenden.

Die platonische Kardinaltugend der Besonnenheit ist ebenfalls für das Liebenkönnen schier unentbehrlich. Man muss in „Zucht und Maß" leben, um für die Liebe frei zu sein. Alle maßlosen und unbesonnenen Menschen wollen das Unmögliche: Und das ist auch in der Liebe nicht zu finden. Die Fixierung auf irreale Wünsche und Anspruchshaltungen erzeugt Frustrationen, die selbst wiederum zu Aggressionen führen; damit kann man so manche Liebesbeziehung in die Luft sprengen. Die platonische *Sophrosyne* ist in der Liebe kaum durch andere Tugenden zu ersetzen.

Man könnte noch weitere Strukturfaktoren der Liebe in Erinnerung rufen. Wir wollen es aber hiermit bewenden lassen; die genannten Eigenschaften geben sowieso zu erkennen, was noch etwa im Strukturfeld des Liebenkönnens liegen mag. Verliebte Leser oder andere feinsinnige Geister können sich evtl. daran stoßen, dass man dieses herrliche Gefühl in dieser Weise seziert, d. h. in seine Elemente auflöst. Aber das ist keine Missachtung der Liebe. Gerade Liebende können an einer solchen Aufstellung ablesen, wo sie sich noch als Partner vervollkommnen sollen. Denn jeder Mensch ist unterwegs zur Liebe, und niemand hat sie schon in ihrer Ganzheit erreicht.

Auch wenn man zum Arzt wegen irgendwelchen Körperbeschwerden geht, wird der funktionierende Leib in eine Vielzahl von Untersuchungsbefunden aufgelöst; Herr oder Frau Meier sind dann „ein Blutbild, ein Urinbefund, ein EKG, ein Blutdruckwert, Leberwerte" usw. Jedermann weiß, dass dies für Diagnostik und Therapie sehr nützlich ist. Ähnlich ist es in der Psychotherapie: Um z. B. einem eifersuchtskranken Menschen helfen zu können, müssen wir wissen, welche Teilbefunde in seinem Gesamtleiden inbegriffen sind; das erleichtert den Umgang mit ihm und gibt unseren Therapiebemühungen Ziel und Richtung.

Strukturelemente der Eifersucht

Eine „beschreibende und zergliedernde Psychologie" (Wilhelm Dilthey) der Eifersucht kann eine ganze Reihe von Strukturelementen namhaft machen, aus denen sich dieser Affekt oder diese Leidenschaft zusammensetzt. Wir geben in der Folge diese Aspekte der eifersüchtigen Persönlichkeit wieder, ohne auf Vollständigkeit Anspruch zu erheben.

Da Eifersucht eine Verlustangst ist, gehen wir wohl nicht fehl, wenn wir den eifersüchtigen Menschen als einen Angstcharakter definieren. Er lebt in einer mehr oder minder permanenten Angst, die gewissermaßen ihre Konkretisierung im vermeintlichen Partnerverlust findet. Nun ist Angst immer auch Ungeborgenheit in der Welt; das bedeutet, dass man keine tragfähigen sozialen Beziehungen hat. Nach H. S. Sullivan besteht Ängstlichkeit in der Vorwegnahme ernstlicher Missbilligung seitens wichtiger Beziehungspersonen. Der Ängstliche mutmaßt immer, dass man ihn nicht akzeptiert und dass man sich daher leicht von ihm abwenden kann.

Zur Vorwegnahme von Verlassen- und Betrogenwerden gehört offenkundig ein ausgeprägtes Minderwertigkeitsgefühl bis zum Komplex hin. Alle Beobachter stellen fest, dass der Eifersüchtige wenig Selbstachtung aufweist. Er glaubt selbst nicht daran, dass er liebenswert sei. Natürlich hat dieses verminderte Selbstbewusstsein lebensgeschichtliche Quellen und Ursachen. Nur wer sich selbst wenig achtet, kann zu jenen oft würdelosen Verhaltensweisen greifen, die man bei der Eifersucht kennt.

Seit Alfred Adler wissen wir, dass jede geringe Selbsteinschätzung zu Kompensationen und Überkompensationen führt, die Schwäche in Stärke, Ohnmacht in Macht verwandeln sollen. Daher kann es uns nicht verwundern, wenn wir in der Eifersucht immer wieder die Machtgebärde antreffen. Man will den Partner kontrollieren, einschränken, als schuldig erklären; man beschimpft ihn, klagt ihn an und schmollt mit ihm. Auch handfeste aggressive Attacken sind bei diesem Affekt nicht ungewöhnlich. So kann man durchaus formulieren, dass eifersüchtige Menschen fast noch mehr Macht über ihren Partner wollen, als dass es ihnen um Liebe geht. Sie verwenden den Liebesanspruch, um Machtinteressen zu verfolgen.

Wut und Zorn wohnen in der Nähe der Eifersucht. In seiner Phantasie sieht sich der Eifersüchtige belogen und betrogen, und daraus leitet er innerlich die Berechtigung ab, sich wütenden und zornigen Affektregungen zu überlassen. Wut und Zorn sind große Stimulanzien für eine traurige oder kleinmütige Seele; sie wirken wie Adrenalinpumpen, die den Kreislauf stimulieren und auch das Lebensgefühl irgendwie ankurbeln. Solche Affekte können zu Suchtmitteln werden. Man sucht sie immer wieder zu erzeugen, ähnlich wie der Raucher seine Zigarette und der Trinker seinen Alkohol konsumiert. Schon die Sprache in ihrer Weisheit spricht von Eifer-Sucht, womit sie den Suchtcharakter dieses Lasters ins Rampenlicht rückt.

Im Sinne von Harald Schultz-Hencke ist jeder Eifersüchtige ein gehemmter Mensch. Man merkt das durchaus an seinem Auftreten und an seinem Verhalten. Würde er in seinem Antriebserleben frei oder freier sein, dann entstünde mehr Selbstachtung in ihm, und er wäre auch besser zur Liebeswerbung fähig. Gehemmt sind möglicherweise das Habenwollen, das Behaltenkönnen und das Geltenwollen; diese drei Antriebssphären sind für das Liebesleben ebenso wichtig wie für die Selbstbehauptung in der Alltagspraxis.

Bequemlichkeit und Riesenerwartungen, die nach Schultz-Hencke zum Gehemmtsein dazugehören, fehlen nie im Bilde der Eifersucht. Man strengt sich in der Regel wenig an, um die Liebe des Partners zu gewinnen und zu erhalten; des Weiteren hat man Riesenansprüche, die seine Geduld und Toleranz sehr auf die Probe stellen. Jeder Eifersüchtige träumt von einer symbiotischen Liebe, die in der Realität kaum zu verwirklichen ist. Der Partner soll ihm und nur ihm allein zugewendet sein; da dies nicht zustande kommt, ist man frustriert und lässt so manche Spielart der Aggression in Funktion treten.

Monomane Züge sind in der Eifersucht an der Tagesordnung. Das Denken und das Fühlen des Eifersüchtigen kreisen überwiegend um einen einzigen Bewusstseinsinhalt: Wann und warum wird man vom Partner betrogen? Monomanie kommt zustande, wenn der Lebensentwurf solcher Menschen sehr verengt und verarmt ist. Wer vielfältige Betätigungsmöglichkeiten und Interessen hat, kann nicht dauernd an seinem Eifersuchtswahn basteln. Es sind ein paar klägliche und traurige Gedankenfelder, die der Eifersüchtige ständig anpflanzt und kultiviert. Zur Monomanie des Verhaltens gehört eine Monotonie des Bewusstseins.

Man darf von vornherein annehmen, dass sich die erwähnte Hemmung auch auf die Bereiche von Zärtlichkeit und Sexualität erstreckt. Ein Mensch, der zur vollumfänglichen sexuellen und liebenden Hingabe fähig ist, ruht im Allgemeinen in sich selbst und kann einem destruktiven Affekt wie Eifersucht nur schwer verfallen. Wer aber hierin da und dort blockiert ist, wird sich unter Umständen mit lebhafter Phantasie ausmalen, was anderswo an sexuellen und zärtlichen Genüssen konsumiert werden kann, und dass unter Umständen der Partner solchen Genussmöglichkeiten nachläuft. Man nennt die Eifersucht einen spezifischen Liebesneid; und zum Neid sind jene disponiert, die entweder besitzlos sind oder sich als besitzlos fühlen. Daher muss man immer in Eifersuchtstherapien nach Impotenz und Frigidität fragen; was aber nicht bedeutet, dass man stets fündig wird.

Interessanterweise sind treulose Menschen selbst auch eifersüchtig. Sie wissen ja aus der eigenen Erfahrung, dass man einem Liebespartner nicht trauen und vertrauen darf. Die eigene Treulosigkeit wird auf das Du projiziert. Auch lenkt man damit von den eigenen Schuldgefühlen und vom Schulderleben ab.

Projektion findet man besonders bei außenorientierten Menschen. Jedenfalls hat der Eifersüchtige keine sehr guten Zugänge zum eigenen Selbst. Oft ist dieses sogar ganz unterentwickelt und müsste erst gestützt und entfaltet werden. Wer aber stets auf die Mängel und Treulosigkeiten des anderen ausgerichtet ist, hat weder die Zeit noch die Geduld, auf die Stimme seines Selbst zu hören. Daher ist Eifersucht zwangsläufig mit Selbstentfremdung und Selbstvergessenheit verbunden.

Sigmund Freud brachte Eifersucht mit unbewusster Homosexualität und einer Disposition zur Paranoia in Zusammenhang. Diese Theorie ist allerdings umstritten. Nur in sehr krassen Fällen von Eifersucht drängt sich die Parallele zum paranoiden Erleben auf. Des Weiteren werden es wohl nur seltene Fälle sein, wo die Verfolgung des angeblichen Rivalen in der Gunst des Partners in einer homoerotischen Attraktion begründet oder mitbegründet ist.

Rudolf Dreikurs in seinem Buch *Die Ehe – eine Herausforderung* (1976) unterscheidet unter den Zwecken der Eifersucht: 1. Die Entschuldigung für eigene Fehler; 2. Erregen von Aufmerksamkeit; 3. Gewinnen von Überlegenheit; 4. Vergeltung. Man muss von Fall zu Fall prüfen, ob auch diese Faktoren in die Eifersucht hineinspielen.

Die Arten der Eifersucht

In *Meyers Kleines Lexikon: Psychologie* (1986) finden wir folgende Definition der Eifersucht und des Eifersuchtswahns:

> Eifersucht: qualvoll erlebtes Gefühl vermeintlichen (Eifersuchtswahn) oder tatsächlichen Liebesentzugs. Der Eifersüchtige reagiert auf das wahrgenommene Nachlassen der Zuwendung von Liebe mit Versuchen, das Liebesobjekt an sich zu binden; wenn dies aussichtslos erscheint, neigt er zu Racheakten. Die Eifersucht kann extreme Formen annehmen und zu kriminellen Verhaltensweisen führen.
>
> Im engeren Sinn bedeutet Eifersucht das Verlangen nach völliger Ausschließlichkeit der Beziehungen zum Partner. Dies kann mit Affekthandlungen gegen jeden Dritten verbunden sein, der diese Ausschließlichkeit zu beeinträchtigen scheint.
>
> Eifersuchtswahn: Im Unterschied zur normalen Eifersucht die fixe Idee, vom Partner betrogen zu werden, obwohl dieser objektiv treu ist. Eifersuchtswahn wird von nicht nachlassendem Misstrauen, von ständigen Verdächtigungen u. a. begleitet.

Wir können diesen Definitionen durchaus zustimmen, möchten aber aus unserem Einleitungskapitel noch auf folgende Strukturmerkmale des eifersüchtigen Menschen hinweisen: Mangelhafte Fürsorglichkeit für ein Du – gebrochenes Gerichtetsein auf den Partner – Verfangensein in das eigene Ich – fehlendes Urvertrauen – Dialogbehinderung oder Dialogunfähigkeit – reduzierte Anerkennungsfähigkeit – verringerte Selbstanerkennung – gehemmte Zärtlichkeit – sexuelle Störungen (Impotenz, Frigidität, evtl. Perversionen) – ängstlich-aggressiver Grundcharakter – fehlende Selbstliebe – Minderwertigkeitskomplexe – Schuldgefühle – Selbsthypostasierungen – verstimmtes Lebensgefühl, Disposition zu Ärger, Freudlosigkeit, Unvernunft und Unbesonnenheit.

Aus der obigen Umschreibung wird ersichtlich, dass Eifersucht immer eine Erkrankung der Gesamtpersönlichkeit ist. Natürlich sprechen wir jetzt nur von der unbegründeten Eifersucht, die wir als neurotisch (manchmal sogar als psychotisch) einstufen müssen. Ein solches Leiden ist niemals nur aktuell bedingt; es wächst aus der Vorgeschichte eines Menschen mit einer gewissen Notwendigkeit heraus. Man kann sogar den Satz formulieren: Wer als Erwachsener einer pathologischen Eifersucht anheim fällt, ist gewiss schon als Kind eifersüchtig gewesen. Wir haben somit mit folgenden Eifersuchtsarten zu rechnen:

1. Geschwistereifersucht: Sie ist ungemein häufig, fast die Regel in Familien mit zwei und mehr Kindern. Alle Kinder ringen um die Liebe und die Aufmerksamkeit der Eltern. Wird diese einem bevorzugten Sprössling ganz besonders zuteil, dann wird sein Rivale oder werden seine Rivalen neidisch und eifersüchtig. Selten bemühen sich Eltern darum, ihre Liebe und Zuneigung möglichst gerecht zu verteilen. Sie haben ihre Lieblinge unter den Kindern, nämlich jene, die ihnen eher entsprechen oder sich nach ihren Wünschen verhalten. Auch bevorzugen oft Väter die Töchter, und Mütter mögen einen Sohn sehr gerne.

Die Stellung in der Geschwisterreihe gibt ebenfalls nicht selten zu Eifersucht Anlass. Ein zweitgeborenes Kind benötigt zunächst mehr Pflege und Förderung als sein Vorläufer, der schon selbstständiger ist. Das kann aber das ältere Kind nicht immer richtig einordnen; es fühlt sich durch seinen Nachfolger bedrängt und aus der Vorzugsposition verjagt. Daher hegt es oft einen tief sitzenden Groll, der jahre- und jahrzehntelang andauern kann. Das jüngste Kind als Nesthäkchen wird gelegentlich von allen seinen Vorgängern beneidet und kritisch betrachtet, da es oft von den Eltern verwöhnt wird; diese geben ihm eine Ausnahmeposition, die es unter Umständen auch weidlich missbraucht.

In den alten Kindermärchen sind die Jüngsten stets die schlauesten Helden, erringen die Königstochter und werden hoch über ihren ursprünglichen Rang erhoben. Selbst die Bibel zeigt diese Form von Familien-Psychologie; die Geschichte von Joseph und seinen Brüdern z. B. gibt diese Konstellation wieder: Thomas Mann hat sie in seinen *Josephs*-Romanen köstlich abgehandelt und sehr tiefgründig analysiert.

Nicht nur ehemals benachteiligte Geschwister, sondern auch Einzelkinder können im späteren Leben zur Eifersucht tendieren. Sie sind so sehr an eine Mittelpunktstellung gewöhnt, dass sie weder Liebe noch Aufmerksamkeit mit irgendjemand teilen können. Daher reagieren sie allergisch auf mögliche Rivalen und überlassen sich eifersüchtigen Regungen, in denen sich ihr symbiotischer Absolutheitsanspruch anmeldet.

2. Der Ödipuskomplex: Mit diesem psychoanalytischen Theorem wird die Eifersucht des Knaben gegenüber dem Vater etwa im Alter von fünf

bis sechs Jahren anvisiert. Der kleine Gernegroß möchte den Vater aus der Liebe der Mutter verdrängen; am liebsten würde er sowohl in emotionaler als auch „sexueller“ Hinsicht seinen Platz einnehmen. Solche krude Rivalitäten kommen tatsächlich vor; ob sie die Regel sind, wie die Psychoanalyse behauptet, ist zweifelhaft.

Mit Recht hat man betont, dass die ödipale Verhaltensweise beim Knaben nicht nur die Ursache späterer Neurosen, sondern schon ihre Frühmanifestation ist. Nur sehr verwöhnte, von der Mutter abhängig gemachte Knaben (die den Weg zum Vater nicht finden) benehmen sich in diesem Sinne ödipal. Der normal entwickelte Knabe liebt seine Mutter und seinen Vater; er hat Realitätssinn genug, um sich nicht als Liebhaber der Mutter zu fühlen. Echter Vaterhass, der bis weit in die Pubertät und darüber hinaus reicht, ist Merkmal seelischer Pathologie beim Knaben. Freud hatte offenbar mit vielen verzärtelten Menschenkindern zu tun, sodass er den Ödipusbefund verabsolutierte. Ein solcher kleiner Ödipus war z. B. Stendhal, der in *Das Leben des Henry Brulard* (1956, S. 42) schreibt:

> Ich wollte meine Mutter mit Küssen bedecken, und am liebsten wäre es mir gewesen, wenn es keine Kleider gegeben hätte. Sie liebte mich leidenschaftlich und nahm mich oft in ihre Arme, ich gab ihr ihre Küsse mit solcher Glut zurück, dass sie öfters genötigt war, hinauszugehen. Meinen Vater verabscheute ich, wenn er kam und unseren Küssen ein Ende machte. Man darf jedoch nicht vergessen, dass sie im Wochenbett starb, als ich kaum sieben Jahre alt war.

3. Der Elektrakomplex: Das Analogon zur ödipalen Verstrickung ist beim Mädchen die Elektrasituation. Die Tochter des Agamemnon hasste bekanntlich ihre treulose Mutter Klytemnästra, die sich mit ihrem Liebhaber Ägisth verband. Elektra war demnach an den Vater gebunden, der mehr als zehn Jahre vor Troja im Felde lag. Die Psychoanalyse überträgt diese Sage auf das Psychodrama heutiger Menschenkinder. Mädchen im Alter von fünf bis sechs Jahren sind unter Umständen leidenschaftlich in ihren Vater verliebt, wollen die Mutter beiseite schaffen und vom Vater ein Kind haben.

Diese gleichgeschlechtliche Eifersucht ist wohl auch hier ein Kunstprodukt einer fehlgeleiteten Erziehung. Oft ist die Mutter dem Mädchen gegenüber einschränkend und verbietend, der Vater aber gewährend und verwöhnend. Daraus kann die unterschiedliche Emotionalbeziehung deduziert werden. Vermutlich haben die Frauen im Patriarchat auch oft mehr Zuneigung zu ihren Söhnen, weil durch diese ihr Status angehoben wird. Viele Töchter werfen unbewusst ihren Müttern vor, dass sie sie zu Mädchen gemacht haben. Denn auf diese Weise werden sie in patriarchalischen Zuständen zu zweitrangigen Geschöpfen.

4. Eifersucht bei Liebes- und Ehepaaren: Hier finden wir das Feld jener Eifersuchtskomplikationen, die seit jeher das Hauptinteresse bei Laien und Fachleuten erweckt haben. Offenbar ist Geschlechtsliebe in einem sehr hohen Prozentsatz der Fälle vom Bazillus der Eifersucht infiziert. Ein um die Jahrhundertwende gängiges Sprichwort besagt: „Eifersucht ist der Schatten, den die Liebe wirft." Jedenfalls ist dies ein Bereich, in welchem sich unzählige Tragödien abspielen, bei denen man in Anlehnung an den Goethe-Vers aus *Die Braut von Korinth* sagen kann:

> Opfer fallen hier,
> weder Lamm noch Stier –
> Aber Menschenopfer unerhört.

In jeder Geschlechtsliebe liegt irgendwie ein Anspruch auf Ausschließlichkeit. Man hat schon des Öfteren gemeint, dieser sei durch unser Sozial- und Wirtschaftssystem begründet; da wir im bürgerlichen Besitzdenken erzogen werden, meinen wir, auch in der Liebe besitzen und dominieren zu dürfen. Demnach wäre Eifersucht ein bourgeoises Vorurteil – so lautet wenigstens die Meinung revolutionärer und pseudorevolutionärer Geister. Darin mag einige Wahrheit liegen, aber die absolute Wahrheit ist es wohl kaum.

Auch in anderen Gesellschaftsformen wurden und werden solche und ähnliche Ansprüche auf den Liebespartner erhoben. In der Liebe kann man viel weniger leicht teilen als im Ernährungsbereich; und schon dort ist es schwer genug.

5. Eifersucht in Therapiegruppen: Als letztes Beispiel führen wir diese Form der Eifersucht an, von deren Existenz und Leidenschaftlichkeit sich Psychotherapeuten mühelos überzeugen können. Es war schon Freud aufgefallen, dass die meisten seiner Patienten seine Lieblingskinder sein wollten. Vielen war es peinlich, dass vor ihnen und nach ihnen andere Patienten den Platz auf der Couch einnehmen durften. Man greift in der analytischen Behandlung auf das Kleinkindstadium zurück; oft hat man es noch gar nicht richtig verlassen, sodass eine fulminante Regression in keiner Weise nötig ist. Und das Kind tendiert mitunter zum Ausschließlichkeitsanspruch, vor allem dann, wenn es darin von frustrierten und liebeshungrigen Eltern mächtig unterstützt wird.

Auch in Therapiegruppen stellt sich bald Geschwistereifersucht ein. Solche Gruppen sind sehr wirksame Therapiemöglichkeiten, aber nur unter der Bedingung, dass die Gruppenmitglieder ihren Therapeuten einigermaßen akzeptieren und verehren und dass sie untereinander überwiegend Frieden halten können. Sofern in einer Gruppe der Kampf aller gegen alle ausbricht, ist sie therapeutisch nutzlos.

Nun kommt es auf den Analytiker an, dass er allen Analysanden das

Gefühl vermittelt, eine gerechte, liebenswürdige und verständnisvolle Sachautorität zu sein, auf die man sich unter allen Umständen verlassen kann. Wird der Therapeut so zum „Gruppen-Überich", dann kann er – wie Freud in *Massenpsychologie und Ich-Analyse* (1921) darlegt – die naturgegebenen Antagonismen der Gruppenmitglieder beschwichtigen und eine Arbeitsgruppe herstellen. Aber die Eifersucht aller Beteiligten wacht darüber, dass er niemanden begünstigt und bevorzugt.

Phänomenologie der Eifersucht

Wir haben bereits eingangs die Normgestalt der Liebe skizziert, um auf ihrem Hintergrund die Phänomene der Eifersucht deutlich hervortreten zu lassen. Daran müssen wir jetzt anknüpfen, wenn wir das Erscheinungsbild dieses Leidens oder Lasters prägnant darstellen wollen. An dieser Stelle wählen wir jedoch die Gleichnissprache, die noch eindrücklicher ist als die rationale Argumentation. So hat man etwa die Liebe verglichen mit einem Singen im Duett, oder dem gemeinsamen Rudern eines Bootes, oder dem Tanzen eines Paares. In manchen Gegenden Süddeutschlands ließ man ein junges Pärchen, das heiraten wollte, einen Baumstamm zersägen; in der Art, wie die beiden das gemeinsame Werk vollbrachten, sah man eine Prognose für die zukünftige Ehe. Bei anderen alten Bräuchen war es üblich, dass das Liebespaar Hand in Hand über ein Holzfeuer springen musste; auch so wurde gleichsam getestet, wie die beiden aufeinander abgestimmt waren.

Lieben heißt demnach: mehr oder minder ganz an das gemeinsame Liebeswerk hingegeben sein und dabei – wenn irgend möglich – die eigene Person vergessen. Daran müssen wir denken, wenn wir die Symptome der pathologischen Eifersucht richtig bewerten wollen. Der Eifersüchtige „musiziert" nicht harmonisch und tanzt beim gemeinsamen Menuett oft aus der Reihe. Er rudert das Boot in eine andere Richtung als sein Partner; er lässt die Hand des anderen beim Sprung über das Feuer los; er sägt nicht im Takt.

Was bedeutet das nun für den Vollzug des Lebens und der Liebe? Die Phänomenologen fragen bei einem psychischen Phänomen nach Sinn und Ziel des Aktes; sodann nach dem Akt (der Handlung) selbst; und schließlich nach dem Akt-Urheber. Wir wollen wissen, worauf die Eifersucht hinzielt (was sie bezweckt); welchen inneren Gehalt sie hat; wie der eifersüchtige Mensch beschaffen ist.

Nun kann es gewiss nicht das Ziel des eifersüchtigen Verhaltens sein, die Liebe des Partners zu erringen. Zumindest ist dieses Gebaren in keiner Weise zweckmäßig. Wer geliebt sein will, muss um die Liebe werben. Er muss sich auch liebend geben, damit der andere von seinem Beispiel angesteckt oder überzeugt wird. Schimpfen, Vorwürfe machen, weinen und klagen, anklagen, kontrollieren und spionieren ist doch nicht die geeignete Methode, um Liebe zu erwecken. Man muss sich daher fragen, was der Eifersüchtige eigentlich will. Wir folgen zunächst der Beschreibung Alfred Adlers in seinem Buch *Menschenkenntnis* (1927, S. 177 f.):

> Die Eifersucht tritt nun unter den verschiedensten Formen in Erscheinung. Man erkennt sie an Zügen des Misstrauens, des Lauerns, des Messens und an der steten Furcht, dass man nicht verkürzt werde.
>
> Welche Form mehr hervortritt, ist Sache der bis dahin gediehenen Vorbereitung für das gesellschaftliche Leben. Es kann eine Eifersucht sein, die sich selbst verzehrt, oder eine, die in ein waghalsiges, energisches Verhalten ausmündet. Sie kann erscheinen in der Spielverderberin, die versucht, den Rivalen herabzusetzen, oder im Bestreben, jemanden zu fesseln, seine Freiheit einzuschränken, um sich zum Herrn über ihn zu machen. Es ist eine überaus beliebte Methode, die Eifersucht in den Beziehungen der Menschen so zu platzieren, dass der andere dadurch gewisse Gesetze bekommt … Die Eifersucht kann auch dem Zweck dienstbar gemacht werden, den anderen herabzusetzen, ihm Vorwürfe zu machen. Alles aber sind Mittel, um dem anderen seine Willensfreiheit zu nehmen, um ihn zu bannen und zu fesseln. Eine wundervolle Schilderung dieses Verhaltens findet sich in dem Roman *Netotschka Njeswanowa* von Dostojewski, wo es ein Mann auf diese Weise zustande bringt, seine Frau durch ein ganzes Leben hindurch zu drücken und seine Herrschaft über sie festzuhalten. Somit ist Eifersucht eine besondere Form des Strebens nach Macht.

Wenn nun die Eifersucht weit mehr Machtstreben als Liebe ist (oder doch ein Amalgam mit Vorherrschen des Ersteren), dann ist die Vermutung angebracht, dass der Eifersüchtige sich vielleicht sogar vor der Liebe fürchtet, die er so kämpferisch sichern und erhalten will. Für viele Menschen unserer Kultur gilt die Regel des Zwangscharakters: Er fürchtet die Hingabe, als ob sie Hergabe wäre. Genau in diesem Fall scheint der eifersuchtskranke Mensch zu sein. Er hat in seiner Kindheit nicht gelernt, Liebe zu ertragen und zu genießen; daher sabotiert er sie im späteren Leben.

Oder anders ausgedrückt: Durch nichts kann man einem eifersuchtskranken Menschen so viel Verlegenheit bereiten wie durch eine ungetrübte Liebe. Dann wird er nämlich mit seiner eigenen Beziehungsunfähigkeit konfrontiert und stößt auf jene sonst vermiedenen Schwierigkeiten, die aus der Auseinandersetzung mit dem eigenen Selbst stammen.

Wer zur Kooperation unfähig ist, ist noch so froh, wenn er (eifersüchtige und andere) Beziehungskomplikationen hat, die ihn vom eigenen Ich ablenken.

Was wird nun also durch das eifersüchtige Verhalten angestrebt? Solche Menschen sind von Kindheit an gewöhnt, zu grollen, zu klagen, anzuklagen, sich zu ärgern (bis zu Wut und Zorn), düstere Rachepläne zu schmieden usw. Sie lieben die Position des Anklägers, die ja immer auch eine Überlegenheitsrolle ist. Sich selbst sehen sie gerne als Opfer von Machenschaften: Selbstmitleid ist ein wichtiger Wesenszug beim Eifersüchtigen. Man ist Märtyrer und Kämpfer um Liebe zugleich. Die Dornenkrone des Betrogenen ist Zeichen der Auszeichnung und des von der Welt nicht genügend anerkannten Wertes.

Wenn man diese Gebärde von Macht und Eitelkeit entlarvt, soll man nicht vergessen, dass der Eifersuchtskranke in einer subjektiv sehr schweren Notlage steht oder handelt. Er sieht die Dinge wirklich so, wie er sie leidenschaftlich vertritt. Mit Rationalität und Logik kann man bekanntlich gegen diese „Wahrnehmungen" nicht angehen. Da lebt ein Mensch verkapselt in sich selbst, gewissermaßen in der inneren Einsamkeit trotz bestehender Partnerschaft. Man muss hier regelrecht von einem in sich selbst verfangenen Ich sprechen. Dieses Ich kann nur teilweise nach außen gelangen. Und die Welt, die zu ihm gehört, hat den eigentümlichen Charakter des Nicht-gehalten-werden-Könnens; sie entgleitet gleichsam, und mit ihr der Liebespartner.

Das Band zwischen dem Eifersüchtigen und seiner Welt ist immer gelockert. Daher seine panikartigen Ängste, seine Fieberanfälle, in denen er seine Verzweiflung zum Ausdruck bringt. Man ist nicht aus bösem Willen oder angeborener Feindseligkeit eifersüchtig; man greift zu diesem Verhalten, weil es als Ausweg aus der Verzweiflung erscheint. Wie so viele „Heilmittel" im Leben des Neurotikers verschlimmert auch dieses die anfänglich prekäre Lage.

Eine Patientin in der Psychotherapie (41-jährig, Akademikerin in einem Helferberuf) wird nach typischen Träumen in der Kindheit, nach einer ihrer frühesten Kindheitserinnerungen und nach einem aktuellen Traum befragt. Sie äußert hierzu:

> 1. In der Kindheit träumte ich immer wieder, dass ich horizontal über einem Flüsschen schwebe, aber nicht fallen kann.
> 2. Eine sehr frühe Kindheitserinnerung besteht darin, dass ich mit meiner Mutter in einem Kiefernwäldchen spazieren ging. Ich fühlte die warme Sonne, aber meine Mutter war – wie so oft – melancholisch, und ich hatte den Eindruck, von ihr ferne zu sein.
> 3. Kürzlich träumte ich, dass ich einen Mann umarmen wollte;

> es war nicht erkennbar, wer das war. Aber plötzlich sah ich, dass es gar kein Mann, sondern ein Embryo war. Ich erschrak im Traum.

Sowohl in den Träumen als auch in der Kindheitserinnerung kommt eine mangelhafte Verankerung in der Mitwelt zum Vorschein. Auch ist das für den eifersüchtigen Menschen charakteristische Entgleiten des Gegenübers deutlich zu spüren. Deutet man den zweiten Traum auf der Subjektstufe (C. G. Jung), dann wird in ihm erkennbar, dass die Träumerin sich selbst auch noch wie ein kleines Kind empfindet.

Diese Patientin stammt aus einer disharmonischen Ehe und war ein Einzelkind. Der Vater (ein Jugoslawe) fügte sich nur schwer ins deutsche Milieu ein. Seine Tochter schämte sich seinetwegen, da er Arbeiter war. Sie stellte sich frühzeitig auf die Seite der Mutter, die sie als unselbständig und masochistisch schildert.

Es war eine Streitehe, in der auch Eifersucht an der Tagesordnung war. Oft drangsalierte der Vater seine Frau und seine Tochter ohne nennbaren Grund. Beide mussten sich mitunter zu Nachbarn flüchten. Auch die Mutter der Patientin war eifersüchtig. Sie warf ihrem Gatten oft vor, er sei mehr mit seiner Verwandtschaft und der Kirche verheiratet als mit ihr selbst.

In der Schule fühlte sich die Patientin sozial deklassiert. Andere Kinder waren ihr in Hinsicht auf Kleidung, Ernährung und Schulleistungen sehr überlegen. Sie schloss sich ganz innig an eine Freundin an, deren Beziehung zu ihr für sie „eine ganze Welt" bedeutete.

Auch ihre Liebesbeziehungen waren nahezu symbiotisch. Die Sexualität entwickelte sich nur mühsam und mit Hemmungen. Sie fühlte sich als Frau nicht vollwertig.

Mit ihren Eifersuchtsattacken behinderte sie merklich ihre Liebesbeziehungen. Wenn ihr Freund einer anderen Frau zulächelte, gab es große Szenen. Auch verglich sich die Patientin immer mit anderen Frauen, wobei sie – in ihrer Sicht – stets den Kürzeren zog. Gelegentlich kam es auch zu schlimmen Auseinandersetzungen mit dem Liebespartner.

Wir kehren wieder zu unseren phänomenologischen Überlegungen zurück. Die Liebe zwischen zwei Menschen stellt bekanntlich eine der schwierigsten Anpassungsleistungen dar. In jedem Augenblick muss aufs Neue der Konsens zwischen zwei Charakteren, zwei Lebensentwürfen und zwei subjektiven Welten hergestellt werden. Man kann und darf sich hierbei nie auf die faule Haut legen. Was gestern richtig war, kann heute schon fragwürdig sein. Das Liebenkönnen erfordert eine ungewöhnliche Flexibilität des Bewusstseins, ein Sich-einfügen-Können in immer neuartige und nicht voraussehbare Konstellationen.

Nun fällt an eifersüchtigen Menschen auf, dass ihre Seelenäußerungen eigentümlich schwerfällig sind. Das liegt natürlich schon im Begriff der Hemmung und des In-sich-verfangen-Seins. Manche von ihnen haben sichtliche Mühe, sich zu artikulieren und ihre Anliegen in Worte zu kleiden. Da kommt ihnen die Eifersucht zu Hilfe: Sie haben damit einen Themenbereich, den sie „auswendig" können und für den ihnen auch ein gewisser Wortschatz zur Verfügung steht. Anderswo sind sie sehr wortarm und vielleicht auch gedankenlos; wenn sie aber mit eifersüchtigen Affekten loslegen, können sie beredt sein.

Das soziale Leben wie auch das Liebesleben stellen uns ja immer vor die Forderung, interessant mit dem Mitmenschen zu kommunizieren. Wir sollten selbst angeregt sein, um für andere anregend werden zu können. Nun empfindet der Eifersüchtige diesbezüglich eine Leere in sich selbst. Er hat seinem Du nicht viel zu erzählen; was tun? Aus seiner Unbeholfenheit heraus geht er zum Angriff über; denn er hat die Beobachtung gemacht, dass ihn eifersüchtige Regungen in Schwung bringen und sogar Gedankenfluss erzeugen. Es ist wichtig, diese emotionale und sprachliche Schwerfälligkeit des Eifersuchtskranken zu sehen; denn daraus erwächst für die Psychotherapie eine ganz zentrale Aufgabe.

Das eigentlich dramatische Geschehen im Leben des Eifersüchtigen scheint sich in seiner Zweierbeziehung abzuspielen; der Kampf richtet sich darauf, den Liebespartner festzuhalten und ihn zur Liebe zu zwingen. Sieht man aber näher zu, dann spielt auch die Drittperson eine ganz wesentliche Rolle. Der eifersüchtige Mensch vergleicht sich mit diesem realen oder vermeintlichen Rivalen und schneidet dabei in der Regel ziemlich schlecht ab. Aus dem nagenden Gefühl der Nicht-Ebenbürtigkeit mit der gleichgeschlechtlichen Konkurrenz gewinnt die Eifersucht auch einen Teil ihrer Stoßkraft.

Der Eifersüchtige beneidet andere Männer oder Frauen um ihre Schönheit, Intelligenz, Leistungsfähigkeit, ihren Status, ihre Herkunft usw. Nun ist Neid gemeinhin mit einer kummervollen Bewunderung gepaart. Das heißt: Der Neidhammel neigt dazu, seine Mitbewerber um die Gunst des Partners zu überschätzen und sich selbst zu unterschätzen. Meistens folgt er hierbei einem eingeschliffenen Denk- und Verhaltensmuster, das ihm seit seiner Kindheit vertraut ist. Wer z. B. als Kind im Schatten anderer Geschwister stand, hat keine Mühe, den eigenen Minderwertigkeitskomplex mit einer scheinbaren Überlegenheit von anderen zu verknüpfen.

Dieses ständige Kreisen um einen überschätzten gleichgeschlechtlichen Rivalen hat Sigmund Freud veranlasst, eine homosexuelle Komponente im Neid- und Eifersuchtsverhalten anzunehmen. Uns scheint aber die psychoanalytische Argumentation reichlich überzogen. Man kann es nur mit einiger Gewaltsamkeit „Homosexualität" nennen, wenn jemand infolge seiner Verunsicherung ständig Vergleiche zwischen seinem kläglichen Ich und dem strahlenden Erscheinungsbild anderer Menschen (aus dem gleichen Geschlecht) anstellt.

Das grobe Geschütz der Homosexualität muss nicht auf die Verhaltensanomalie der Eifersucht gerichtet werden; es trägt nichts zum Verständnis bei, wenn wir den armen und überaus geplagten Eifersüchtigen noch mit einer unbewussten oder latenten Homosexualität belasten. Das psychoanalytische Vokabular ähnelt des Öfteren einer Beschimpfungsterminologie; wir möchten uns davor hüten, diese Terminologie zu überstrapazieren.

Freuds Theorie der Eifersucht

Freud in seinem Aufsatz aus den Jahren 1921/22 *(Über einige neurotische Mechanismen bei Eifersucht, Paranoia und Homosexualität)* gibt einige Hinweise, die in einer Psychologie der Eifersucht nicht fehlen dürfen. Zunächst schlägt er eine Einteilung und Differenzierung vor, die wir durchaus akzeptieren können. Er sagt:

> Die Eifersucht gehört zu den Affektzuständen, die man ähnlich wie die Trauer als normal bezeichnen darf. Wo sie im Charakter und Benehmen eines Menschen zu fehlen scheint, ist der Schluss gerechtfertigt, dass sie einer starken Verdrängung erlegen ist und darum im unbewussten Seelenleben eine umso größere Rolle spielt. Die Fälle von abnorm verstärkter Eifersucht, mit denen die Analyse zu tun bekommt, erweisen sich als dreifach geschichtet. Die drei Schichten oder Stufen der Eifersucht verdienen die Namen der 1. konkurrierenden oder normalen, 2. der projizierten, 3. der wahnhaften Eifersucht.

Die normale Eifersucht bietet für Freud keine allzu großen psychologischen Probleme. Immerhin deutet er ihre Strukturkomponenten an; sie setzt sich zusammen aus Trauer, dem Schmerz um das verloren gegangene Liebesobjekt und einer narzisstischen Kränkung. Man ist gedemütigt darüber, dass ein anderer im Wettbewerb um die Gunst des Liebespartners den Sieg davonträgt; daraus entstehen auch feindselige Gefühle gegen den Rivalen, verbunden mit einer gewissen Selbstkritik, dass man es so weit hat kommen lassen. Kaum je bleibt diese Eifersucht in ihren rationalen Grenzen; ihr Maß wird verstärkt durch Kindheitsreminiszenzen, die aus der Situation der Geschwisterrivalitäten und des Ödipuskomplexes stammen.

Noch interessanter ist die „projizierte Eifersucht". Über sie führt Freud aus:

> Die Eifersucht der zweiten Schicht oder die projizierte geht beim Manne wie beim Weibe aus der eigenen, im Leben betätigten

> Untreue oder aus Antrieben zur Untreue hervor, die der Verdrängung verfallen sind. Es ist eine alltägliche Erfahrung, dass die Treue, zumal die in der Ehe geforderte, nur gegen beständige Versuchungen aufrechterhalten werden kann. Wer dieselben in sich verleugnet, verspürt deren Andrängen doch so stark, dass er gerne einen unbewussten Mechanismus zu seiner Erleichterung in Anspruch nimmt. Eine solche Erleichterung, ja einen Freispruch vor seinem Gewissen erreicht er, wenn er die eigenen Antriebe zur Untreue auf die andere Partei, welcher er die Treue schuldig ist, projiziert. Dieses starke Motiv kann sich dann des Wahrnehmungsmaterials bedienen, welches die gleichartigen unbewussten Regungen des anderen Teiles verrät, und könnte sich durch die Überlegung rechtfertigen, dass der Partner oder die Partnerin auch nicht viel besser ist als man selbst.

Dieses Projizieren der eigenen Unbeständigkeit auf den Partner ist nach Freud bereits ein kleiner Wahnsinn; man kann ihn aber psychotherapeutisch beeinflussen, indem man den Eifersuchtskranken zur Selbsterkenntnis erzieht bzw. ihn dazu anleitet, mit sich selbst wahrhaftig zu sein. Er muss aber auch dabei lernen, toleranter zu sein; die gesellschaftlichen Sitten erlauben nicht mehr die Ein- und Abschließung des Liebespartners gegenüber der Umwelt (wie man die Frauen etwa ins Haus verbannte); in einer freizügigen Gesellschaft hat man eben dauernd Konkurrenten in der Liebe, und man muss sich vorsehen, dass man ihnen gegenüber nicht ins Hintertreffen gelangt.

Die dritte Form der Eifersucht bringt Freud – wie weiter oben erwähnt – mit Paranoia und Homosexualität in Zusammenhang. Darüber erklärt er:

> Schlimmer ist es mit der Eifersucht der dritten Schicht, der eigentlich wahnhaften. Auch diese geht aus verdrängten Untreuebestrebungen hervor, aber die Objekte dieser Phantasien sind gleichgeschlechtlicher Art. Die wahnhafte Eifersucht entspricht einer verlorenen Homosexualität und behauptet mit Recht ihren Platz unter den klassischen Formen der Paranoia. Als Versuch zur Abwehr einer überstarken homosexuellen Regung wäre sie (beim Manne) durch die Formel zu umschreiben: Ich liebe ihn ja nicht, sie liebt ihn. In einem Falle von Eifersuchtswahn wird man darauf vorbereitet sein, die Eifersucht aus allen drei Schichten zu finden, niemals die aus der dritten allein.

Wir meinen, dass diese Überbetonung des Sexuellen weder notwendig noch nützlich ist. Sie verschließt uns geradezu so manche wichtige Einsicht, die durch die Sexualmythologie in eine Nacht eingetaucht wird, in der alle Katzen grau sind.

Oder wie will man etwa den folgenden Fall verstehen, der vor einigen Jahren in der Bundesrepublik viel Aufsehen erregt hat? Im süddeutschen Raum wurde ein Arzt von seinen beiden minderjährigen Söhnen getötet. Das Opfer war Psychiater und Psychotherapeut; angeblich in seinem Beruf sehr einfühlsam und auch tüchtig. Seine Patienten schätzten ihn hoch, und er hatte auch Erfolge in seinem Metier.

Der freundliche Psychiater war jedoch in seiner Familie ganz anders als in seiner Praxis; man hätte beinahe an Dr. Jekyll und Mister Hyde (R. L. Stevenson) denken können. Der Mann drangsalierte seine Gattin und bedrohte seine Söhne jahrelang mit Gewaltankündigungen. Er hasste sie regelrecht und unterwarf sie brutalen Züchtigungen. Zuletzt steigerte sich sein Verhalten derart, dass die beiden Jünglinge täglich eine mörderische Attacke fürchten mussten. Sie kamen dieser tödlichen Bedrohung zuvor, indem sie ihren Vater umbrachten.

Man hatte vor Gericht völliges Verständnis für die absolut untragbare Situation, in der die beiden jungen Leute sich jahrelang befunden hatten. Auch wollten sie die Mutter vor den Nachstellungen ihres Vaters schützen. Daher kam das Gericht zu einem Freispruch, der in der Öffentlichkeit viel beachtet wurde. Das Volksempfinden scheint diesen Freispruch durchaus gebilligt zu haben.

Wir kennen nicht die Hintergründe dieses Falles, möchten aber vermuten, dass der Arzt auf seine beiden Söhne wahnhaft eifersüchtig war. Es kommt viel öfter vor, als man denkt, dass Väter bei der Geburt von Kindern auf diese sehr eifersüchtig sind. Das Kind entzieht eben die Liebe der Gattin, welche sich nun ihm weitgehend zuwendet. Stammt jemand aus einer Kindheit, wo er einen Ausschließlichkeitsanspruch aufbauen konnte oder musste, dann ist er (sie) nicht bereit, die Liebe zu teilen (auch wenn es die eigenen Kinder sind). Das kann zu wahnhaftem Hass und zu Paranoia führen.

Therapie der Eifersucht

Unsere Hinweise zur Psychotherapie der Eifersucht werden sich nur auf ganz wenige Gesichtspunkte beschränken. Man hat gelegentlich zwischen „kleiner“ und „großer Psychotherapie“ unterschieden; in manchen Fällen hielt man es für angezeigt, nur kleine Interventionen durchzuführen. Wie immer man zu einer solchen Einteilung steht: In sehr vielen Fällen von Eifersuchtskrankheit ist eine „große Psychotherapie“ unumgänglich. Handelt es sich doch nicht nur um einen psychischen Schönheitsfehler, sondern in der Regel um eine Erkrankung der Gesamtpersönlichkeit. Um diese therapeutisch zu beeinflussen, muss man Folgendes beachten:

1. Alles, was dazu beiträgt, die Gesamtpersönlichkeit zu entwickeln, verringert die Eifersucht. Wachstum an Tüchtigkeit, Selbst- und Menschenkenntnis, emotionale Bereicherung, Wissensvermehrung usw. sind Heilmittel gegen den Kleinmut des Eifersüchtigen. Auch soll er seine eigene Werdensgeschichte durcharbeiten, um zu verstehen, inwiefern sein Verhalten eine Nachwirkung von frühkindlichen Seelenverletzungen ist oder sein kann.

2. Da Eifersucht immer dann eintritt, wenn dem Betreffenden die Welt zu entgleiten droht, muss der Eifersüchtige lernen, tragfähige Beziehungen aufzubauen, die sein Selbstwertgefühl stützen. Durch Sympathie, Zwiesprache usw. wird der Mensch gestärkt und bekommt ein sicheres Identitätsgefühl.

3. Des Weiteren muss der Eifersüchtige lernen, den Schwerpunkt des Lebens nicht stets in anderen, sondern in sich selbst zu suchen. Damit ist seine „Außenorientierung" (D. Riesman) gemeint. Er soll erkennen, dass Anklammerungstendenz und Herrschsucht keine Wege zur Liebe sind.

4. Wer Liebe will, muss aktiv Liebe geben. Wer ein sinnvolles Leben haben möchte, muss das Leben gestalten; die Liebe ist kein Ersatz für Leistung und Selbstwerterhöhung. Liebe ist nicht Symbiose zweier kleinmütiger Menschen, sondern die Beziehung zweier selbständiger Individualitäten, die einander im Selbstsein und Selbstwerden fördern.

Eifersucht in der Weltliteratur

Die Weltliteratur hat sich so oft des Stoffes „Eifersucht" angenommen, dass man beinahe einen *embarras de richesse* verspürt, wenn man diesbezügliche Texte in Erinnerung rufen will. Wir wählen hier nur einige Höhepunkte der literarischen Bearbeitung aus.

Molière hat in *Die Schule der Frauen* das Problem „Eifersucht" in einer sehr humorigen Weise beschrieben. Ohne auf die Verwicklung dieser Komödie einzugehen, wollen wir immerhin die Erläuterung zitieren, die der Diener Alain seiner Kollegin Georgette gibt:

> *Alain:* Sie hetzt und jagt die Leute bei Tag und Nacht umher,
> Vielleicht verstehst du's besser, wenn ich dir's so erklär':
> Wenn du vor dir den Teller mit guter Suppe hast,
> Und plötzlich kommt ein andrer, ein ungebetner Gast,
> Und der taucht seinen Löffel in deine Suppe ein,
> Da wirst du doch auf ihn bestimmt sehr zornig sein.
> *Georgette:* Ja, das versteh' ich schon.
> *Alain:* Da hast du's ganz genau,
> Ganz so wie mit der Suppe ist's mit der Ehefrau.
> Drum ist der Ehemann beständig auf dem Posten,

Und sieht er, andere möchten von seiner Suppe kosten,
Gerät er außer sich, es kocht in ihm die Galle.

Lessing hat in *Miss Sara Sampson* eine Eifersuchtstragödie großen Stils auf die Bühne gestellt. Hier ist die Frau die Rächerin ihrer verschmähten Liebe; die Marwood bringt ihre Nebenbuhlerin Miss Sampson um, damit sie ihren geliebten Mellefont wieder an sich ziehen kann. Das Urmodell eines solchen „rasenden Weibes" ist die Medea des Euripides, die im Kampf um ihren Gatten Jason die Rivalin Kreusa tötet.

Georg Büchners *Woyzeck* ersticht seine Marie, nachdem er erfährt, dass sie ihn mit dem Tambourmajor betrügt. In diesem ersten naturalistischen Drama der deutschen Literatur wird gezeigt, wie ein schlichter Mann aus dem Volk vom Dämon Eifersucht überwältigt wird.

Einen gewaltigen Eifersuchtsstoff fand Friedrich Hebbel in der Geschichte von *Herodes und Mariamne* (bei Flavius Josephus in *Jüdische Geschichte*). Herodes, der Herrscher über Palästina, muss sich auf eine gewagte Expedition begeben; sofern er dabei stirbt, soll der Henker seine geliebte Gattin Mariamne töten, damit sie den Gatten nicht überlebt. Mariamne erfährt dies und ist zutiefst gekränkt; sie sagt zu ihm: „Du hast in mir die Menschheit geschändet!" Wiewohl Herodes hierdurch tragisch beschämt ist, unterstellt er seine Frau nochmals dem Schwert des Henkers, da er wiederum sich in Lebensgefahr begibt. Auch dies wird Mariamne bekannt; nachdem sich das Gerücht verbreitet, Herodes sei tot, rüstet sie zu einem großen Fest: Sie weiß, dass diese Nachricht falsch ist, aber sie will, dass Herodes in seiner Meinung über ihre „Lieblosigkeit" bestätigt wird und sie hinrichten lässt. Das geschieht denn auch; aber Herodes erfährt vom Römer Titus, dass Mariamne ihn geliebt hat und wegen seiner Eifersucht in den Tod ging. Im Anschluss an diese private Tragödie befiehlt Herodes den bethlehemitischen Kindermord.

Eine der eindrücklichsten Bewältigungen des Eifersuchtsthemas in epischer Form ist Tolstois *Kreutzersonate* (1891). Tolstoi kannte das Problem Eifersucht aus persönlicher Bedrängnis; er selbst war eifersüchtig, und seine Gattin Sophia überbot ihn noch in dieser Beziehung. Die Novelle ist gewissermaßen sehr autobiographisch. Im Mörder Posdnyschew hat sich Leo Tolstoi selbst porträtiert.

Der Held der Erzählung wird aus Eifersucht zum Mörder seiner Gattin. Wie es dazu kommt, wird von Tolstoi mit einer wahrhaft überlegenen Psychologie demonstriert. Posdnyschew ist ein grobsinnlicher Mensch, der sich aber inmitten seiner Ausschweifungen nach einer reinen Frau sehnt. Er findet sie schließlich und heiratet sie. Er hofft nun, mit ihr ein reines und glückliches Leben zu führen.

Aber die Eifersucht hat ihn bald gefangen. Es fängt mit Kleinigkeiten an, aber Posdnyschew weiß aus ureigenster Erfahrung, dass man einem Du nur sehr schwer treu sein kann. Er projiziert die eigene Liederlichkeit auf seine Gattin; seine Phantasie spiegelt ihm alle möglichen Treuebrüche vor, und er ist Phantast genug, um Möglichkeiten mit Wirklichkeiten zu verwechseln.

Der Musiker Truchatschewskij, den seine Frau offenkundig schätzt, wird zum Gegenstand paranoider Befürchtungen und Spekulationen. Posdnyschew sagt es selbst in der Erzählung: „Wer im Leben ein Hurer geworden ist, kann kein schlichtes und gutes Verhältnis zum Weibe finden."

Die beiden Ehepartner machen eine Hölle durch, wobei der Musiker fast mehr ein Statist ist, der die Stichworte gibt, mit welchen das eheliche Drama in Bewegung gerät. Eigentlich geschieht kein fassbarer Ehebruch, aber die Situation entwickelt sich derart, dass Posdnyschew eine leidenschaftliche Verbindung der beiden „Delinquenten" mutmaßen kann und in seiner Raserei den Mord an der Gattin begeht.

Das Gericht spricht ihn frei, weil die Rechtsprechung jener Zeit Affektmorde an treulosen Gattinnen zu exkulpieren pflegte. Posdnyschew hat sein Glück zerstört und weiß nur am Ende: „Ich bin eine Ruine, ein Krüppel! Eins nur habe ich den andern voraus: Ich weiß! Erkennen, was für Schweine wir sind, das ist schwer, furchtbar schwer."

Das eigentliche weltliterarische Paradebeispiel für die Eifersucht ist freilich Shakespeares Drama *Othello oder der Mohr von Venedig*. Es handelt sich um eine Charaktertragödie, die im Betrachter alle Affekte des Mitleids und Mitgefühls zu mobilisieren fähig ist; schon Shakespeares Zeitgenossen waren ergriffen vom Unglück des Mohren und seiner holdseligen Desdemona, und seither haben viele Generationen an diesem Stücke lebhaftesten Anteil genommen.

Gleich zu Beginn des Stückes werden große und verheerende Leidenschaften in Szene gesetzt. Jago, der Schurke und Heuchler, eröffnet das Spiel, indem er einen Hass gegen Othello kundgibt, der ihn bei der Wahl zum Leutnant übergangen hat. Othello ist, wiewohl ein Mohr, General in venezianischen Diensten. Er hat für die Republik Venedig eine Reihe von Siegen erfochten und genießt als Truppenführer hohes Ansehen. Aber nichtsdestoweniger ist er ein zweitrangiger Mensch, ein Neger, der von der vornehmen Bürgerschaft zugleich bewundert und verachtet wird.

Für Jago ist die Demütigung, dass statt seiner Michael Cassio zum Leutnant ernannt wurde, umso schwerer zu tragen, als „nur ein Mohr" sie ihm zugefügt hat. Er will Rache üben, und er beginnt sie damit, dass er dem Vater von Othellos geliebter Desdemona die Liebschaft zwischen diesen beiden verrät. Schon die Empörung des Vaters über dieses Liebesverhältnis zeigt, dass Othello trotz seines militärischen Ruhmes ein sozial Deklassierter ist. Wohl war er im Hause Desdemonas gern geduldet gewesen, und wenn er seine Abenteuer erzählte, hörte ihm nicht nur die zukünftige Geliebte, sondern die ganze Familie des venezianischen Senators zu. Beim Erzählen seiner Leiden und Irrfahrten gewann er die Liebe von Desdemona, die ihn „allen schönen gelockten Lieblingen Venedigs" vorzog; vom Vater vor dem Dogen der Zauberei beschuldigt, schildert er schlicht und wahrheitsgetreu den Werdegang dieser Liebe, die er mit den schönen Worten zusammenfasst:

> Sie liebte mich, weil ich Gefahr bestand,
> ich liebte sie um ihres Mitleids willen.

Nachdem Desdemona all dies bestätigt, bleibt dem Vater nichts anderes übrig, als sie dem Mohren zur Gattin zu geben. Es scheint ihm dies so widernatürlich, dass er noch in seine Zustimmung Fluch und Verurteilung einbezieht, dem Mohren wünschend, dass auch ihm gegenüber Desdemona so verräterisch sein solle wie gegen den eigenen Vater.

Jagos Plan ist relativ einfach und unkompliziert. Er will Othello eifersüchtig machen, was ihm so leicht und mühelos gelingt, dass der Betrachter an Othellos feste und sichere Liebe kaum glauben kann. Othello ist stärker im Verdächtigen als im Lieben; die Einflüsterungen des Jago müssen bei ihm auf ein inneres Entgegenkommen stoßen, auf eine Persönlichkeitsstruktur, die an Liebe viel weniger glaubt als an Verrat. Mit einem Wort: Othello ist ein paranoider Charakter; sein latenter Verfolgungswahn wird durch Jago geschickt in ein offenes Wahngeschehen übergeleitet. Othello hat so viel Verachtung seiner Person erlebt, dass er sich innerlich gar nicht als liebenswert sieht. In diesem großen und starken Mann schlummert ein ängstliches Kind, das Angst hat, von der Geliebten verstoßen zu werden.

Jago bedarf nicht vieler Worte, um Cassio, Othellos Leutnant, als einen Liebhaber zu verdächtigen, dem Desdemona ihre Gunst erwiesen hat: Die unglückselige Verstrickung will es, dass Desdemona sich in eben diesem Zeitpunkt für Cassio lebhaft verwendet, da dieser wegen Jagos Machenschaften bei Othello in Ungnade gefallen ist. So vereinigen sich denn alle Umstände, um die unschuldige Desdemona als schuldig erscheinen zu lassen, und Othello, eben noch glückselig verliebt, fällt den Qualen der Eifersucht zum Opfer.

Wir haben heute Grund genug anzunehmen, dass ein Wahn dann ausbricht, wenn für einen innerlich sehr isolierten, vereinsamten Menschen eine wesentliche menschliche Beziehung zusammenbricht. Für Othello ist dies der Fall, wenn er nicht mehr an Desdemona glauben kann. Sein Zweifel an ihr leitet zu einer Verzweiflung über, in deren Erschütterung sein oft schwankendes Selbstwertgefühl ganz vernichtet wird.

Bekannt ist die Fähigkeit der Paranoiker, aus kleinen Details unzählige Schlussfolgerungen abzuleiten – die Verfolgungsidee manifestiert sich unter anderem darin, dass mit detektivischem Scharfsinn Kombinationen angestellt werden, die das vorausgesetzte Misstrauen bekräftigen sollen. Dies wird von Jago im Falle des Tüchleins ausgenutzt, das Othello seinerzeit Desdemona als erste Liebesgabe geschenkt hat. Dieses Tüchlein hat Desdemona immer wie einen Schatz bewahrt; nach Aussage ihrer Kammerzofe Emilia herzt sie es und küsst es immer und spricht zu ihm wie zu einem lebendigen Wesen.

Dieses Tuch verliert Desdemona gerade in dem Augenblick, wo der bereits eifersüchtige Othello ihr grundlos Vorwürfe macht: eine klassische Fehlleistung, indem die Lockerung des Liebesbandes auch die Beziehung zur Liebesgabe beeinträchtigt, die einstmals zur Besiegelung des Liebesbundes diente. Nun wird Emilia dieses Tüchlein dem Jago übergeben, der schon lange danach Verlangen trug; und Jago spielt es dem Cassio zu, sozusagen als Beweisstück, dass Desdemona mit des Mohren Liebespfand leichtfertig ihren Geliebten beschenkte, der es nun an eine Hure weitergibt.

Für Othellos paranoisches Gemüt genug der Beweise, um alle Liebe in sich ersterben zu fühlen. Der Übergang in den Wahn ist in diesem Stück prachtvoll gekennzeichnet. Für Othello, der eben noch in Glanz und Glück und Liebe gelebt hat, geht eine Welt unter; schauerliche Phantasien des Ekels suchen ihn heim, seine Phantasietätigkeit entartet ins Widerwärtig-Untermenschliche, ins Abscheuliche.

Die Reaktion des Menschen auf Angst und Panik ist Wut, und die paranoische Wut ruht erst dann, wenn ihr Gegenstand und Anlass vernichtet ist. Othello hat im Laufe seines gedemütigten und erniedrigten Lebens Hassgefühle genug in sich aufgespeichert, um nun alle Regungen der Zärtlichkeit in sich ersticken zu können. Jetzt steht der Entschluss für ihn fest, Desdemona zu töten.

Noch möchte der Zuschauer annehmen, dass Othello durch den Liebreiz und die Unschuld seiner Gattin aus dem Teufelskreis ausbrechen kann, den seine Wahngedanken um ihn gezogen haben, aber der Mohr hat das Gesetz des Handelns nicht mehr in der Hand. Wie eine Marionette wird er von Jagos Einflüsterungen in allen seinen Bewegungen gelenkt. Und so entschließt er sich zum Mord am Liebsten, das die Erde für ihn trägt, um im Tode die Einheit mit Desdemona zu finden, die er im Leben verloren gab:

> Erst küsst' ich dich, dann würgt' ich dich, ich muss
> mich selber töten, und ich sterb im Kuss.

So finden ihn denn Emilia, der venezianische Gesandte und die Bürger Zyperns an der Leiche der Geliebten, wo durch Emiliens Geständnis klar wird, dass Desdemona unschuldig und Jago ein heuchlerischer Verleumder war. Othello erkennt, dass er in schauerlichster Weise gefehlt hat, und da er getötet hat, kann er seinen Fehler nicht mehr gutmachen. In ungeheurem Schmerz bekennt er seine Schuld und bittet darum, der Stadt Venedig von seinem Unglück zu berichten.

Weitere Störfaktoren: Sexualpsychosen

Wenn sich eine Zweierbeziehung lockert und auflöst, spricht man oft davon, dass es sich um eine „neurotische Partnerschaft“ handelt. Tatsächlich zeigen solche Lebens- und Liebesgemeinschaften dann deutliche Züge von „Neurotizismus“. Nur meint jeder der Beteiligten, dass der eigentliche Neurotiker „der andere“ sei. Der neutrale Beobachter jedoch wird die Auffassung vertreten, dass in der Regel eine „Neurose zu zweit“ vorliegt.

Steigern sich die Dissonanzen und Konflikte in einer solchen Beziehung und werden sie zur Gewohnheit, dann kann man in vielen Fällen sogar von einer „Psychose zu zweit“ sprechen. Die beiden Protagonisten leben dann tatsächlich in einem gemeinsamen Wahn, wobei jeder das Verhalten und die Motivationen des Gegenübers weitgehend verkennt. Die menschliche Paarbeziehung ist eine so innige und intensive Kontaktnahme, dass allemal das Unbewusste der beiden Partner mächtig ins Spiel kommt. Nun haben fast alle Kulturmenschen irgendwo zutiefst im Innern aufgrund ihrer deletären Sozialisations-Schicksale einen „psychotischen Kern“. Dieser äußert sich gelegentlich in Träumen und in Affektreaktionen. Schwierige Partnerschaften bewirken, dass beide Beteiligten mitunter traumhaft agieren und in ihrer permanenten Affektbereitschaft dann und wann ins „Wahnhafte“ übergehen.

Wir geben zu, dass das etwas hart ausgedrückt ist. Wer aber Streit-Ehen und zerfallende Liebesgemeinschaften näher beobachtet, wird zustimmen, dass wir nicht übertreiben. Bei der Lektüre von Scheidungsprotokollen vor Gericht oder bei Einblicknahme in die Zeitungsspalten bezüglich Gewalttaten in Ehen kann man die Mutmaßung von psychotischer Entartung nicht immer von der Hand weisen.

Daher scheint es uns angebracht, vom „alltäglichen Wahnsinn“ in Liebe und Ehe zu sprechen. Wer von solchen heillosen Entwicklungen betroffen ist, sollte den Mut haben, zu erwägen, ob er und sein Gegenüber nicht in den Fängen eines gemeinsamen Wahns stecken. Das würde unter Umständen einen wichtigen Besinnungsprozess einleiten können.

Um derlei zu erläutern, werden wir in der Folge die sexuellen und die emotionalen Komplikationen der Zweierbeziehung unter psychiatrischen Aspekten betrachten. Der Leser möge vor diesen Überlegungen nicht zurückscheuen. Sie können sich als eminent lehrreich erweisen. Wir verdanken Sigmund Freud die Formulierung, dass die gesamte Menschheit „neurotisch“ sei. Wir dürfen durchaus einen Schritt weitergehen und uns selbst und unsere Mitmenschen *cum grano salis* unter „Psychose-Verdacht“ stellen. Gerade die Ehe-Misere zu allen Zeiten und besonders heute legt dieses Verdachtsmoment nahe.

Durch die Psychoanalyse wurden die Sexualstörungen, die lange Zeit von der Forschung entweder nicht beachtet oder in den Nebel des Konstitutions-Mystizismus eingehüllt wurden, einer wissenschaftlichen Untersuchung zugänglich gemacht. Zunächst sah es so aus, als ob die sexuellen Anomalien nichts anderes als Ausdrucksformen von Neurose im Bereich der Sexualität seien. Ähnlich wie der Neurotiker in vielen anderen Sphären des Lebens Anpassungs- und Leistungsschwierigkeiten hat, kann er auch *in sexualibus* der Norm nicht genügen. Es entsteht ein Verhaltensdefizit, das neurosenpsychologisch aufgeklärt werden kann.

In den *Drei Abhandlungen zur Sexualtheorie* (1905) schuf Freud eine einheitliche theoretische Basis für das Studium der Neurosen und der sexuellen Perversionen. Dabei kam es zur verwirrenden Formulierung, dass die Neurose „das Negativ der Perversion“ sei. Das wird verständlich aus dem Konzept der Libido-Phasen, der Partialtriebe und der möglichen Triebschicksale in der Kindheit.

Aber es ist fraglich, ob Freud nicht mit dieser Einordnung einen Irrweg beschritten hat. Der von ihm festgehaltene Gegensatz zwischen Neurose und Perversion kann oft in der Kasuistik nicht bestätigt werden. Perverse Patienten sind nicht nur sexualgestört, sondern leiden auch an neurotischen Dynamismen, die irgendwie wesensmäßig zu ihrer sexuellen Anomalie dazugehören. Daher neigen viele Autoren dazu, eben doch von Sexual-Neurosen zu sprechen, d. h. von neurotischen Zuständen oder Leiden, deren hauptsächliche Domäne in den Formen und Betätigungen der Sexualität liegt.

Da wir unter dem Eindruck stehen, dass der Begriff Sexual-Neurose zumindest bei einem Teil der sexuellen Störungen einer Verharmlosung gleichkommt, möchten wir vorschlagen, probeweise von „Sexualpsychosen“ zu sprechen. Damit wird auf den wahnhaften Aspekt mancher sexueller Anomalien verwiesen. Wir sind uns wohl bewusst, dass eine solche Psychiatrisierung der Sexualsphäre eine gewisse Gefahr darstellt. Man soll nicht ohne Not mit psychiatrischen Kanonen auf psychologische Spatzen schießen. Wenn aber bei unserer Nomenklatur ein Erkenntnisgewinn zustande kommt, dann ist sie gerechtfertigt. Wir folgen hier in Ansätzen Sándor Ferenczi, der bei Gelegenheit feststellte, dass man Charaktereigenschaften auch als „kleine Geisteskrankheiten“ auffassen könne. Führen sie doch dazu, die Realität systematisch zu verkennen. Auch seien sie weitgehend unkorrigierbar und entsprächen einer Deformation des Ich, die bis tief in dessen Wurzeln hineinreicht.

Sofern wir auf ein wahnhaftes Element in den wichtigeren Sexualabweichungen verweisen, sind wir zunächst genötigt, eine Definition des Wahnes zu geben. Wir tun dies lediglich im Rahmen der tiefenpsychologischen Wahnanalysen, die von den üblichen Bestimmungen der Psychiatrie da und dort abweichen.

Ein auch dem Laien auffallender Bestandteil der Wahnkrankheiten ist das Herausfallen aus der menschlichen Kommunikationsgemeinschaft. Normalerweise ist der Mensch in der Lage, sich mit dem Du oder Wir kommunikativ zu verständigen. Das ist in den Psychosen weitläufig eingeschränkt. Daher das Bild der emotionalen Isolierung und Vereinsamung der Patienten, was im Beobachter mitunter das „*Dementia-praecox*-Gefühl" auslöst. Es wirkt unheimlich auf den Außenstehenden, dass ein Mensch außerhalb der Gemeinschaft steht und mit ihr nur noch durch schwankende Brücken verbunden ist.

Ein anderes Strukturelement des Wahns ist die radikale Verminderung des Realitätsbezugs. Nun ist es nicht leicht zu beschreiben, was denn die Realität sei. Behelfsweise können wir feststellen, dass der *Commonsense* mehr oder minder definiert, was als wirklich und als unwirklich gelten soll. Zu dieser sozialen Realität haben die Wahnkranken einen deutlichen Abstand. An Stelle der Realitätswahrnehmung treten bei ihnen Illusionen, Wunschvorstellungen und Halluzinationen, die einer Kritik kaum zugänglich sind.

Der Begriff Schizophrenie visiert eine innere Spaltung und Uneinheitlichkeit in den betroffenen Patienten an. Wir beobachten ein Auseinanderklaffen von Denken und Fühlen, eine Auflösung der psychischen Zusammenhänge. Daher das Bild des Chaotischen, das solche Kranke bieten. Das strahlt immer auch auf das Verhalten aus, in welchem der Patient sich selbst und andere gefährden kann.

Offenbar wird im Wahn die Person oder das Ich abgebaut bzw. überrollt durch die Impulse des Es oder des Unbewussten. Der Patient hat keine innere Führungsinstanz mehr und scheint den Einflüssen der Außenwelt und der irrationalen Innenwelt hilflos ausgeliefert. Die höheren Schichten des Seelenlebens sind zumindest phasenweise mächtig beeinträchtigt.

Die Daseinsanalyse (Binswanger 1956, Boss 1947) betont am Wahngeschehen vor allem die beiden Phänomene der Verstimmung und der Verschlossenheit. Normalerweise erwarten wir beim Menschen eine Art Weltoffenheit und ein Gestimmtsein, das trotz immer währender Schwankungen auch für Heiterkeit und Humor Raum lässt. Derlei ist in den Wahnkrankheiten sichtlich gestört. Die Patienten sind verstimmt, und zwar in dem Sinne, dass sie einem verstimmten Instrument ähneln, das keine passenden Töne geben kann. Auch sind sie in sich verkapselt, sodass sie Wert, Sinn und Bedeutung der sie umgebenden Menschen und Dinge nicht wahrnehmen können. Das kommt einer gewaltigen Verarmung der Persönlichkeit gleich.

Wir sprachen weiter oben davon, dass der Wahnpatient seinen inneren Halt verliert. Nun hat aber gerade die Daseinsanalyse energisch bestritten, dass es so etwas wie einen psychischen Innenraum gibt. Das ist nur eine verräumlichende Sprechweise, die das Seelenleben wie einen Behälter denkt, in dem es Vorstellungen, Wahrnehmungsbilder, Erinnerungen und eben auch so etwas wie eine stützende Instanz gibt. Demgegenüber wird behauptet, dass die menschliche Daseinsverfassung ekstatisch sei. Der Mensch ist immer draußen in der Welt; von einem Innenleben kann nur metaphorisch die Rede sein.

Wo ist dann aber der Halt des Menschen? Unseres Erachtens liegt er in der Welt der Werte, die durch das Gefühlsleben erfahren und begriffen wird. Werte haben genauso ein An-sich-Sein wie die reale Welt. Nur sind sie ideal, d. h., sie werden als Idee im Gefühl erkannt.

Im Wahn scheint die Emotionalität stark reduziert oder gar ausgelöscht. Das kommt im seelisch-geistigen Bereich etwa dem gleich, was in der Welt der Physis eine Sonnenfinsternis ist. Aus dem folgt die Orientierungslosigkeit des Wahnkranken wie auch die Richtungslosigkeit seines Strebens.

Das erklärt möglicherweise, warum Ludwig Binswanger in seinem Buch *Drei Formen missglückten Daseins* (1956) die Wesenszüge der Verstiegenheit, Verschrobenheit und Manieriertheit für das Wahngeschehen als essenziell deklarieren konnte. Dieser Autor beschrieb sehr eindrücklich, wie Menschen im Wahn sich in ihrer Lebensreise versteigen können, wie sie als Verschrobene quer zum Leben stehen, und dass sie schließlich in ihrer inneren Verängstigung, Leere und Unsicherheit zur gekünstelten Art eines Manierismus neigen. Diese Schiefheiten des Erlebens und Verhaltens kommen zustande, wenn Menschen von ihrer Mitwelt emotional abgeschnitten sind. Nur durch den Kontakt mit dem Tun und Treiben der Gemeinschaft erhält der Einzelne Maß und Ordnung. Im Alleinsein kann er nur unergiebige Verhaltensmuster entwickeln.

Zu dieser Isolierung und zum Misslingen der Existenz kommt nun noch sinnvollerweise eine Hingabestörung hinzu, die man im Wahn regelmäßig antrifft. Die Patienten sind fast durchweg auf Selbstbehauptung und Sicherheit ausgerichtet. Sie wagen es nicht, sich allfälligen Gefühlen zu überlassen, weil derlei zu unvorhergesehenen Ereignissen führen könnte. Nun ist aber alle innere und äußere Entwicklung daran gebunden, dass der Mensch sich zunächst durch die Emotion an Menschen, Werte und Weltverhältnisse verliert, um sich hernach auf höherer Ebene wieder zu finden. Wird dieser Prozess eliminiert, dann kommt es zur Werdenshemmung, die die Autoren bei den meisten psychopathologischen Zuständen registriert haben. Werden ist – nach der Meinung von Eugen Minkowski, der darin den Spuren von Alfred Adler folgt – notwendigerweise ein Mit-Werden. Ist die Funktion des Miteinander zu kurz geraten oder gar total korrumpiert, dann ist die psychische Stagnation nicht zu vermeiden.

Alfred Adler hatte die These vertreten, dass die Neurose grundsätzlich auf einer Charakteranomalie beruhe. Er sprach in diesem Zusammenhang vom nervösen Charakter, dem er akzentuierte Eigenschaften zuschrieb, die auf dem Minderwertigkeitskomplex und auf diesen bezogenen Kompensationsversuchen beruhen. Dabei erwähnte er unter anderem Überempfindlichkeit, Ehrgeiz, Eitelkeit, Neid, Wut, Zorn, Angst, Trauer und ähnliche Charakterhaltungen.

Nun ist zu fragen, ob nicht auch bei den wahnhaften Störungen gewisse charakterliche Voraussetzungen im Vorfeld bestehen. Diese würden durchaus in den Rahmen der Charakternervosität passen. Man hat sich mit diesem Problem noch zu wenig auseinander gesetzt. Es würde sich aber lohnen, solche Zusammenhänge zu verfolgen, da die Kluft zwischen Neurose und Psychose durch die Tiefenpsychologie eher verschmälert als erweitert wurde. Alles, was in der Individualpsychologie als trennende Charakterzüge hervorgehoben wird, dürfte in der Psychogenese des Wahns eine Rolle spielen.

Die meisten Beobachter haben dem Wahn eine Art Mechanisierung des Empfindens, Verhaltens und Reagierens zugeschrieben. Das mag damit zusammenhängen, dass die Lebensschwungkraft *(élan vital)* im Bergson'schen Sinne gehemmt oder erlahmt ist, sodass anstelle der Intuition eher ein pseudovernünftelndes Situations-Verständnis tritt. Einfühlung und Einsfühlung sind blockiert, sodass es schwer fällt, auf die gegebenen Bedingungen angemessen eingehen zu können. Den Rest besorgt das allgemeine Widerstandsverhalten, das aus den hypertrophen Abwehrmechanismen resultiert.

Jean-Paul Sartre würde darauf verweisen, dass man in den Abwehrreaktionen Formen des Nichts entdecken könne. Der Mensch ist als einziges Wesen in der Lage, Sein und Nichts voneinander zu unterscheiden. Er ist eben, von seiner Natur her, „ontologisch". Nun kann er unter gewissen Voraussetzungen das Nichts gegenüber dem Sein bevorzugen. Das führt zu Haltungen des Negativismus, dessen letzte Konsequenz die absolute Weltverneinung wäre. Eine solche kann man gewiss für die Psychosen postulieren.

Die Patienten erleben nämlich regelmäßig einen symbolischen Weltuntergang, und bei diesem Untergangsgeschehen ist das Subjekt mitbeteiligt. In subjektiv als unerträglich empfundenen Lebensverhältnissen wird das Sein negiert, wobei als Alternative nur bleibt, für das Nichts zu optieren. In seinem Hauptwerk *Das Sein und das Nichts* (1943) beschreibt der Philosoph geistreich „Formen des Nichtens", wie man sie im Alltag, in der Sexualität und in der Zwischenmenschlichkeit überhaupt vorfindet.

Wir haben weiter oben den von Eugen Bleuler eingeführten Begriff „Schizophrenie“ verwendet. Dieser bezieht sich primär auf das Gespaltensein im aktuellen Zustand des Betroffenen. Es divergieren – wie erwähnt – Denken und Fühlen, Wirklichkeit und Psyche, geistige Zusammenhänge überhaupt. Es fehlt dem Patienten jene Fähigkeit, die Georg Christoph Lichtenberg *the whole man must move together* (der ganze Mensch muss sich zusammenraffen) zu nennen pflegte. Schizoide Typen haben Mühe, einheitlich und konzentriert zu reagieren.

Nun kann man aber den Aspekt der Spaltung auch longitudinal (auf den Lebenslauf als Ganzes bezogen) anwenden. Der annähernd gesunde Mensch hat zwar auch beträchtliche Erinnerungslücken, aber weithin stehen seinem Gedächtnis kohärente Lebensphasen zur Disposition. Schopenhauer war sogar der Meinung, dass das Genie sich dadurch auszeichne, dass es einen überwiegenden Teil seiner Biographie komplett erinnern könne.

Anders beim wahnhaften Menschen. Sein Leben zerfällt für ihn in mehr oder minder zusammenhanglose Fragmente, deren Einheit er nicht erlebt und nicht überblicken kann. Diese Fragmentation schwächt das Ich. Man kann in der Gegenwart nicht vollumfänglich präsent sein, wenn man sich nicht als ganzheitliche Person in der aktuellen Lage befindet. Daraus erwächst für den Schizoiden eine allgemeine Tendenz zur Fragmentierung und Zerstückelung, die sein Leben und Erleben kennzeichnet, was sich vor allem auf seine emotionalen Beziehungen schädlich auswirkt.

Sowohl Kant als auch Schopenhauer haben die Ähnlichkeit von Wahnsinn und Traum bereits erkannt. Der Erstere sagte bei Gelegenheit sinngemäß: „Wenn wir einen Träumer unter uns herumgehen lassen, der nicht aus seinem Traum erwachen kann, dann haben wir einen Wahnkranken vor uns.“ Das bedeutet aber auch, dass beide Denker bereits eine Idee der „malignen Regression“ vorschweben hatten, welche später in der Psychoanalyse deutlicher ausgeführt wurde. Träume sind Regressionen in die frühe Kindheit.

Dasselbe mag weithin für den Wahn gelten. Die Psychoanalytiker sprechen dann von einer „bösartigen Regression“, wenn es keinen Rückweg zum höheren Bewusstseinsniveau gibt. Wo derlei noch möglich ist, hat man mit einer „benignen Regression“ zu tun bzw. mit einem Vorgang, der nicht nur alltäglich, sondern auch mitunter geistig produktiv ist. Wir müssen die Möglichkeit haben, in frühere Bewusstseinszustände einzutauchen, um Neues zu erdenken und zu erfinden. Der kranke Mensch jedoch verfällt seiner Vergangenheit, ohne dass er wieder ins Gegenwärtige vordringen kann.

Wir haben hiermit eine Reihe von psychologischen Elementen der Wahnhaftigkeit ans Licht gehoben. Unsere Liste ist alles andere als vollständig. Aber sie mag ausreichen, um unser Anliegen zu fördern, welches darin besteht, die wahnhaften Strukturbestandteile in den sexuellen Anomalien begreiflich zu machen.

Bevor wir zu diesem Anliegen übergehen, müssen wir jedoch die Kennzeichen der normalen Sexualität rekapitulieren. Das ist eine Aufgabe, die gewisse Schwierigkeiten mit sich bringt. Die Fachliteratur zeigt derzeit eine merkwürdige Scheu, sich auf den Begriff einer Sexualnorm festzulegen. Diese Ängstlichkeit kann man unter anderem auf das Erscheinen der bekannten Schriften von Alfred Kinsey (1894–1956) in den USA zurückdatieren. Seit der nüchterne Forscher das sexuelle Verhalten von Mann und Frau empirisch und statistisch sorgfältig untersucht hatte, wurde die Idee der Normalität im Sexualbereich aufgeweicht. Weil Kinsey nachwies, dass so genanntes abnormes Verhalten relativ häufig ist, meinten Laien und Fachleute, man müsse möglicherweise auf die Unterscheidung von normal und abnorm ganz verzichten.

Das war unsinnig und ein klassisches Beispiel dafür, wie man das Kind mit dem Bade ausschütten kann. Der Begriff eines normgerechten Sexus ist unverzichtbar. Auch muss Krankhaftes als pathologisch bezeichnet werden dürfen, wenn man nicht alle ethischen Maßstäbe (und auch diejenigen der Gesundheit) über Bord werfen will. Die Sexualität kann nicht von der Ethik getrennt werden, es sei denn, dass man zugunsten von Mode und Zeitströmungen die wissenschaftliche Vernunft verabschieden will.

Wir werden in der Folge etwa zehn Bestimmungen der gesunden Sexualität formulieren. Nur auf dem Hintergrund eines solchen Gesundheitsmaßstabes wird die Pathologie des Sexus transparent werden.

Die psychoanalytische Metapsychologie legte die Auffassung nahe, dass ein gesunder Ablauf des Sexualvorganges im Erlöschen aller libidinöser Spannungen des Organismus begründet sei. Zu dieser Annahme wurde man durch das so genannte Konstanz- oder Nirwanaprinzip gedrängt. In periodischen Abständen summiert sich gleichsam eine gewisse Libidoquantität, die nach Abfuhr verlangt. Gelingt dies im sexuellen Akt, dann wird starke Lust empfunden.

Hier ist etwas richtig gesehen, aber das Wesen der Sexualität wird offenbar verkannt. Diese ist nicht primär darauf gerichtet, Spannungsminderung zu sein. Das ist nur ein Teilelement eines ganzheitlichen Geschehens, das eine andere Sinngebung enthält.

Viel umfassender ist die Aussage, dass eine gelingende Sexualität aus einer Kommunikation zweier Menschen erwächst, die im Seelischen beginnt und in der Zwiesprache der Leiber endet bzw. kulminiert. Eine solche Bestimmung entspricht dem phänomenalen Bestand viel mehr als das metapsychologische Entspannungs-Theorem. Mit Recht hat Nietzsche gesagt, dass eine „gute Ehe aus einem lebenslänglichen Gespräch“ sich konstituiert. Ist dieser Boden vorhanden, dann kann das Miteinander-

Reden von Zeit zu Zeit auch im Dialog der Leiber bekräftigt und fundiert werden.

Ein Großteil der sexuellen Schwierigkeiten in Partnerschaften mag seinen Grund darin haben, dass die beiden Beteiligten nicht gelernt haben, miteinander zu reden. Versuchen sie dann, das Dialogische leibhaft zu praktizieren, dann müssen sie sich nicht wundern, wenn die kommunikations- und verstehensgehemmten Seelen sich störend in die Körperbeziehung einschalten. Sexualschwierigkeiten sind oft ein feines Indiz dafür, dass Gespräch und Kooperation allgemein blockiert sind.

Ein grundlegendes Ingrediens der gelingenden Sexualität ist das so genannte Verschmelzungserlebnis. Es gehört zum Beglückenden der sexuellen Vereinigung, dass aus zwei getrennten Wesen vorübergehend eine Einheit wird. Das hat schon Platon im *Symposion* mit dem Mythos der ursprünglichen Geschlechter-Trennung durch die Götter und der daraus folgenden Sehnsucht nach Wiedervereinigung der Menschen angedeutet.

Jedenfalls kommt es im sexuellen Akt auch zu einer physischen Wir-Bildung, die die Einsamkeit und Isolierung der Beteiligten aufhebt. Auch die Daseinsanalyse hält als Strukturelement der Liebe und des Liebesaktes die Daseinseinung fest, woraus ihrer Meinung nach stets eine Daseinsmehrung hervorgeht.

Selbstverständlich bedarf es bestimmter charakterlicher Voraussetzungen, dass ein solcher Einklang im Koitus stattfinden kann. Wir erwähnen nur die Eigenschaften des Vertrauens, der (relativen) Angstfreiheit, der Zuwendung, des Mutes, der Einfühlsamkeit, der Toleranz usw. Fehlen diese Eigenschaften, dann wird auch die physische Übereinstimmung korrumpiert.

Im Sexualakt ergibt sich günstigenfalls eine gutartige Regression. Das Ich oder Selbst geht mehr oder minder vollständig in den Leib ein und beseelt ihn bis in seine innersten Strukturen. So kann man unter Umständen davon reden, dass im Liebesgeschehen die Seele gleichsam den Leib umhüllt. Das ist erquickend und erfrischend. Daher haben gute Beobachter von einer Art Wiedergeburtserlebnis in der Sexualität gesprochen. Goethe in einem Gedicht des *West-Östlichen Diwan* gebraucht die Formel vom „Stirb und werde". Tatsächlich ist auf dem Höhepunkt der sexuellen Erregung ein kurzes Auslöschen des Bewusstseins zu registrieren, das man poetisch ein „Ersterben" nennen kann.

Das alles ist aber nur möglich, wenn es zu einer echten und möglichst wenig eingeschränkten Hingabe-Erfahrung kommt. Die Sexualität ist im Wesentlichen Hingabe an ein Du. Nun wünscht sich das jedermann, aber die meisten kennen nicht die Voraussetzungen dafür. Unseres Erachtens liegt im jeglichen Sich-Hingeben ein Nachgeben, also ein Fallenlassen aller individuellen Durchsetzungs- und Überlegenheitswünsche. Wer in den

Sexualakt irgendwelche Prestige-Politik hineinbringt, wird in der Hingabe merklich behindert sein. Auch die Angst um das Selbstsein, die aus innerer Schwäche erwächst, blockiert das Sich-Ausliefern an den anderen.

Nimmt man es ganz genau, dann wird man allerdings sagen müssen, dass die große Hingabekunst aus einer gewissen Dialektik von In-sich-Ruhen und Sich-Hingeben-Können besteht. Wer sich selbst nicht besitzt, kann sich nicht an ein Du verschenken. Daher sind nicht nur die weichen und anschmiegsamen Regungen im Koitus nützlich und notwendig, sondern auch die Gewissheit des Selbstwertes und der Mut zum Selbstsein. Es braucht viel innere Sicherheit und Fähigkeit zur Selbstbehauptung, um im Akt sich voll und ganz geben zu können.

Wesentliche Unterstützung erfährt die Sexualität durch die Grundstimmungen der Freude, der Heiterkeit und der Haltung inneren Gelöstseins. Man sieht: Der Sexus gedeiht im Umkreis der Freiheit. Denn die genannten Stimmungen und Haltungen sind Ausdruck von freier Beweglichkeit im Gemüt. Dasselbe gilt auch für die Anmut, die Quelle und Folgeerscheinung gelingender Sexualität ist. Im Bereich der Erotik wird der Mensch zum *homo ludens*, wie ihn der holländische Historiker und Kulturphilosoph Johan Huizinga so eindrücklich beschrieben hat. Und vielleicht ist das Sexuelle eine der großen Möglichkeiten, durch die der meistens selbstentfremdete Mensch zu sich selbst zurückkehren und eine spielerische Existenz verwirklichen kann.

Nach Alfred Adler soll der sexuelle Vollzug in das Gemeinschaftsgefühl eingebettet und dessen Realisierung sein. Dieser Begriff ist nicht leicht zu definieren. Für Adler umfasst er das allgemeine Sozialinteresse, d. h. die Beziehungsfähigkeit überhaupt. Sodann aber auch im Speziellen die fast instinktive Bereitschaft, sich auf den Standpunkt des anderen zu stellen und mit seinen Augen zu sehen, mit seinen Ohren zu hören und mit seinem Herzen zu fühlen. Man kann hier von einer Identifikation sprechen, die aber in keiner Weise mit Selbstverlust gepaart ist.

Es ist die größte Sehnsucht des Menschen, die Grenzen seiner Individualität zu sprengen und über sich hinauszuwachsen. Die Existenzphilosophie nennt das ein Transzendieren, also ein Überschreiten der Gegebenheiten des Ich. Die Liebe und der Liebesakt sind zweifelsohne solche Transzendenz-Erfahrungen. Diese sind dem Menschen so unentbehrlich wie die Nahrung und das Atmen. Nur weiß er das nicht so unmittelbar und deformiert unter Umständen die sexuellen Situationen zu Formen der Immanenz, d. h. des beiderseitigen Bei-sich-selbst-Bleibens der Beteiligten. Das ergibt jedoch weder Glück noch Aufschwung und Genussmöglichkeit.

In der Sexualität sollten stets Zärtlichkeit und Sexus miteinander verbunden sein. Eine Trennung dieser beiden Komponenten ist nicht nur die Voraussetzung für alle Perversionen, sondern bereits die Perversion selbst.

Allerdings gibt es zahlreiche Menschen, die unter dem Einfluss einer Verdrängungspädagogik früh gelernt haben, dass für sie eine Synthese von Sexualität und Zärtlichkeit unmöglich ist. Das ist sogar für sie meistens angstbesetzt, sodass sie künstlich Situationen konstellieren, wo getrennt wird, was innerlich zusammengehört. Freud hat in einer kurzen Abhandlung über *Die allgemeinste Erniedrigung des Liebeslebens* diesen Zusammenhang feinsinnig analysiert.

Es hat unendlich viele Dispute darüber gegeben, ob die Psychoanalyse dazu berechtigt war, der Sexualität im Seelenleben eine zentrale Rolle zuzuschreiben. Die Kritik hat sich auf diesen Punkt gleichsam gestürzt und mit riesigem Scharfsinn nachgewiesen, dass der Mensch doch auch andere Triebkräfte hat und dass es nicht angeht, einem einzigen Trieb die Priorität einzuräumen.

Das mag richtig sein, und bestimmte Übertreibungen Freuds und der Freudianer hatten die Kritik bitter nötig. Gleichwohl wird man zugeben müssen, dass die These des Schöpfers der Psychoanalyse, im Sexualstenogramm eines Menschen sei ein Resümee seiner Gesamtpersönlichkeit enthalten, sich als ein sehr fruchtbarer Forschungsansatz erwiesen hat. Vielleicht muss ein Pionier der Wissenschaft zunächst übertreiben, wenn er einen wichtigen Fund gemacht hat. Die Verabsolutierung solcher Entdeckungen verhilft immerhin dazu, dass man bis dahin vernachlässigte Wirklichkeitsbereiche nun endlich sorgfältig studiert.

Damit haben wir einige Grundzüge der normalen Sexualität in Erinnerung gerufen. Dass unsere Aufzählung unvollständig ist, ist uns selbst durchaus bewusst. Man hätte noch den Gesichtspunkt der Gestaltpsychologie würdigen können, die darauf verweist, dass der Mensch üblicherweise im Wahrnehmen und im Leben gute Gestalten (d. h. Ganzheiten) verwirklichen will. Wo immer er gestaltauflösend oder gestaltzerstörend wirkt, enthüllt er uns eine fundamentale Unzulänglichkeit seiner Existenz. Diese Einsicht ist relevant für die Psychologie der Perversionen und der sexuellen Beziehungsschwierigkeiten überhaupt. Ein liebendes Paar, das im Akt den Einklang der Geschlechter realisiert, ist ein Musterbeispiel von Gestaltkompetenz, vom Können im Leben und Lieben.

Es bleibt nun als nächster Schritt unserer Überlegungen, die Strukturelemente der Wahnhaftigkeit im abnormen Sexualverhalten aufzudecken. Dabei werden wir uns überall mit Andeutungen begnügen müssen.

Die *Masturbation* ist vor allem im Jugendalter eine Selbstverständlichkeit, da der heranwachsende Mensch noch keine Partnerschaft eingehen kann und dennoch schon von Triebwünschen bedrängt wird. Manche Autoren verwiesen mit Recht darauf, dass der Jugendliche in der Selbsthilfe sein Triebverhalten einübt. Dementsprechend ist zu erwägen, ob ein Fehlen von Masturbation in der Pubertät nicht noch problematischer ist als dieses

Sexualtraining, das ohne Einwirkung von Furcht und Aberglaube durchaus unschädlich ist.

Ebenfalls als harmlos gilt die Not-Onanie. Wenn erwachsene Menschen über längere Zeit keine Möglichkeit des Sexualverkehrs haben, entlasten sie die Triebspannungen durch den masturbatorischen Akt. Die Erhebungen von Kinsey haben ergeben, dass derlei für die Gesamtbevölkerung charakteristisch ist.

Andererseits kommt es auch zum zwanghaften Onanieren bei Menschen, die in einer Partnerschaft leben und durchaus die Möglichkeit hätten, den Liebesakt zu zweit zu vollziehen. In diesen Fällen ist die Überlegung angebracht, ob in der Masturbation autistische Regungen und Impulse befriedigt werden. In der Onanie ist man ungestört; man muss auf keinen Partner Rücksicht nehmen und kann sich einem autoerotischen Machtrausch hingeben.

Daher haben manche Autoren die Selbstbefriedigung bei dieser Sinngebung als die Urform der Perversion bezeichnet. Wir wollen hier nicht untersuchen, ob dies richtig oder falsch ist. Aber es ist nicht zu leugnen, dass die einsame Sexualbefriedigung in einigen Punkten an unseren Katalog der Wahnkomponenten erinnert. Der Sexus ist nicht dazu da, als Privatsache erledigt zu werden. Er drängt zum Du und soll das auch tun; wo das nicht zustande kommt, ist die Reife und die innere Entfaltung des Individuums zweifelhaft.

Auch die *Impotenz des Mannes* und die *Frigidität der Frau* können als milde Formen von „Sexual-Psychosen“ gedeutet werden. Beide Arten von sexueller Schwäche sind ungemein weit verbreitet. Sie stellen in zahlreichen Zweierbeziehungen ein essenzielles Problem dar.

Fast immer können bei diesen Leiden organische Ursachen ausgeschlossen werden. Es handelt sich um psychogene Störungen, die aus der Lebensgeschichte und aus der aktuellen Situation der Betroffenen hervorgehen. Die Tiefenpsychologie und die Psychotherapie haben Wesentliches zur Klärung von Impotenz und Frigidität beigetragen.

Wir sind durch die Psychoanalyse gewöhnt, wichtige Körperfunktionen und ihre Ausfälle ausdruckspsychologisch zu interpretieren. Wir fragen sozusagen: „Was teilt uns ein Mensch in seinem Symptom mit? Was will er sich selbst und seiner Umgebung damit kundtun? Wie paßt sein Beschwerdebild zu seiner gesamten Lebensführung, seinem Lebensplan und seiner teilweise unbewussten Lebens- und Weltanschauung?“

Solche Fragestellungen sind für den psychologischen Laien zunächst befremdlich; sogar die herkömmliche Medizin hat immer noch Schwierigkeiten, eine derartige Optik zu akzeptieren. Sie ist aber längst durch die analytische Praxis und die tiefenpsychologische Forschungsarbeit als solide fundiert erwiesen.

Das sexuelle Nicht-Können des Mannes betrifft entweder die Erektion oder die Ejakulation. Legen wir an dieses Phänomen adlerianische Gesichtspunkte an, dann müssen wir vorerst an Angst vor der Frau, Angst vor der Sexualität und unbewusste Verweigerung des sexuellen Kommunizierens denken. Viele Männer haben in ihrer Sozialisation (anhand der Erfahrungen mit der Mutter und anderen wichtigen weiblichen Beziehungspersonen) ein Frauenbild entwickelt, das sie in eine vorsichtige Position gegenüber den Frauen bringt. Kommt es zu intimeren Kontakten, dann erwacht neben den Wünschen nach Zärtlichkeit und Vereinigung die ambivalente Gegenregung, die einen physischen und psychischen Abstand erzwingt. Das Sexualorgan spricht sozusagen seine eigene Sprache; es gibt mimisch und verhaltensmäßig kund, dass sich sein Träger innerlich „auf dem Rückzug" befindet.

Die betroffenen Männer werden oft eine solche analytische Deutung nur mit Mühe annehmen. Die Erkenntnis unbewusster Motivationen ist eben in der Regel schmerzlich und verletzt den eigenen Narzissmus. Man kann aber dem Impotenz-Patienten solche Einsichten nicht ersparen, wenn man ihn dazu motivieren will, seine grundlegende Lebens- und Sexualeinstellung zu revidieren und zu verbessern.

Bloße Änderungen der Sexualtechnik (wie sie z. B. Masters und Johnson in den USA vorgeschlagen und praktiziert haben) führen selten zur langanhaltenden Überwindung der Sexualschwäche. Wenn es sich – wie wir postulieren – um eine Art „Sexual-Psychose" handelt, dann muss eben die ganze Existenz-Verfassung des Potenz-Gestörten ins Visier genommen werden. Umfassende Prozesse der Selbsterkenntnis und Selbsterziehung stehen an. Ein „Wahn" kommt nur dann zum Erliegen, wenn sein Opfer neuen Lebensmut schöpft und Lücken der ehemaligen Sozialisation überwächst und überwindet.

Die Frigidität der Frau ist gewissermaßen eine Parallel-Form der Impotenz. Hier haben wir es mit Frauen zu tun, die entweder den Sexualakt total ablehnen oder bei sexuellen Vereinigungen wenig oder gar nichts empfinden. Der ersehnte Orgasmus stellt sich selten oder nie ein. Das ist ein Störfaktor höchsten Ranges in Liebe und Ehe. Denn die betroffene Frau erlebt in jedem Sexualakt ein frustrierendes Nicht-Können, und auch der Mann entbehrt die erwünschte Bestätigung seiner männlichen Potenz, da die Partnerin bei allen seinen Bemühungen „stumm" bleibt.

Man geht wohl nicht fehl, wenn man bei allen Frigiditäts-Patientinnen neben den oben erwähnten Faktoren auch eine relativ unbewusste Ablehnung der Frauen-Rolle vermutet. Sigmund Freud sprach in diesem Zusammenhang vom „Penisneid des Weibes", hervorgerufen durch den anatomischen Vergleich schon im Kindesalter, aber auch gestützt durch die gesellschaftliche und kulturelle Benachteiligung der Frau. Wenn die Frau diesen Penisneid nicht überwindet, verliert sie nie die innere Revolte gegen das Frausein, das „Unten-Sein" im sexuellen Bereich und gegen die Hingabe überhaupt. Die Hingabe wird von ihr unbewusst als „Niederlage" empfunden.

Alfred Adler bevorzugte die Interpretation der Frigidität als Ausdruck von Kleinmut, Angst vor Gefühlen und als „männlichen Protest". Das hört sich ähnlich an wie die freudsche Deutungsweise. Auch hier wieder braucht es oft geduldige Überzeugungsarbeit, bis eine Frau diesen Gesichtspunkt verstehen lernt. Sie muss begreifen, dass eine Revolte gegen das Frau-Sein eine Analogie zu einem Wahn ist, der ja auch meistens ein Sich-Wundstoßen an unveränderlichen Realitäten ist. Man ähnelt dem berühmten Don Quijote, wenn man gegen Windmühlenflügel anrennt. Man schädigt sich selbst und den Partner, wenn man nicht erkennt, dass auch im Patriarchat die Frauenrolle ihre positiven Möglichkeiten besitzt und dass die angeblich so starken Männer mindestens so schwach sind wie das schwache Geschlecht.

Deutlicher zeigt sich uns ein gewisser „wahnhafter Einschlag" in den Perversionen. Wir nehmen als ein erstes Beispiel den *Fetischismus*. Er besteht darin, dass Männer nicht so sehr durch den weiblichen Partner selbst, sondern durch ein intimes Wäschestück, Felle, Pelze, Stiefel usw. angezogen werden. Manchmal ist partnerschaftliche Sexualität nur möglich, wenn sich die Frau mit bestimmten Utensilien drapiert, kostümiert und verkleidet. Dann wieder gibt es Fälle, wo nur der Fetisch allein interessant ist.

Man hat irrtümlicherweise ausgeführt, dass ja auch schon der normale Liebende ein bisschen Fetischist ist. Bewundert er doch Kleidung oder Schmuck des geliebten Wesens und sagt eventuell wie Faust bei Goethe: „Schaff mir ein Halsband von ihrer Brust, ein Strumpfband meiner Liebeslust!"

Aber diese Analogie ist täuschend. Der Liebende meint mit seiner „Verehrung" des Kleidungsstücks die Partnerin, indes der Fetischist an der personalen Beziehung mit ihr nicht interessiert ist. Er würdigt sie herab zu einer Trägerin der Gegenstände, die seine krankhafte Phantasie stimulieren. Daher wird jede Frau zunächst die Forderung des Fetischisten nach Verkleidung als Lieblosigkeit empfinden. Wenn sie darauf eingeht, so ist das meistens nur, weil sie die Beziehung aufrechterhalten will.

Die Theorie lehrt, dass im Unbewussten des Fetischisten eine Art Angst vor der Frau lauert. Daher tritt auch eine kompensatorische Entwertungstendenz auf, die ein empfindsames Gegenüber nie verkennen wird. Sodann kann man dem Fetischanhänger eine gewisse Manieriertheit zuschreiben. Er macht das Liebesgeschehen zu einem künstlichen Arrangement, was sicherlich die Beziehungsmöglichkeiten zum anderen Geschlecht mächtig einschränkt. Auch wird der Gefühlsaustausch auf ein kümmerliches Minimum reduziert.

Überblickt ein unbeteiligter Betrachter die Forderungen und Verhaltensweisen des Fetischisten, dann wird er kaum je um ein gewisses *Dementia-praecox*-Gefühl herumkommen, d. h. jenem Gemisch von Angst und Befremden, das der Betrachter empfindet, wenn er einen Wahnkranken vor sich sieht. Der Widerspruch zur Emotionalität, zum Common Sense, zur Interaktion überhaupt ist nicht aus der Welt zu schaffen. In gewisser Weise bringen diese Sexualpatienten eine Art Autismus und Autoerotismus ins Spiel, der der erotischen Verständigung und Übereinstimmung widerspricht.

Sodann ist an das Perversionspaar *Exhibitionismus* und *Voyeurismus* zu denken. Der Exhibitionist attackiert fremde und unvorbereitete Frauen, denen er seine Nacktheit und sein Sexualorgan präsentiert. Damit erschreckt er sie, und dieser Schrecken ist ein Ingrediens seiner perversen Lust. An eigentliche Sexualbeziehungen ist dabei nicht gedacht. Der Kranke beschränkt sich auf den Momentankontakt des Angeblicktwerdens, wobei er eben in infantiler Weise seine Männlichkeit dokumentiert. Diese Perversion ist auf die Männerwelt beschränkt; aber manche Autoren heben hervor, dass die Mode der Frau einen gewissen Exhibitionismus seit jeher eingeräumt hat.

Eine ähnliche Distanziertheit und Kontaktarmut zeigt der Voyeur, der das andere Geschlecht in seinem Nacktsein oder in einer Intimsituation zu beobachten strebt. Damit wird wie beim Exhibitionismus die Schamschranke missachtet und überschritten. Scham soll die Integrität des Körpers und seiner Sexualität wahren. Indem der Voyeur sich darüber hinwegsetzt, ist ihm das Gegenüber ausgeliefert, ohne dass er sich selbst drangeben muss. Man hat von einem visuellen Diebstahl im Schambereich gesprochen.

Beide Perversionen eliminieren das Partnerschaftliche. Sie sind Ausdruck von Angst und Hingabehemmung. Früher war es beim Voyeurismus abenteuerlich genug, sich die geschilderte Lustsituation zu verschaffen. Heute hat jeder Filmbesucher und Fernsehkonsument eine schier unbegrenzte Möglichkeit, voyeuristische Bedürfnisse zu befriedigen. Auch Videofilme finden einen riesigen Absatz, wenn sie die Tabus der Scham, des Anstands und des Feinsinns außer Kraft setzen. Es ist unglaublich, wie lüstern die Durchschnitts-Bevölkerung nach Pornographie in allen ihren Erscheinungsformen ist.

Als letztes Perversionspaar seien der *Sadismus* und der *Masochismus* genannt. Er tritt als die Einheit des Sadomasochismus auf, wobei die Lehre gilt, dass in jedem Sadisten auch ein Masochist steckt und umgekehrt. Viele Autoren, darunter auch Freud, sehen in dieser Perversion die verbreitetste und wichtigste Form aller sexuellen Abweichungen.

Man hebt allemal hervor, dass zwischen einem sexuellen und einem moralischen Sadomasochismus unterschieden werden muss. Der Letztere ist das umfassendere Phänomen. Er zeigt sich im sozialen und kulturellen Leben in einer unendlichen Formenmannigfaltigkeit. Alle Modalitäten des Herrschens und Dienens, der Gewaltausübung und des Duldens, der Machtgier und der Demut, des Terrors und des Quietismus fallen in diesen Bereich.

Über das Wesen dieser Anomalie gibt es sehr viele Hypothesen. Für Sigmund Freud und Konrad Lorenz schien das Problem geklärt durch die Annahme eines originären Aggressions- und Todestriebes, der in der Menschenwelt seit jeher Unheil provoziert hat. Aber die Erklärung von Gewalt und Brutalität durch die Annahme eines sie begründenden Triebes gilt als oberflächlich. Die Autoren der psychologischen Fachdisziplin haben hunderte von Trieben erfunden, um menschliches Verhalten aufzuschlüsseln, aber dieses Verfahren erzeugt bei Kennern und Experten nur Skepsis.

Der sexuelle Sadismus und Masochismus ist wohl am ehesten zu verstehen als eine Haltung der Gefühlsarmut und der Kompensation von Angst durch Angsteinflößen oder ausgeprägte Demutsdemonstrationen. Wie in kaum einer anderen Perversion wird hier jegliche Mitmenschlichkeit ausgespart. Sowohl der Masochist als auch der Sadist fühlen sich sehr hilflos angesichts der Aufgabe, partnerschaftlich zu handeln und zu fühlen.

Der Sadist spielt den starken Mann, um sich selbst davon zu überzeugen, dass er mehr als ein Mensch sei. Dasselbe ist auch die Ambition des Masochisten, der zwar leidend den Dulder spielt, aber doch die Anweisungen gibt, wie er gequält werden will. Wenn irgendwo, erblickt man im wüsten Szenario des Sadomasochismus die ungeheure Hilflosigkeit der Menschen angesichts der Aufgabe, zu lieben und sich lieben zu lassen.

Gewalttätigkeit und Schmerzlust im Sexuellen beginnt beim Beißen, Kratzen und Schlagen als Beimengung zum Geschlechtsverkehr und endet bei den Folterkammern und namenlosen Entwürdigungen in der käuflichen Liebe, wo sich der Klient den Alptraum von Lust, Leid und Terror einiges kosten lässt.

Um das Wesen des Sadomasochismus zu veranschaulichen, beziehen wir uns in der Folge auf die Biographie einer „bekennenden Masochistin“. Eine lebhafte Befürworterin dieser sexuellen Abart ist die Autorin Sina-Aline Geißler, die unter anderem in ihrem Buch *Lust an der Unterwerfung – Frauen bekennen sich zum Masochismus* (1990) ein leidenschaftliches Plädoyer für den Masochismus ablegt.

In diesen Text, der im Folgenden referiert wird, hat die genannte Autorin ein Stück ihrer Autobiographie eingearbeitet, sodass man nachvollziehen kann, woher die vermeintliche „Anlage“, von der im Text die Rede ist, möglicherweise kommt.

Sina-Aline Geißler wurde 1965 geboren. Sie war Einzelkind. Von ihren Eltern berichtet sie wenig; nur dass diese ihr Kind liebevoll und ohne Gewalt aufgezogen haben. Der Vater sei in seiner Kindheit in der NS-Zeit häufig verprügelt worden; und zwar nicht nur für eigenes Fehlverhalten. Da er einige Schwestern hatte, welche in seiner Herkunftsfamilie etwas rücksichtsvoller behandelt wurden, erhielt er Schläge auch für all das, was seine Schwestern anstellten. Dabei habe er immer erstaunliche Tapferkeit gezeigt und niemals geklagt. Durch diese Erfahrungen sei bei ihm der Vorsatz entstanden, sein Kind solle niemals so grob behandelt werden.

Im Verlauf ihrer eigenen Biographie scheint die Autorin sich aber weitgehend mit dem Vater identifiziert zu haben. Daher lehnte sie auch früh die Mädchenrolle ab. In Phantasien, über die sie berichtet, wollte sie stets ein Held sein. Und das bedeutete für sie z. B., wie ein tapferer Indianer alle Qualen zu erdulden, ohne sich irgendwelchen Klagen hinzugeben. Beim Spiel mit den Jungen strebte sie ebenfalls eine Gleichstellung an. Ihr Ideal von Stärke ging sichtlich dahin, erlittene Demütigungen ohne die Äußerung emotionaler Reaktionen zu ertragen.

Der auf diese Weise entstandene Lebensplan zeigte sich auch in ihren Träumen und ihrer Phantasie. Das innerlich vereinsamte, traurige und verschlossene Kind ließ abends vor dem Einschlafen Gedankenspiele im Innern ablaufen, deren Inhalt der dargestellten Tendenz entsprach. Darin war sie immer ein Opfer von fremder Gewalt. Sie empfand jedoch Überlegenheitsgefühle, weil sie tapfer war. Und so entstand in ihrem Gemüt eine feste Kombination zwischen ihren Kleinheits- und Hilflosigkeitsgefühlen und deren Kompensation durch das Bewältigen von Opfersituationen, in denen sie den defizitären Entwurf ihrer Persönlichkeit triumphieren ließ.

Damit war der Grund gelegt für eine Entwicklung zum Masochismus. Da aber auch die Entfaltung der Gefühle nur unzulänglich war, absolvierte die Autorin zunächst in ihren Pubertätsjahren eine Periode starker Verwahrlosung. Diebstähle, Verlogenheit, Umgang mit Halbstarken und anderes mehr zeigten bereits die Abwendung von der psychischen Normalität. Dann kam es doch zu einigen Liebschaften, die sich zunächst als konventionell anließen. Aber dabei empfand die junge Frau immer ein rätselhaftes Ungenügen.

Irgendwann überraschte sie ihre Partner mit der Forderung, man solle ihr wehtun. Die meisten waren schockiert, aber dann gab es auch Männer, die „mitspielten". Schläge vor dem und im Sexualakt wirkten angeblich wie Erlösungen. Aber diese ins Pathologische hineinreichenden Beziehungen hielten nicht lange.

Die Autorin ging in eine Universitätsstadt und begann, mit wenig Motivation zu studieren. So kam es, dass ihr das Studium unattraktiv erschien. Doch sie konnte an Zeitungen mitarbeiten und entwickelte literarisches Talent. Das zeigt sich auch in ihrem Lebensbericht und in ihrer Rolle als Propagandistin für den sexuellen Masochismus.

In unserer Sicht beruhen masochistische Tendenzen auf Aggressionen, die das Individuum gegen sich selbst wendet. Das Ausweichen vor den bedrängenden Minderwertigkeitsgefühlen durch Flucht in die Phantasie steht hierbei im Vordergrund. Die Kompensation des Minderwertigkeitskomplexes wird – wie sich am Beispiel der dargestellten Biographie zeigt – durch Tagträume und Phantasien vom Märtyrertum oder der Heldenhaftigkeit angestrebt.

Das gleiche Problem wird in einer Schrift mit dem Titel *Die Krankheit zum Tode*, die Kierkegaard um 1850 veröffentlichte, aus einem Blickwinkel betrachtet, der zum Verständnis des Phänomens Wesentliches beiträgt. Die in der Abhandlung diskutierte Erkrankung, die Kierkegaard bei vielen Menschen diagnostizierte, ist die „Verzweiflung". Seiner Meinung nach liegt auf dem Grunde des Seelenlebens bei sehr vielen Zeitgenossen eine verzweifelte Stimmung, die sie vor sich selbst maskieren:

> So müsste man, wenn man den Menschen richtig kennte, sagen, es gebe keinen einzigen Menschen, der nicht doch wenigstens ein bisschen verzweifelt ist (Kierkegaard 1848/1991, S. 19).

Kierkegaard unterscheidet zwei Formen dieses Krankseins: 1. Verzweifelt-man-selbst-sein-Wollen; 2. Verzweifelt-nicht-man-selbst-sein-Wollen. Über die Funktion der Phantasie bei dem Ringen um das eigene Selbst schreibt er:

> Das Phantastische ist überhaupt das, was einen Menschen von ihm selbst wegführt und ihn dadurch davon abhält, zu sich selbst zurückzukehren (a. a. O., S. 28).

Zum Verständnis der eben kurz dargestellten Biographie soll die Frage aufgeworfen werden, ob Sina-Aline Geißler an den von Kierkegaard beschriebenen Krankheitsmodalitäten litt.

Der erste Modus ist verwandt mit dem Trotz, der sich gegen gesellschaftliche Normen und Werte auflehnt; der zweite Modus gehört der Demut und Selbstauslöschung an. Wie aus der dargestellten Biographie hervorgeht, verhielt sich Sina-Aline Geißler in ihrer Pubertät trotzig. Am Beginn des Erwachsenwerdens trat das andere Extrem des Bestrebens, ihre Selbstunsicherheit zu kompensieren, in den Vordergrund; denn auch der Masochist strebt Macht über den anderen an, jedoch in einer umwegigen Form. Der Begriff „Sadomasochismus" impliziert, dass Trotz und Demut fast immer koexistieren; wo man den einen Faktor findet, ist der andere nicht fern, allerdings häufig im Unbewussten lokalisiert.

Durch die beschriebenen Elemente ihres Lebensplans hatte sich bei Sina-Aline Geißler die Charakterdeformation mit den sexuellen Empfindungen assoziiert. Wenn sie die Selbstnegation ins Werk setzen wollte, drängte sich eine Abart des Sexualverhaltens auf. Daher begann sie, in einschlägigen Postillen nach Inseraten zu suchen, in denen sich „strenge Herren“ anboten. Auch inserierte sie selbst, dass sie auf der Suche nach einem „Dominus“ sei.

Sie wurde fündig. Auf Zuschriften hin stellte sie sich in Wohnungen ein, wo sie teilweise von vermummten Männern empfangen wurde, die ihr Beschimpfungen, Torturen und Demütigungen aller Art zumuteten. Das war immer so grob und seelenlos, dass sich die Autorin in der Regel mehr als eine Woche physisch und psychisch von ihren Eskapaden erholen musste. Gleichwohl trieb es sie aufs Neue zu solchen makabren Experimenten, bei denen sie Folterwerkzeuge und Unmenschlichkeiten kennen lernte.

Bei der Lektüre dieser Schilderungen entsteht der Eindruck, dass beide Beteiligte an der sadomasochistischen Inszenierung ohne die Berücksichtigung menschlicher Werte wie Achtung der Personhaftigkeit des Sexualpartners, Fürsorglichkeit und Humanitätsgesinnung operieren. Vermutlich liegt in der Suche nach der sexuellen Selbstauslöschung unter anderem auch eine Abwehr von Tendenzen zu Psychose und Suizid. Sie könnte aus dieser Sicht also als ein Lösungsversuch angesehen werden, der unbewusst zur Abwehr oder Sicherung vor der befürchteten Konfrontation mit Affekten, die sich gegen die eigene Person richten, eingesetzt wird.

Um ihre masochistischen sexuellen Wünsche zu realisieren, fing die Autorin an, nach „Freudens- oder Leidensgenossen“ zu suchen. Auf Annoncen in Zeitungen meldeten sich zahlreiche Frauen, die sie interviewen durfte. Dabei bekam sie Einblick in das Faktum, dass sehr viele Menschen zu sadomasochistischen sexuellen Praktiken neigen. Sie berichtet, dass dazu nicht nur biedere Hausfrauen mit Kindern in einer bürgerlichen Ehe gehörten, wo der Sexus nicht ohne Prügeleien vollzogen werden konnte, sondern auch Angehörige der Boheme, der Oberklassen, lesbische Frauen usw.

Mitunter, wenn die Finanzen der Betreffenden es ermöglichten, hatten diese sich regelrecht mittelalterliche Verliese eingerichtet, die mit den Utensilien der ehemaligen Folterkammern ausgestattet waren. So manche sadomasochistischen Beziehungen zwischen Mann und Frau oder Frau und Frau waren nach dem Muster „Sklavenhalter und Sklavin“ strukturiert.

Und doch will Sina-Aline Geißler von vielen erfahren haben, dass sie in solchen absolut antihumanen Interaktionsrahmen glücklich oder gar selig waren. Eine dieser „Sklavinnen“ beschrieb ihr den „Herrn und Meister“ in Worten, die von größter Ehrerbietung bestimmt waren. Diese sexuellen Beziehungen erinnern an jene, welche die französische Autorin Pauline Réage (Pseudonym) in ihrer *Geschichte der O.* geschildert hat.

Besonders durch die zuletzt genannten Berichte von Betroffenen wurde die Autorin dazu ermutigt, selbst ein stabiles Sklavereiverhältnis anzustreben. Aus der Erzählung von Sina-Aline Geißler geht hervor, dass eine derartige Suche in der Regel mühsam ist. Sie konnte bei ihrer Suche wohl sadistische Männer finden, aber einen Dominus mit der Kombination von Grausamkeit und Zärtlichkeit fand sie nur mit einem erheblichen Aufwand an Zeit und Geduld.

Zuletzt wurde er doch entdeckt, und er stellte die Bedingung eines Vertragsabschlusses, der ihm die totale Verfügung über die Partnerin einräumte. Und diese Bedingungen wurden auch praktiziert, mit furchtbaren Details, die uns die Verfasserin mitteilt. Sie litt erheblich unter dieser körperlichen und seelischen Belastung, hielt aber fast zwei Jahre lang durch, bis sie einfach nicht mehr konnte.

Der Leser dieser Beschreibungen wird mit dem bereits beschriebenen Phänomen des *Dementia-praecox*-Gefühls konfrontiert. Man erklärt sich dieses Gefühl daraus, dass wir alle von der Erfahrung des Unheimlichen tangiert werden, wenn wir mit Menschen zu tun haben, die außerhalb der Vernunft existieren.

Gleichwohl bekannte sich Sina-Aline Geißler 1989 in einem vielbeachteten Beitrag für die Zeitschrift *Cosmopolitan* zu ihrer Perversion und warb beinahe für diese. So wurde sie als Autorin bekannt, und die *Bild-Zeitung* (in ihrer bekannten Sensationslust) nannte sie bei Gelegenheit sogar „die Königin der Masochisten“.

Am Beispiel der dargestellten Entwicklung von Sina-Aline Geißler wird deutlich, dass der Wille zum Selbstsein in Richtung aufs Abwegige, Asoziale und Kulturwidrige entarten kann, wenn es beim Heranwachsen am Gefühlstraining und an der Ermutigung zum Personwerden fehlt.

Da das Buch ein Bild der Autorin enthält, kann man – mit Vorsicht – überprüfen, ob sie sich selbst und ihre angeblich beglückenden sexuellen Neigungen richtig einschätzt. Wir zweifeln daran. Das Porträt zeigt ein verängstigtes Gesicht mit verschreckt anmutenden Zügen. Glück und Lebensfreude zeigen sich dem Betrachter kaum.

Damit beenden wir unseren summarischen Überblick über die wichtigsten Perversionen. Unberücksichtigt blieben unter anderem die Zoophilie und Nekrophilie, der Transvestitismus, die Koprophilie und manche andere widerwärtige Erscheinung der Sexualpathologie.

Den Abschluss unserer Überlegungen soll jedoch eine theoretische Erwägung bilden. Die psychoanalytische Partialtriebtheorie haben wir bereits weiter oben als Erklärungsmodell zurückgewiesen. Interessanter ist für uns die Theorie der so genannten anthropologischen Psychotherapie, der Phänomenologie und der Daseinsanalyse.

Die anthropologische und phänomenologische Schule (V. E. von Gebsattel, Erwin W. Straus, Hans Kunz u. a.) bekämpfte energisch die Lehre der Psychoanalytiker, dass die Perversion nur eine Fortsetzung des normalen infantilen Sexualverhaltens sei. Als Aktsinn der Perversion wird die Tendenz einer Wendung gegen die Norm angegeben, ein Bedürfnis nach Zerstückelung und Fragmentierung der Liebeswirklichkeit, der Ausschaltung von Zärtlichkeit zugunsten der Aggression und eine angestrebte Wertwidrigkeit, die der jeweilige Kranke als heroischen Aufstand gegen die Normalität empfindet. Alle diese Autoren sind davon überzeugt, dass in den Perversionen ein Stück Anti-Menschlichkeit investiert ist, eine Verweigerung des Mitmensch-Seins und der Zugehörigkeit zur Kultur. Oft kann man auch eine beinahe kriminelle Ambition darin registrieren.

Dem widerspricht Medard Boss in seinem Buch *Sinn und Gehalt der sexuellen Perversionen* (1947) mit Entschiedenheit und behauptet, dass auch im perversen Verhalten ein Stück Liebesrealität enthalten sei. Auch da komme es zu einer Art von Daseinseinung und Daseinsmehrung. Daher schwärmen die Perversen von ihrer sexuellen Abart, wie wenn diese eine Möglichkeit von Glück und Enthusiasmus sei. Auch hinter dem Vordergrund von abstoßendem Gebaren ist nach Boss dennoch Liebe erkennbar, wenn auch getrübt durch existenzielle Verschlossenheit, Angst und Trübsal, die lebensgeschichtlich oder gar konstitutionell zu erklären seien.

Unsere Position ist derjenigen von Boss diametral entgegengesetzt. Wir meinen, dass die verbale Anerkennung von Einklangserlebnissen in der Perversion eine Selbst- und Fremdtäuschung bedeutet, der der gutgläubige Forscher auf den Leim gegangen ist. Auch der sexualkranke Mensch muss dem Gemeinschaftsgefühl seinen Tribut entrichten. Daher wird er gerne seine unglückselige Sexual- und Gefühlsverfassung mit Redensarten aus der Liebespoesie drapieren und verkleiden. Ähnliches Wortgeklingel findet man auch in der Politik, wo manche Inhumanität als Menschheitsbeglückung präsentiert wird.

Sieht man näher zu, dann ist das Kriterium für die Wahrhaftigkeit solcher Formen der Liebe, ob dabei dem geliebten Objekt Glück, Freude, Förderung und Entwicklung ermöglicht werden. Jeder Wahn kann u. E. solche Entfaltungen weder beim Wahnsubjekt noch bei den Opfern der Wahnhaftigkeit ermöglichen. Er ist zum Scheitern verurteilt, und nur die Dumpfheit unserer Kultur, die Lückenhaftigkeit unserer Menschenkenntnis und unserer Vorstellungen vom Lieben und Geliebtwerden gibt ihm eine Chance, praktiziert zu werden und sich mit der Lebenslüge des vermeintlichen Elitären und Artifiziellen als Lösung menschlicher Probleme anzubieten.

Ehe und Psychosomatik

Die Medizin, die Psychiatrie und die Psychosomatik haben in den vergangenen Jahrzehnten und Jahrhunderten eine Vielzahl von Modellen für die Entstehung, den Verlauf und die Überwindung von Krankheiten aller Art entwickelt und formuliert. Als materielle und somatische Ursachen von menschlichen Erkrankungen kennen wir etwa Viren und Bakterien, radioaktive Strahlung, Hitze und Kälte, Unfälle und Traumen u. a. m. Auch die Prozesse des Alterns oder des „Verschleißes" sind ebenso wie viele genetisch bedingte Erkrankungen partiell einem medizinischen Verständnis zugänglich gemacht.

Auch im Bereich der Psychiatrie und der Psychosomatik sind bezüglich der Vorstellungen über die Entstehung und damit ebenso über die Therapie diverser Störungen und Krankheiten Fortschritte erzielt worden. Neben einem naturwissenschaftlich-biologischen erwuchs in den letzten hundert Jahren vor allem auch ein soziales und psychologisches Verständnis psychiatrischer und psychosomatischer Krankheiten, das insbesondere durch die Forschungs-Ergebnisse der verschiedenen Schulen der Tiefenpsychologie, aber auch der Anthropologie, der Philosophie, der Soziologie, der Kommunikations-Wissenschaften und anderer wissenschaftlicher Disziplinen enorm bereichert und angestoßen wurde.

So wurden in der Vergangenheit z. B. das Triebschicksal, die Familienatmosphäre, die Gestaltung der Mutter-Kind-Dyade, die intellektuelle und emotionale Sozialisation und Bildung, allfällige Traumen und Erschütterungen, diverse Kommunikationsmuster, der Ausprägungsgrad von Common Sense und Gemeinschaftsgefühl, die Neigung zu Affekten, das Maß an Eu- oder Distress, ideologische und weltanschauliche Eingebundenheit usw. als Faktoren der Patho-(Krankheits-) oder Saluto-(Gesundheits-)Genese benannt und erforscht.

Ohne über die Relevanz all dieser Aspekte für die Krankheit oder Gesundheit eines Menschen an dieser Stelle urteilen zu wollen, legen wir das Hauptaugenmerk unserer eigenen Untersuchung in diesem Kapitel auf die Partnerschaft. Wir gehen davon aus, dass die Qualität einer Liebesbeziehung oder Ehe ganz entscheidend zum Gesundheitszustand oder – im ungünstigen Falle – zur Krankheit eines Menschen beitragen kann.

Wenn wir in der Psychosomatik von Krankheitsursachen sprechen und in diesem Zusammenhang auf Emotionen, Triebschicksal, Charakter usw. eines Individuums abheben, wissen wir sehr wohl, dass Patienten immer ungemein komplexe Personen und Organismen darstellen, bei denen die Biologie und die Biographie auf vielfältige und keineswegs ausreichend erforschte Art und Weise miteinander verzahnt sind.

Allein die körperlichen Voraussetzungen, Dispositionen und Konditionen eines Menschen zu erfassen, übersteigt oftmals die diagnostische Potenz der Medizin. Nun ist aber bekannt, dass viele körperliche und auch seelische Erkrankungen von eben dieser biologischen Schicht her verursacht, mitbedingt oder zumindest in erheblichem Ausmaß moduliert werden. Dies bei den Modellen und Ideen zur Krankheitsentstehung in der Psychosomatik anzuerkennen und zu berücksichtigen ist essenziell, wenn nicht aus medizinischer Wissenschaft spekulative Scharlatanerie und spiritualistische Esoterik werden soll.

Auch das Miteinbeziehen von sozialen, psychischen und geistigen Faktoren in das Genese-Modell von Krankheiten dürfen wir uns nicht als schlichte und eindimensionale Kausalketten vorstellen. Es hieße, die Psychosomatik in ihren Absichten und in ihrer Stoßrichtung misszuverstehen, wenn man ihr unterstellte, sie wolle mittels Psychologisierung die komplizierten Pathologie-Sachverhalte zu simplen Binsenwahrheiten und Laienvorstellungen reduzieren. Das Gegenteil ist der Fall: Wer psychosoziale Krankheitsfaktoren gelten lässt, wird schnell erkennen, dass sich damit auch die Biologie und ihre Abläufe nochmals komplexer darstellen. Vor allem die Psychoneuroimmunologie hat in den letzten Jahren diesbezüglich manche weit verzweigten Mechanismen der Wechselwirkung zwischen Biologie, äußerer Situation und innerer Verarbeitung eines Individuums erforscht.

Wenn wir im Folgenden anhand einiger Fallbeispiele den Zusammenhang zwischen partnerschaftlicher Situation und Krankheit respektive Gesundheit eines oder beider Protagonisten illustrieren wollen, dann müssen die eben erwähnten komplexen Mechanismen der Pathogenese als zugrunde liegend hinzugedacht werden, selbst wenn wir sie wegen ihrer Komplexität hier nicht ausführlich erörtern können. Wir schlagen vor, solche Krankheiten, deren Ursachen zu einem erheblichen Anteil in Liebes-, Ehe- oder Beziehungskalamitäten zu suchen sind, zukünftig als *matrimoniale Krankheiten* zu bezeichnen, als Krankheiten also, die bezüglich ihrer Genese als „zur Ehe gehörig“ verstanden werden können.

In der Psychosomatik und Psychotherapie gilt seit langem schon der Satz, dass ein Mensch gegen jemand anderen krank und für einen anderen gesund wird. In den Biographien und Krankengeschichten vieler Individuen lässt sich in der Tat oftmals schon eine geraume Weile, bevor eine seelische oder körperliche Krankheit manifest wird, eine meistens affektgeschwängerte Anti-Haltung des Betreffenden gegen einen oder mehrere wichtige Menschen seiner Umgebung feststellen. Häufig handelt es sich dabei um die Eltern, den jeweiligen Partner, die Kinder oder nahe stehende Arbeitskollegen, denen gegenüber distanzierende Affekte und Verstimmungen „gepflegt“ werden, auf deren Boden dann nicht selten Krankheitssymptome erwachsen. Dabei gerät am häufigsten der Liebes- und Ehepartner ins Fadenkreuz von Affekt und Krankheit.

Im Vorfeld etwa vieler Depressionen, Angststörungen, Sexual- und Essstörungen, Herz-Kreislauf-Erkrankungen und infektiösen Krankheiten – um nur einige zahlenmäßig relevante zu benennen – finden wir bei den Patienten beinahe regelmäßig heftige und meist chronisch über Monate und Jahre verlaufende zwischenmenschliche Krisen und Konflikte. Parallel dazu kann der psychologisch geschulte Arzt und Therapeut immer Verstimmungen (wie etwa Resignation, Hoffnungslosigkeit, Langeweile, Sinnlosigkeitsempfindungen, Melancholie) oder Affekte (wie Neid, Geiz, Hass, Eifersucht, Wut, Trauer, Angst) diagnostizieren.

Diese tragen einerseits zur Entstehung oder zur Exazerbation (Verschlimmerung) von Krankheiten bei; andererseits dauern eine Krankheit, aber auch Affekte und Verstimmungen fortlaufend an und werden sogar zur „Lösung“ von Krisen und Konflikten (im Sinne von nun nicht mehr veränderbarer Situation) eingesetzt. Die Krankheit wird in das allgemeine Daseins-Muster eines Menschen bisweilen derart kunstvoll eingewoben, dass sie bei oberflächlicher Betrachtung vom Rest des Gewebes nicht mehr zu unterscheiden ist. Sie paßt schlussendlich zur Stimmung, zur Weltanschauung und zu den Beziehungen, die ein Individuum charakterisieren.

Insbesondere in Partnerschaften entwickeln sich häufig Krankheiten eines oder beider Partner immer dann, wenn Dissonanzen größeren Ausmaßes, Distanzempfindungen über einen längeren Zeitraum oder schwelende Konflikte und Krisen mit chronifiziertem Charakter die Beziehung belasten. Ebenso können Schwellensituationen – wie etwa Heirat, Zusammenziehen der Partner, Geburt von Kindern, Auszug von Kindern, Berentung oder Arbeitslosigkeit eines Partners, natürlich auch Trennung oder Scheidung – zur Exazerbation von Krankheiten ganz wesentlich beitragen.

In Psychosomatik und Tiefenpsychologie zu wenig geübte und erfahrene Ärzte und Therapeuten unterschätzen oft die Pathogenität solcher Beziehungs-Kalamitäten; Ehen oder so genannte Liebesbeziehungen können die Gesundheit eines oder beider Partner ernstlich bedrohen oder sogar tödlich enden, wenn sie statt erotischen ein Übermaß an thanatischen Qualitäten und Eigenarten (Thanatos, nach den Griechen der Gott des Todes) aufweisen. Vor allem diese thanatischen Facetten wirken auf Dauer krankheitsauslösend und -unterhaltend und müssen daher früh genug diagnostiziert werden.

In den meisten Kranken-Untersuchungen fehlen jedoch Fragen nach *matrimonialen Erkrankungsursachen* (also Erkrankungen, die infolge ehelicher Beziehungen verursacht werden); die Folgen können eine falsche (weil nicht vollständige) Diagnose und eine daraus resultierende unzureichende therapeutische Betreuung sein. Die meisten Krankheiten werden zwar in ihrer biologischen Struktur oder auch in manchen ihrer psychologischen Ausgestaltungen richtig erfasst; selten jedoch kommt es zu einer systematischen und umfassenden Befragung der Liebes-, Ehe- und Familiensituation.

Anhand der folgenden Fallbeispiele soll die ernste Dringlichkeit einer um die Partnerschaftsdimensionen erweiterten Diagnose-Erhebung demonstriert werden. Es geht dabei nicht darum, jedem Arzt vollständige tiefenpsychologische Erstinterviews zuzumuten; aber der Arzt oder Psychologe, der mit körperlich oder seelisch kranken Menschen diagnostisch oder therapeutisch zu tun hat, sollte um die grundsätzliche Bedeutung *matrimonialer Krankheitsfaktoren* wissen. Wer mit einem solchen Wissen auf Patienten trifft, wird für psychosomatische Zusammenhänge sensibilisiert und kann Kranke früh genug dem Psychosomatiker vorstellen.

Zur Psychosomatik von Autoimmun-Erkrankungen

Schon seit Jahrzehnten haben die so genannten Autoimmun-Erkrankungen das Interesse der Psychosomatik erweckt. Chronisch entzündliche Darmerkrankungen wie etwa Morbus Crohn oder Colitis ulcerosa, rheumatische Krankheiten oder bestimmte Formen von Schilddrüsen-Entzündungen, die allesamt unter anderem auf autoimmunologische Prozesse zurückzuführen sind, wurden schon von den Pionieren der Psychosomatik zu den Psychosomatosen gezählt und auf die psychosozialen Krankheits-Mitfaktoren hin untersucht.

Bei den Autoimmun-Erkrankungen richten sich Abwehr-Zellen gegen körpereigene Gewebe und Organe und attackieren diese, als ob sie fremd und damit für den Organismus potenziell gefährlich seien. An der Haut, an den Schleimhäuten oder an den Gelenken spielen sich dabei chronische Entzündungsprozesse ab, die ziemlich schmerzhaft oder sogar verstümmelnd wirken können.

In den letzten Jahren deuten viele Befunde darauf hin, dass die Zellen und Botenstoffe des menschlichen Abwehrsystems von der seelischen Verfassung eines Individuums (Stress, Verstimmungen, Affekte usw.) außerordentlich moduliert und in ihrer Aktivität und Stoßrichtung beeinflusst werden. Biochemie und Psycho-Immunologie bestätigen damit die von den alten Psychosomatikern gemachten Beobachtungen über die Auslösung und Chronifizierung von Autoimmun-Krankheiten durch lebensgeschichtlich relevante Ereignisse sowie durch Charakter und Weltanschauung, Emotionalität und Lebensstil der betreffenden Patienten.

Aus unserer eigenen psychosomatischen Praxis ist uns eine Patientin seit

Jahren bekannt, die an einer eigentümlichen Krankheit – dem so genannten *Stiff-man-Syndrom* – leidet. Bei dieser Erkrankung werden die Patienten in Situationen von Angst und Schreck völlig steif – deshalb der Name *stiff man* (steifer Mensch) für dieses Syndrom –, ihre Muskulatur verkrampft und verhärtet sich für einige Minuten oder länger, und sie stürzen dabei häufig derart unglücklich, dass sie sich Knochenbrüche oder Gelenkschäden zuziehen.

Die Neurologen, die sich bisher mit dieser Erkrankung wissenschaflich hauptsächlich beschäftigt haben, sind sich recht sicher, dass es sich dabei um eine Autoimmun-Erkrankung handelt. Dabei bilden sich Antikörper, die in den Funktionsablauf der Muskulatur störend eingreifen, sodass es zu den eben beschriebenen Symptomen kommt. Es ist bisher ungeklärt, wie diese Form von Autoimmun-Prozess zustande kommt und wodurch er unterhalten wird. Allerdings betonen die Forscher, dass es bei dieser Erkrankung insbesondere durch Angst-Affekte zu einer Auslösung und/oder Verschlechterung des pathologischen Geschehens kommen könne.

Bei unserer Patientin – nennen wir sie Frau W. – war es möglich, die seelischen, sozialen und geistigen Faktoren, die zur Entwicklung ihres Stiff-man-Syndroms mit beigetragen haben mögen, genauer zu eruieren. Weil im Geflecht der krankheitsauslösenden Ursachen die Ehesituation bei ihr eine herausragende Rolle spielte, werden wir im Folgenden darauf besonders eingehen.

Frau W. lernte ihren Mann im Alter von 22 Jahren kennen. Damals studierte sie Chemie und verliebte sich „unsterblich" in einen jungen Dozenten der Biochemie, der etwa fünf Jahre älter war als sie, der sein eigenes Studium erst vor kurzem mit Bravour abgeschlossen und dem man daraufhin eine steile universitäre Karriere prognostiziert hatte. Auch der Dozent wurde nach wenigen Wochen auf die junge Dame in der ersten Reihe aufmerksam, die immer die ehrgeizigsten Fragen stellte und nach dem Seminar oder der Vorlesung nur schwer von ihm loskam. Er fand ebenfalls Gefallen an ihr, und beide heirateten schon wenige Monate nach ihren ersten Kontakten.

Frau W. absolvierte, obgleich sie in den folgenden Jahren drei Mädchen zur Welt brachte und hauptsächlich allein erzog sowie das gemeinsam erbaute große Haus versorgte, ihr Studium erfolgreich und fand hinterher für etwa acht Jahre lang eine Anstellung halbtags in einem chemischen Labor. Da nach und nach die finanzielle Situation des Paares entspannter wurde, kündigte Frau W. mit ca. 40 Jahren diese Stelle und widmete sich fortan ganz ihrer Familie und ihren Neigungen, zu denen hauptsächlich die Musik und das Klavierspielen zählten.

Ihr Gatte erklomm nach der Habilitation die akademische Karriereleiter und erhielt eine Professur an einem renommierten universitären Institut für Biochemie. Sein Ruf festigte sich in der Fachwelt so sehr, dass er zu vielen Kongressen und Studienaufenthalten ins Ausland eingeladen wurde, wobei Frau W., nachdem ihre Kinder etwas selbstständiger geworden waren, ihn häufig begleitete. Im Nachhinein – so die Patientin – war dies eine der schönsten Zeiten ihres Lebens, da sie das Empfinden hatte, mit einem außerordentlich erfolgreichen Mann verheiratet und ihm – neben einer Hausfrau und Mutter seiner Kinder – auch noch eine interessante Gesprächspartnerin zu sein, die in der Welt der Chemie und der Naturwissenschaften ganz generell über ein solides Wissen und Verständnis verfügte. Zufriedenheit und manchmal sogar Glück waren für Frau W. in Reichweite gerückt.

Umso bestürzender erlebte es Frau W. deshalb, als sie vor etwa zehn Jahren in den Unterlagen ihres Mannes „zufällig" Briefe einer anderen Frau fand, die eindeutig erotisch getönt waren. Nach einigem Hin und Her, nach Streit und Hader und heftigen Auseinandersetzungen zog Herr W. gegen den Willen seiner Gattin aus dem gemeinsamen Haus aus und nahm sich eine kleine Wohnung in der Stadt. Dort – so vermutet Frau W. – trifft sich ihr Mann nun schon seit Jahren mit seiner Geliebten, einer – wie sich letztlich herausgestellt hat – merklich jüngeren Chemie-Laborantin, die lange Zeit in seinem Labor gearbeitet hat.

Eine Scheidung wurde von den W.s wegen der finanziellen Konsequenzen nicht ins Auge gefasst. Gelegentlich haben beide Eheleute noch brieflichen Kontakt zueinander, wobei sie vorrangig das Haus betreffende Probleme thematisieren. Frau W., die in ihrem komfortablen Heim wohnen blieb, fühlt sich in den letzten Jahren dort zunehmend vereinsamt; die Kinder seien alle aus dem Haus, und der ehemals gemeinsame Freundeskreis sei nach der Trennung auseinander gebrochen. Eine inzwischen in die Jahre gekommene Haushälterin besuche sie einmal wöchentlich und besorge das Nötigste, wozu die Patientin selbst aufgrund ihrer Erkrankung immer weniger in der Lage ist.

In der Trennungsphase und noch während der ersten Zeit danach hatte Frau W. immer wieder versucht, mit ihrem Gatten über ihre in die Krise geratene Ehe zu sprechen, was dieser jedes Mal mit Rückzug und Schweigen beantwortete. Ihre Gesprächsangebote seien – wie die Patientin inzwischen erkennt – mit Vorhaltungen und Vorwürfen „garniert" gewesen, sodass sie das Verstummen ihres Mannes jetzt in Maßen verstehen könne. Überhaupt müsse sie damals ziemlich sarkastisch und zynisch gewirkt haben, gleichzeitig nach außen hin „cool" und beinahe so, als ob sie die Eskapaden ihres Mannes nicht berührten. Diese Fassade sei jedoch immer wieder von schneidenden und treffsicheren Bemerkungen ihrerseits durchbrochen worden, sodass sich ihr Mann schließlich völlig verschlossen habe.

Befragt, was denn ihr Ehemann wohl an seiner Geliebten attraktiv fände, antwortete Frau W. wie aus der Pistole geschossen: „Die Sexualität!" Ihr Gatte sei immer ein verklemmt und schüchtern imponierender „Liebhaber" gewesen, der reichlich religiöse Vorstellungen und Sozialisationserlebnisse in sich trug, die ihm jede Form von Körperlichkeit zum Problem werden ließen.

Sie selbst habe ihn wegen ihrer eigenen reduzierten Vitalität und Leibfeindlichkeit, die unter anderem bis auf ihre Erziehung zur BdM-Jugendlichen zurückzuverfolgen ist, niemals zu einer freieren und ungezwungeneren Form der Sexualität „erlösen" können, was dazu geführt habe, dass man sich auf eine „mechanistische Art der körperlichen Liebe" einigte. Mit der Zeit sei dann die Sexualität ganz eingeschlafen, was ihrem Lebensstil als Homo faber in gewisser Weise entgegenkam.

Die Patientin vermutet bei ihrem Mann – infolge einer leibfeindlichen Erziehung eventuell nicht ganz zu Unrecht – diverse „unanständige" Sexualphantasien, die er bei seiner jetzigen Geliebten wahrscheinlich auslebe, ohne sie unbedingt genießen zu können. Die Patientin selbst hat seit ihrer Trennung keine Kontakte zu Männern mehr unterhalten und damit auch keinerlei Zärtlichkeit oder Sexualität mehr erlebt.

Parallel zu der krisenhaften Zuspitzung und letztendlichen Trennung von ihrem Mann machten sich bei Frau W. die ersten Krankheitssymptome bemerkbar. Zuerst sei ihr lediglich aufgefallen, dass sie in Schreck- oder Angstsituationen merklich verkrampfter als bisher reagiert habe. Später sei sie zunehmend gestürzt, und als sie sich bei einem dieser eigentlich banalen Stürze einen komplizierten Knochenbruch zugezogen hatte, wurde bei ihr mittels umfangreicher Diagnostik schließlich das Stiff-man-Syndrom festgestellt.

Inzwischen hat sich dieses Syndrom derart verselbstständigt, dass Frau W. nur noch selten aus dem Haus geht, da sie befürchtet, unterwegs zu stürzen und nicht mehr alleine auf die Beine zu kommen. Wenn jedoch ein Begleiter sie unterhake, könne sie kilometerweit laufen, ohne dass Verkrampfungen aufträten. Die Tatsache aber, dass sie alleine lebt, zwinge sie in den letzten Monaten sogar in den Rollstuhl – eine Entwicklung, die man auch als (unbewusst) gegen den ehemaligen Gatten gerichtet interpretieren kann, da dieser über die gemeinsamen Töchter vom Zustand seiner Ex-Frau auf dem Laufenden gehalten und damit so manchem Schuldgefühl ob seiner neuen Liebesbeziehung und seiner Trennung ausgesetzt wird.

Im Rahmen der Psychotherapie hat Frau W. mehrmals über ihre eigentümliche Symptomatik gesprochen und dabei für sich erkannt, dass vor allem der Wegfall von Orientierung und psychosozialem Halt ihre Ängstlichkeit schüre und unterhalte. Ihren Gatten hat die Patientin jahrelang als bewunderungswürdigen Menschen erlebt, der sich und seiner Umgebung eine Daseinsrichtung und einen Horizont der Entwicklung vorzugeben imstande war; die Trennung bedeutete deshalb für Frau W. auch den Zusammenbruch ihres existenziellen Koordinatensystems.

Parallel zu ihrer Symptomatik hat die Patientin in den letzten Jahren die Überzeugung entwickelt, dass sie wegen ihrer Erkrankung für neue Partnerschaften oder Männer-Bekanntschaften, ja letztlich für jede Form von sozialen Kontakten untauglich und unattraktiv geworden sei. Sie wirft sich – neben dem Faktum, die Liebschaft ihres Mannes „zu spät" entdeckt und nicht bemerkt zu haben – vor, sich hängen zu lassen und zunehmend passiver zu werden, ohne jedoch an der Situation selbst etwas zu ändern.

Neben diesen Selbstvorwürfen ist Frau W. häufig noch mächtig in Affekten ihrem Mann gegenüber verfangen. Immer dann, wenn sie über dessen Abwendung von ihr spricht, klingen bittere und manchmal auch aggressive Töne an. Bisweilen verfolgt dieses Thema sie noch immer bis in ihre Träume hinein, wobei auch dabei die emotionale Abhängigkeit in Form heftiger Affekte evident ist.

Der matrimoniale Charakter dieser Autoimmun-Erkrankung besteht nun nicht nur in der Tatsache, dass die Patientin eine ziemlich traumatisierend erlebte Trennung von ihrem langjährigen Lebenspartner über sich ergehen lassen musste; mindestens ebenso wichtig scheinen das Ausmaß und die Chronizität der Affekte, die diese Trennung bei Frau W. mobilisiert haben. Dabei darf der von ihr recht bewusst wahrgenommene Angstaffekt als Kehrseite ihrer nur selten bewusst werdenden Hass- und Wutaffekte interpretiert werden. Denn wer sich den Luxus heftiger und lang anhaltender Aggressionen gönnt, muss gewärtigen, sich nicht nur dem Objekt dieser Wutempfindungen, sondern den Mitmenschen ganz generell gegenüber distanziert zu erleben und damit den Boden für neuerliche Angstattacken und Distanzempfindungen zu bereiten.

Außerdem erlebte Frau W. das außereheliche Verhältnis ihres Mannes sowie die letztendliche Trennung von ihm als ungeheuere Kränkung. Ihr Stolz, ihre Selbstachtung, ihr Selbstwertgefühl und ihre Definition als Ehefrau, Mutter und Gesprächspartnerin erlitten empfindliche Dämpfer bzw. wurden heftig in Frage gestellt. Vieles von dem, was bisher für die Patientin Gültigkeit, Wert und Bedeutung besaß, geriet mit einem Schlag ins Hintertreffen, wurde entwertet oder bedeutungslos. Auch diese Kränkung darf als krankheitsauslösender Faktor interpretiert werden.

Die Situation der Trennung löste bei Frau W. eine Erschütterung und partielle Zerstörung ihrer personalen Struktur aus. Wie bei einem Erdbeben die äußeren Mauern eines Hauses bisweilen erhalten bleiben und gleichzeitig das Interieur dieses Gebäudes ziemlich verwüstet sein kann, so gelang es auch der Patientin in den Monaten nach ihrem Trauma, ihre äußere Fassade als intakt erscheinen zu lassen; ihr Innenleben und ihr Personkern jedoch hatten tiefen Schaden genommen, der nicht als Depression oder Trauerreaktion sichtbar wurde, sondern sich stattdessen zuerst als funktionelle Störung des Abwehrsystems und schließlich als fixierte autoimmunologische Erkrankung bemerkbar machte.

Die psychotherapeutische und psychosomatische Behandlung von Frau W. zielte deshalb darauf ab, ihren Mut und ihre Bereitschaft, eine weichere und von mehr Gefühlen (statt Affekten) geprägte Haltung sich selbst und ihrem Ex-Mann gegenüber zu entwickeln, zu steigern. Denn wer noch Jahre nach einer Trennung sich und dem ehemaligen Partner mit Emotionen der Wut und der Enttäuschung, der Frustration und eventuell sogar des Hasses begegnet, gewinnt weder die alte Liebe zurück noch eine neue Liebe hinzu. Und bei entsprechender Disposition wird dadurch sogar noch eine ausgesprochen unangenehme körperliche Krankheit ausgelöst und mitbedingt.

Im Rahmen ihrer Psychotherapie gelang es Frau W., im Umgang mit ihrem Ex-Gatten zu einer freundlicheren und zugewandteren Kommunikation zurückzufinden. Außerdem erkannte sie bei sich einige Mechanismen ihrer strengen Bewertung und teilweise selbstverachtenden Beurteilung ihrer eigenen Existenz, die sie nach und nach gegen eine realitätsgerechtere Perspektive eintauschte. Zumindest auf der psychischen Ebene konnte die Patientin damit ihr Autoaggressions-Syndrom mildern und zurückdrängen.

Zur Psychosomatik der Infektionskrankheiten

Ähnlich wie bei den Autoimmun-Erkrankungen spielt auch bei den Infektionserkrankungen das Abwehrsystem des Menschen eine wichtige Rolle. Wenn bei autoimmunologischen Prozessen dieses Abwehrsystem überschießend und in die falsche Richtung aktiv ist, so kann man bei Infektionen beobachten, dass zumindest zu Beginn solcher Krankheiten eine relative Schwäche des Abwehrsystems festzustellen ist. Die Erreger – gleichgültig, ob es sich dabei um Viren, Bakterien oder Pilze handelt – erweisen sich in ihrer Pathogenität dem jeweiligen Abwehrsystem gegenüber als überlegen und führen deshalb zu Schnupfen oder Durchfall, Angina tonsillaris, Lungenentzündung oder sonstigen Infektionserkrankungen. Im Normalfall lernt unser Abwehrsystem recht rasch, sich erfolgreich mit dem ungebetenen Gast auseinander zu setzen und ihn zu eliminieren. Nur bei hoch-pathogenen Erregern oder aber bei reduzierter Abwehrkraft entstehen ernsthafte oder chronische Erkrankungen.

Für die Psychosomatik steht also wiederum die Qualität des Abwehrsystems als Spiegelbild der psychosozialen Verfassung eines Menschen im Mittelpunkt der Forschung. Wie weiter oben bereits beschrieben, kann durch Affekte und Emotionen, Stimmungen und „Distress“ diese Qualität beeinträchtigt und so der Boden für allfällige Infektionen bereitet werden.

Schon seit Jahrzehnten wird als Paradebeispiel für den Zusammenhang zwischen psychischer Situation und Anfälligkeit für Infektionen von Psychosomatikern die Tuberkulose untersucht. Dies hat bei dieser Krankheit zum Teil zu mythologischer Überfrachtung sowie zu argen Vereinfachungen und Vergröberungen bezüglich ihrer Entstehung beigetragen, sodass Susan Sontag in ihrem Buch *Krankheit als Metapher* (1978) zu Recht davor warnte, bei der Tuberkulose – ähnlich wie bei Krebs oder heutzutage bei AIDS – nur noch die Bilder und Bedeutungszuschreibungen, nicht aber mehr das individuelle Schicksal und die biologische Verfassung der Patienten zu sehen. Wenn wir in der Folge die Tbc als eine mögliche matrimoniale Krankheit vorstellen, so dann in dem Bewusstsein, dass es sich dabei um die Krankheit eines Individuums handelt, die bei einem anderen Menschen ganz andere Bedeutungszusammenhänge aufweisen kann.

Eine Tuberkulose-Patientin, die wir näher untersuchen wollen, ist Katia Mann, die Gattin von Thomas Mann. In unserem Kapitel über *vier Ehen von prominenten Kulturpersönlichkeiten* gehen wir detaillierter auf die Partnerschaft dieses Dichters und seiner Frau ein, ohne allerdings die Tuberkulose-Erkrankung von Katia Mann ins Visier zu nehmen; dies soll im Folgenden geschehen.

Katia Mann wurde 1883 als Zwilling in Feldafing in der Nähe von München geboren und lebte bis 1980, also bis in ihr 97. Lebensjahr hinein. Ihr Vater Alfred Pringsheim war Professor für Mathematik in München gewesen, und ihre Großmutter Hedwig Dohm hatte sich als Frauenrechtlerin und Schriftstellerin einen Namen gemacht.

Schon 1905, im Alter von 22 Jahren also, heiratete Katia Pringsheim den um acht Jahre älteren Thomas Mann (der sie einmal seinem Bruder Heinrich gegenüber als seine „große Lebensangelegenheit“ tituliert hat) und gebar pünktlich neun Monate nach der Hochzeit ihre Tochter Erika. Bereits ein Jahr später wurde der Sohn Klaus geboren, gute zwei Jahre danach war Frau Katia erneut (von Golo) und nochmals ein Jahr später (von Monika) schwanger. Vier Kinder in nicht ganz fünf Jahren – das war selbst in den gebärfreudigeren Zeiten zu Beginn des 20. Jahrhunderts keine pure Selbstverständlichkeit.

Die große Kinderzahl – in den kommenden Jahren sollten noch zwei weitere Kinder (Elisabeth und Michael) geboren werden und zwei Fehlgeburten zu betrauern sein – war auch deshalb erstaunlich, weil die *Vita sexualis* zwischen Thomas und Katia Mann aufgrund der homoerotischen Neigungen des Dichters nicht sonderlich lebendig oder leidenschaftlich war. Schon früh notierte Thomas Mann in sein Tagebuch: „Umarmung mit

K. Meine Dankbarkeit für die Güte in ihrem Verhalten zu meiner sexuellen Problematik ist tief und warm."

Diese große Kinderzahl war jedoch nicht nur erstaunlich und überraschend wegen der reduzierten sexuellen Aktivität des Ehepaares Mann, sondern ganz sicherlich auch eine enorme körperliche und seelische Anstrengung für Katia, deren fraulich-erwachsene Qualitäten in den Jahren zwischen 1905 und 1910 durchaus noch nicht voll ausgebildet waren. Vor allem nach der Geburt von Klaus scheint die junge Mutter von manchen Überforderungs-Empfindungen geplagt worden zu sein; zumindest blickt uns auf den von damals erhaltenen Photographien eine eher depressiv imponierende Frau entgegen.

Diese Verstimmung erfuhr eine enorme Verstärkung, als im Jahre 1909 der um vier Jahre ältere Lieblingsbruder Katias unter mysteriösen Umständen ums Leben kam. Erik Pringsheim war wegen seiner hohen Spielschulden vom Vater Pringsheim nach Argentinien verbannt worden, wo dieser ihm eine Farm gekauft hatte. Erik heiratete dort eine Engländerin namens Mary, die – so erzählt die Familien-Saga der Pringsheims – ihren Gatten ermordet haben soll, nachdem dieser eine Affäre seiner jungen Frau aufgedeckt hatte. Die Todesursache wurde jedoch nie wirklich geklärt. Jedenfalls dürfen wir annehmen, dass der Tod Eriks für Katia – neben der Anstrengung der häufigen Geburten – als weiterer psychosozialer Risikofaktor für ihre Lungen-Erkrankung diente.

Als wesentlich aber für den Ausbruch dieser Infektionserkrankung bei Katia Mann dürfen wir wohl ihre Stimmung der Jahre 1905 bis etwa 1910 ansehen, eines Zeitraumes, in dem von ihr einige zentrale Verzichtleistungen abverlangt wurden. Während dieser Jahre nämlich muss ihr klar geworden sein, wer der Mann an ihrer Seite war, welche Art von Liebe und Zuwendung er ihr geben konnte (und welche nicht) und welche Rolle sie als die Gattin von Thomas Mann und als die Mutter seiner Kinder zukünftig spielen sollte und musste.

Zu dieser Zeit spürte Katia Mann, dass sie und wie sehr sie sich ganz und gar auf ihren Gatten und dessen Werk einstellen musste, sollte das Projekt einer gemeinsamen Beziehung auch nur annähernd gelingen. Für Thomas Mann wurde sie nach und nach Hausfrau und Sekretärin, Köchin und Krankenpflegerin, Managerin und finanzielle Beraterin, Spezialistin für Haus- und Hotelsuche, für Fragen der Organisation des Exils, charmante Gastgeberin für alle möglichen gesellschaftlichen Anlässe usw. Thomas Mann war die Sonne, und die anderen Menschen um ihn her – vor allem auch seine Familie und hier besonders seine Frau – hatten als Planeten um diesen Fixstern zu kreisen.

Dabei hatte Katia Pringsheim in ihrer Großmutter Hedwig Dohm durchaus auch ein anderes Modell und eine andere Idee von Frausein vorgelebt bekommen. Außerdem war sie bis zu ihrer Heirat als Studentin der Mathematik eher mit einem väterlich-männlichen Lebensentwurf identifiziert. Auf alle diese Entwürfe galt es nun zu verzichten und sich stattdessen in die eben erwähnten Rollen an der Seite eines schon bekannten jungen Schriftstellers einzufügen, eines Schriftstellers, der in den kommenden Jahren noch berühmt und gefeiert werden sollte.

Im Rückblick auf ihr Leben und auf ihre Entwicklung hat Katia Mann als 85-jährige alte Dame in dem Buch *Meine ungeschriebenen Memoiren* (1974) den Satz geäußert: „Ich habe in meinem Leben nie tun können, was ich hätte tun wollen." Diese Aussage klingt ungerechtfertigt und hart, wird aber verständlicher, wenn man in Betracht zieht, dass in den Jahren nach ihrer Eheschließung von Katia Mann eine mächtige Umstellung und Einschränkung bezüglich ihrer eigenen Vorstellungen vom zukünftigen Leben bewerkstelligt werden musste.

Als sie sich dann in den Jahren 1911 und 1912 wegen ihrer Tuberkulose mehr und mehr von ihren Aufgaben als Gattin, Hausfrau und Mutter zurückziehen und schließlich einige Monate in Davos auf dem Zauberberg verbringen musste, mag dies für die junge Frau wie eine Art Moratorium gewirkt haben. Der Verzicht auf manche Optionen ihrer Existenz und die Trauer darum mögen zur Krankheit Katia Manns wesentlich beigetragen haben; das Sich-Fügen in die neuen Rollen und die entstehende Akzeptanz ihrer Bedeutung für Thomas Mann mögen dagegen Faktoren gewesen sein, die zur Stabilisierung und zur Heilung der Patientin geführt haben.

Katia Mann hat die Krise ihrer Krankheit und den Imperativ zur Entscheidung, der darin mitschwang, dazu genutzt, den von ihr in dieser speziellen Situation geforderten Verzicht zu erkennen und ihn für ihre Existenz an der Seite Thomas Manns als gegeben hinzunehmen, ohne zukünftig dagegen innerlich oder äußerlich zu rebellieren. Sie sah wohl ein, dass ein Sich-Aufbäumen oder Dagegen-Anrennen innerhalb ihrer Ehe weder sie noch Thomas Mann – für den sie sich ja selbst entschieden hatte – auch nur eine Stunde ihres gemeinsamen Daseins glücklicher oder zufriedener hätte werden lassen.

Die Verknüpfung der Thematik „existenzieller Verzicht" und Erkrankung an oder Exazerbation der Tuberkulose wurde übrigens nicht erst von Katia Mann gelebt und erlitten; schon im 19. Jahrhundert galt dieses Motiv als menschlich und literarisch „interessant" und erfuhr dementsprechend in der Dichtung und in der Kunst manche Bearbeitung.

Besonders bekannt geworden ist dabei Alexandre Dumas' Roman *Die Kameliendame* (1848), der bereits wenige Jahre später als Vorlage für Giuseppe Verdis Oper *La Traviata* diente. Die edle und großherzige Kurtisane Marguerite Gautier (bei Verdi: Violetta) liebt Armand Duval (Alfred Germont), einen jungen Mann aus gutem und bürgerlichem Hause. Die Ernsthaftigkeit und die Tiefe ihrer Empfindungen gehen so weit, dass sie um seinetwillen ihr leichtes Leben aufgibt und mit ihm aufs Land zieht.

Der Vater Armands jedoch erhebt mächtige Einwände gegen die Verbindung seines Sohnes mit Marguerite und weist diese darauf hin, dass sie dem Ruf der gesamten Familie unerhört schade, wenn sie an Armand festhalte. Diese Vorhaltungen stürzen Marguerite in tiefe Konflikte; letztlich beugt sie sich den Konventionen und Regeln der Gesellschaft und kehrt in ihr altes Milieu zurück. Dort muss sie neben dem Trennungsschmerz auch noch die abgrundtiefe Verachtung ihres ehemaligen Geliebten ertragen, der von den wahren Beweggründen Marguerites erst erfährt, als sie bereits, nach einer Lungenblutung aufgrund ihrer Tuberkulose, im Sterben liegt.

Neben der melodramatischen Handlung und der romantisch gefärbten Charakterisierung Marguerites als Prototyp der „edlen Kurtisane" haben Dumas und Verdi jedoch das psychosomatisch relevante Thema der gesteigerten körperlichen Anfälligkeit nach Situationen eines existenziell wesentlichen Verzichts oder einer erschütternden Niederlage richtig gesehen. Wenn Menschen ihre Hoffnung auf Selbstverwirklichung, auf Wachstum und Entwicklung, auf Lieben und Geliebtwerden verlieren, trägt dies nicht selten zu schwer wiegenden körperlichen, seelischen und psychosomatischen Erkrankungen bei. Diese können nur dann erfolgreich geheilt werden, wenn die existenzielle Erschütterung zur Sprache kommt und/oder überwunden wird.

Es soll in diesem Kapitel nicht der Eindruck erweckt werden, als gebe es lediglich matrimoniale Krankheiten und als seien die Ehe oder lang dauernde Partnerschaften eine bloß gefährliche Veranstaltung mit hohem Risiko, körperlich oder seelisch labilisiert zu werden. Ganz im Gegenteil: In vielen Fällen lässt sich nachweisen, dass eine tragfähige Liebesbeziehung außerordentlich gesundheits- und entwicklungsförderlich sein kann. Diese positiven Effekte von Partnerschaften dürfen keineswegs unterschlagen werden, wenn wir die Psychosomatik der Ehe ausgewogen darstellen wollen.

Ein beeindruckendes Beispiel für eine solche *matrimoniale Gesundheit* stellt die Ehe der englischen Lyrikerin Elisabeth Barrett-Browning dar. Elisabeth Barrett wurde 1806 in Coxhoe Hall (Durham) geboren. Mit 21 Jahren erkrankte sie an Tuberkulose, wobei die äußeren Umstände damals denen bei Katia Mann glichen. Auch bei Elisabeth Barrett verstarb der Lieblingsbruder auf tragische Weise, und auch sie reagierte darauf mit lang anhaltenden und heftigen Traueraffekten und Schuldgefühlen. „Nachdem mein Herz gebrochen war", schrieb sie später bezogen auf den Tod des Bruders, „lebte ich jenseits meines eigenen Lebens, von Tag zu Tag in einer tieferen Dunkelheit ohne jede Hoffnung, so als presste ich mein Gesicht gegen ein Grab."

Der gesundheitliche Zustand der Tbc-kranken jungen Frau verschlechterte sich so sehr, dass sie kaum mehr ihr Bett verließ und nach einigen Jahren als Todgeweihte galt. Keiner mehr aus ihrer Familie und ihrer Ärzte glaubte noch an Besserung, geschweige denn an Heilung. Man zählte die Tage oder Wochen, die sie wohl noch zu leben hätte, und wunderte sich, dass diesem ausgemergelt imponierenden Körper der Elisabeth Barrett noch das eine oder andere Gedicht zu entlocken war, die – wen wundert's – in meist düsteren Farben ihre hoffnungslose Situation widerspiegelten.

Auf eines dieser Poeme reagierte Robert Browning (1812–1889), der sich selbst schon als Dichter versucht und den die Lyrik Elisabeth Barretts angerührt hatte. Er besuchte die Todkranke und verliebte sich in sie, obgleich sie ihm immer wieder versicherte, wie sehr sie gehandicapt und dem Tode näher als dem Leben sei. In einem ihrer Sonette (Barrett-Browning 1847), die übrigens Rainer Maria Rilke kongenial ins Deutsche übersetzt hat, heißt es dazu:

> Ach, ich bin schwer zu lieben: denn ich litt.
> Willst du es trotzdem? So tu auf und leid es,
> dass deine Taube flüchtet in dein Herz.

Browning ließ sich von solchen und ähnlichen Argumenten nicht anfechten und überzeugte schließlich die Kranke, ihn zu heiraten und mit ihm zu leben. In einer Nacht- und Nebelaktion – der Vater Barrett war strikt gegen die eheliche Verbindung der beiden eingestellt – gaben sich die beiden Dichter 1846 ihr Jawort und verließen drei Tage später England, um aus klimatischen Gründen in den Süden nach Italien zu übersiedeln.

In Oberitalien lebten die Brownings beinahe 15 Jahre lang unbeschwert und ziemlich glücklich. Elisabeth hatte die strapaziöse Reise, den Umzug und das Eingewöhnen in ein fremdes Land wider Erwarten gut überstanden und blühte – sehr im Gegensatz zu den ärztlichen Prognosen – merklich auf. Sie gebar drei Tage nach ihrem 43. Geburtstag ihr erstes und einziges Kind, den Sohn Widemann, und strafte damit alle jene Lügen, die ihr nicht nur den baldigen Tod, sondern auch die völlige Unmöglichkeit, jemals ein Kind in die Welt zu setzen, bescheinigt hatten.

Zusammen mit ihrem Mann verfasste Elisabeth Barrett-Browning während ihrer italienischen Zeit sehr viele Gedichte, die oft autobiographischen Charakter haben und ihre eigene Situation als ehemalige Tbc-Kranke beleuchten. In allen diesen Texten betonte die Dichterin die ungemein wichtige Rolle, die die Liebe ihres Mannes sowie sein unumstößlicher Glaube an ihre Heilung oder Besserung für den Krankheitsverlauf eingenommen haben. Um der Liebe und Zuwendung dieses Mannes willen fasste auch Elisabeth Barrett wieder Mut und Hoffnung, leben zu wollen und zu können: „Ich aber werde dem nahen Himmel fremd um deine Erde“, dichtete sie dazu in einem ihrer Sonette.

Die Bindung an Robert Browning hat Elisabeth Barrett viele Jahre lang über die ihr von den Ärzten und vom urspünglichen Krankheitsverlauf zugedachte Lebensspanne hinaus eine unverhoffte und meist heitere Existenz geschenkt. Mit diesem Mann war eine Kehrtwendung und eine Krise (im Sinne von entscheidender und neue Richtungen ermöglichender Situation) in ihr Leben eingetreten, die ihr die Perspektive auf eine gesündere Zukunft eröffneten. Dieser heilkundige Dichter Robert Browning fand den Zugang zu seiner Patientin und Freundin Elisabeth Barrett durch „die Pforte der Hoffnung“, und seine „Heilkunst wusste ein Gegengift zu finden“ – so die Dichterin – „so träume ich nicht mehr vom Tode“. Dieses Gegengift ist das eigentliche *agens movens* für die matrimoniale Gesundheit: Wir nennen es schlicht Eros.

Wenn wir Menschen, die dem Tode sehr nahe waren und dennoch wieder zurück ins Leben gefunden haben, über ihre Erfahrungen und ihre Empfindungen dazu befragen, schildern uns viele in der Tat eine krisenartige Situation, in der beide Richtungen – zum Leben wie zum Tode hin – möglich schienen und von ihnen eine regelrechte Entscheidung über die zukünftige Richtung gefordert war. Eine solche Entscheidung ist naturgemäß nicht so sehr rational gefärbt, sondern spricht vielmehr die Tiefenperson oder die gesamte *Vis vitalis* des betreffenden Menschen an.

Wenn dann eine Entscheidung für das Leben gefallen und der Patient „über dem Berg“ ist, erinnert er sich bisweilen an die andere Perspektive über lange Zeit; er weiß dann um die Fragilität alles Lebendigen und um die seltene und „zufällige“ Kostbarkeit seiner Existenz und würde wahrscheinlich den tiefen Ernst, der sich in einem Gedicht Elisabeth Barretts zu dieser Thematik findet, sofort bestätigen (Barrett-Browning 1847):

> Nein, lass uns besser auf der Erde bleiben,
> wo alles Trübe, was die andern treiben,
> die Reinen einzeln zueinander hebt.
>
> Da ist gerade Platz zum Stehn und Lieben
> für einen Tag, von Dunkelheit umschwebt
> und von der Todesstunde rund umschrieben.

Eine Ehe oder Liebesbeziehung nennen wir unter anderem dann geglückt, wenn sie beiden Beteiligten diesen „Platz zum Stehen und zum Lieben“ einräumt und wenn sie die Liebenden dazu animiert, an der Erde, am Leben und aneinander festzuhalten, obwohl oder gerade weil sie ahnen oder wissen, dass dies alles nur „einen Tag“ währt.

Zur Psychosomatik des Todes

In vielen Fällen gelingt es Ärzten und Pathologen herauszufinden, woran ein Mensch verstorben ist; die jeweiligen Diagnosen lauten etwa Herz-Kreislauf-Versagen, zentral bedingte Atemlähmung u. a. m. Ähnlich wie bei den verschiedenen Krankheiten gibt es auch für den Tod diverse biologische Modelle, wie er eingetreten sein könnte und warum er letztlich „letal" war.

Dass wir Menschen sterben müssen, ist eine – wenn auch im Normalfall in der ersten Hälfte des Lebens in seinen Dimensionen kaum erfassbare – Binsenwahrheit. Wann wir jedoch sterben und in welchem körperlichen, seelischen und geistigen Zustand, hängt von sehr vielen Faktoren ab: von unserer individuellen biologischen Verfassung, unserem gelebten Leben, den materiellen und psychischen Risikofaktoren, den Traumen und Schicksals-Schlägen und anderen Aspekten mehr.

Wenn man das Sterben und den Tod von Menschen genauer untersucht, wird man rasch feststellen, dass die Frage nach dem Woran einigermaßen zuverlässig, die Frage nach dem Wann jedoch in vielen Fällen schwierig oder nur sehr spekulativ beantwortet werden kann. Um verstehen zu können, warum ein Individuum zu einem bestimmten Zeitpunkt verstorben ist, müssten wir – neben Daten zu dessen körperlichem Zustand – auch über verlässliche Informationen über dessen seelische, soziale und geistige Verfassung in den Wochen und Monaten vor dem Ableben verfügen.

In den vergangenen Jahrzehnten hat sich die Psychosomatik auch mit dem Phänomen des Sterbens von Menschen auseinander gesetzt und ist dabei vor allem der Frage nach dem Zeitpunkt des Todes und den diesem Ereignis vorangehenden psychosozialen Auffälligkeiten nachgegangen. Schon der genialische Georg Groddeck meinte in der ihm eigenen Art, dass ein Mensch nur dann versterbe, „wenn sein Es will". Das klingt dunkel und etwas unverständlich, soll aber zum Ausdruck bringen, dass der Tod eines Individuums keine rein somatische Angelegenheit darstellt, sondern dass der Prozess des Sterbens von der gesamten Person induziert wird, wenn sie für sich nicht mehr genügend Zukunft sieht und Potenzialität erlebt, um noch weiterleben zu wollen oder zu können.

Besonders bekannt geworden sind in diesem Zusammenhang die Forschungen des Hamburger Internisten und Psychosomatikers Arthur Jores zum so genannten „Pensionierungs-Tod". Jores hat herausgefunden, dass in den Wochen und Monaten nach dem Ausscheiden aus dem Berufsleben die Sterblichkeitsrate weit über den statistisch erwarteten Wert erhöht ist. Er führte dies auf das Erleben relativer Zukunftslosigkeit und dem Empfinden, nun nicht mehr gebraucht zu werden, zurück. Außerdem sei die Berentung häufig mit einer Reduktion des sozialen Bezugsrahmens verknüpft, was ebenfalls zu einem erhöhten Letalitätsrisiko beitragen kann.

Der letztere Gesichtspunkt ist seit Jahrhunderten auch als Voodoo-Tod bekannt. Diese Todesart kommt bei so genannten primitiven Völkern und Stämmen vor und besagt, dass ein aus dem Clan oder Stamm verstoßenes Mitglied innerhalb weniger Tage aus völliger somatischer Gesundheit heraus verstirbt, „nur“ weil es sich nicht mehr als zugehörig und damit als vereinsamt und sich selbst überlassen erlebt.

Dieser *Ostrazismus* (Verbannung) scheint nicht nur in Kulturen, die noch stark von Mythen dominiert werden, etwas vom Schlimmsten zu sein, was man einem Einzelnen antun kann. Die Erfahrung, nicht mehr zur Majorität und zum bisherigen sozialen Verbund zu gehören, ist auch für uns Heutige ungemein ängstigend; in manchen Fällen mag sie tatsächlich zu einem letalen Verlauf beitragen.

Bezüglich der Psychosomatik des Todes sind bisher jedoch noch zu wenig Untersuchungen über die Zusammenhänge zwischen dem Verlauf und der Qualität einer Zweierbeziehung und dem Zeitpunkt des Ablebens eines oder beider Partner durchgeführt worden. Ebenso wie beim Auftreten mancher Erkrankungen darf und soll aber auch im Bereich der Thanatologie das Prinzip der Matrimonialität Berücksichtigung finden. Eventuell verstirbt ja einer der beiden Partner unter anderem auch dann, wenn – neben sehr individuellen Faktoren – das „gemeinsame Unbewusste“ des betreffenden Paares es will bzw. wenn eine Art sozialer Tod dem biologischen vorausgegangen ist.

Als ein Beispiel dafür sollen uns die Biographie und die Partnerschaften des Dichters und Arztes Gottfried Benn (1886–1956) dienen. Benn war als Sohn eines protestantischen Pfarrers nach einigen Umwegen zur Medizin und als Arzt zum Militär, zur Pathologie und später zur Dermatologie gekommen. Vor allem das Grauen des Krieges sowie die über dreihundert Sektionen, die Benn an Berliner Kliniken durchführte, müssen wie eine bestätigende Verstärkung der eher düsteren und bisweilen zynischen Existenz-Stimmung des jungen Arztes gewirkt haben.

Seine ersten Gedichtzyklen – wie etwa *Morgue* (1912) – sind ganz von dieser Stimmung gespeist und bringen unter der Flagge des Expressionismus das Leben in seiner ganzen Negativität und Absurdität krass und krude zum Ausdruck. Tiefe Verzweiflung, unaufhebbare Einsamkeit, Hass und Verachtung gegenüber den „Vätern“ und dann wieder heitere, lebhafte Empfindungen des eigenen Ich wechseln einander ab; „Die Krone der Schöpfung“, heißt es in einem Gedicht, „das Schwein, der Mensch“. Und auch in späteren poetischen und epischen Arbeiten verbindet sich Benn in einer Art *participation mystique* mit den Ekel und Grauen erregenden, von Zerfall, von Lyse und Nekrose schon fast ganz zerfressenen Objekten seiner Umwelt. Er taucht tief ein in die Atmosphären von Tod und Moder, von Untergang und Weltbrandzeiten:

Ob Rosen, ob Schnee, ob Meere,
was alles erblühte, verblich,
es gibt nur zwei Dinge: die Leere
und das gezeichnete Ich.

Auch nach seiner Zeit als Militärarzt und Pathologe, als Benn sich bereits als Dermatologe niedergelassen hatte, überkommen den Dichter immer wieder Phasen heftiger Depressionen: „Körperlich und seelisch äußerst apathisch und abgekämpft, von geradezu krankhafter Menschen-, Unterhaltungs- und Eindrucksflucht“ – so beschreibt Benn sich Mitte der 20er-Jahre einmal selbst.

Kein Wunder, dass seine Umgebung von derartigen Verstimmungen nicht unberührt bleibt. So berichtet seine Tochter Nele Poul Soerensen in ihrem recht liebevollen Buch *Mein Vater Gottfried Benn* (1960), dass der Dichter seine Familie und vor allem auch seine Frau oft als „zu heiter“ bezeichnete und diese immer wieder dazu ermahnte, „nicht zu viel zu lachen“.

Bevor Benn allerdings mit seiner ersten Ehefrau Eva Brandt seine Tochter Nele in die Welt setzte, hatte er bereits eine kurzzeitige, aber leidenschaftliche Affäre mit Else Lasker-Schüler (1869–1945) hinter sich. Die Lasker-Schüler war damals (1912/13) selbst schon als Lyrikerin hervorgetreten und zählte zu den größten poetischen Talenten im deutschsprachigen Raum. Im Jahre 1894 hatte sie den Arzt Berthold Lasker geheiratet, von dem sie sich 1899 wieder trennte. 1903 ehelichte die Dichterin den Schriftsteller und Kunstkritiker Herwarth Walden, der sich vor allem als Herausgeber der Wochenzeitschrift *Der Sturm* einen Namen gemacht hat. Neben diesen Männern zählten auch George Grosz, Franz Marc, Oskar Kokoschka und Karl Kraus zu den Freunden Else Lasker-Schülers.

In einigen ihrer Gedichte hat die Dichterin ihren Gefühlen und Empfindungen für Gottfried Benn, den sie „Giselher“ nannte, freien Lauf gelassen. So heißt es etwa in *Letztes Lied an Giselher*:

Ich raube in den Nächten
Die Rosen deines Mundes,
Dass keine Weibin Trinken findet.

Die dich umarmt,
Stiehlt mir von meinen Schauern,
Die ich um deine Glieder malte.

Ich bin dein Wegrand.
Die dich streift,
Stürzt ab.

Fühlst du mein Lebtum
Überall
Wie fernen Saum?

Diese Definition – der Wegrand Gottfried Benns zu sein – und diese Funktion – abzustürzen, wenn man als Frau den Mann Gottfried Benn gestreift hat – sollten sich sowohl für Else Lasker-Schüler als auch für viele der nach ihr kommenden Geliebten des Dichters bewahrheiten. Lasker-Schülers poetische und intuitive Beschreibung Gottfried Benns zeugt jedenfalls von einer intimen Kenntnis des Dichter-Arztes und der von ihm ausgehenden zwischenmenschlichen Dynamik, die vor allem in diversen Liebesbeziehungen ihren Niederschlag fand.

Dieser Eindruck eines tiefen Verständnisses von Benns Psyche verstärkt sich noch, wenn man manche Passagen aus Briefen Lasker-Schülers berücksichtigt, in denen sie ihr Verhältnis zum Dichter Revue passieren lässt. Nach der Trennung von Benn schrieb sie an Franz Marc:

> Seit ich Giselher verlor, kann ich nicht mehr weinen und nicht mehr lachen. Er hat ein Loch in mein Herz gebohrt. Das blutet nicht, das steht offen wie der Grund eines ausgelaufenen Auges ... Wenn er mich so sähe, er würde mich lieben, er mag alles, was tot ist, was er wegschaffen kann.

Die ersten Zeilen klingen noch so, wie man es von einem verlassenen und deshalb traurigen Menschen erwarten darf – wenn auch in eine ungemein dichterische und expressive Bildersprache gefasst. Der letzte Satz jedoch lässt uns aufhorchen und stutzen: Hier wird auf die eigentümliche Todesnähe, ja Thanatophilie Gottfried Benns angespielt, die sein Wesen allem Anschein nach zu einem gehörigen Teil auszeichneten und die sich nach einiger Zeit in beinahe allen seinen intimen Kontakten störend bemerkbar machten. Eventuell dürfen wir in dieser Vorliebe für das Tote und Verwesende auch eine Quelle seiner späteren Anfälligkeit für die faschistische Politik und Weltanschauung vermuten.

Wenn Menschen einen thanatophilen Lebensstil entwickelt haben, können wir in ihrer Biographie häufig das Motiv großer Angst vor dem Verlust ihrer Subjekthaftigkeit nachweisen. Alles Lebendige um sie her – insbesondere andere Menschen – stellt diese Individuen als (alleinige) Subjekte empfindlich in Frage und begrenzt sie. Außerdem entgleitet dieses Lebendige nicht selten ihrer Kontrolle und Einflussnahme und bedeutet deshalb eine mögliche Reduktion ihrer Macht und unbeschränkten Freiheit.

Wenn Lebendiges zu Totem geworden ist, haben manche Menschen ein Empfinden der Überlegenheit (sie leben ja noch!). Des Weiteren beruhigt das Tote das Bedürfnis nach Überblick und Statik; die anderen Subjekte wurden durch ihren Tod in fixierte Objekte verwandelt, und die Betrachter (z. B. Pathologen wie Gottfried Benn oder Insekten-Sammler wie Ernst Jünger) dürfen sich in ihrer Rolle als (ewige) Subjekte bestätigt fühlen.

Diese seltsame Form der Bestätigung eigener Vitalität und Lebendigkeit, die besonders bei ich-schwachen und von heftiger seelischer Erkrankung bedrohten Menschen zu beobachten ist, scheint bei Gottfried Benn keine geringe Rolle gespielt zu haben. Zumindest stellte sich bei seiner nächsten Liebesbeziehung, seiner ersten Ehe mit der lebenslustigen und heiter-optimistischen Eva Brandt, eine Dynamik ein, die nach anfänglich leidenschaftlicher Zuneigung der beiden über eine Phase der Entfremdung schließlich mit dem Tode von Frau Benn endete.

Eva Brandt war bis zur Heirat mit Benn Mitte 1914 als Schauspielerin tätig gewesen. Sie gebar ihm die Tochter Nele – einen Sohn hatte sie bereits in die Ehe mitgebracht – und kümmerte sich, von Hause aus nicht mittellos, vorrangig um den Haushalt und (während der ersten Jahre) um die Aufrechterhaltung der gemeinsamen Wohnung.

Eva Brandt litt vor allem gegen Ende des Ersten Weltkriegs hin, als sich das Ehepaar schon merklich voneinander distanziert hatte und ihre Liebe längst erkaltet war, einige Jahre lang an Gallensteinen und beschloss 1921, sich diese operativ entfernen zu lassen. Nach diesem Eingriff kam es zu unerwarteten Komplikationen, an denen Frau Benn im Alter von nur 41 Jahren verstarb.

Benn unterhielt nach diesem unerwarteten Tod seiner Ehefrau mehrere Jahre lang eine Beziehung zu einer dänischen Sängerin, bei der auch seine Tochter Nele lange Zeit in Dänemark lebte und aufwuchs. Sie wird als ungemein stattliche, leidenschaftliche und vitale Dame beschrieben, die allerdings ebenfalls relativ früh verstarb; sie soll nur gute fünfzig Jahre alt geworden sein, wobei sie ab dem Ende der 20er-Jahre nur noch sporadischen Kontakt zu Benn hielt, der über sie einmal gedichtet hat: „Vergänglichkeit auch du …“

Auch seine nächste Partnerin, die Schauspielerin Lili Breda, mit der Benn eine Weile zusammen verbrachte, lebte nicht sonderlich lange. Nachdem es zu Rückzugsmanövern seinerseits gekommen war, warb Lili Breda intensiv um die Nähe zum Dichter. Als sich diese Werbung als vergeblich herausstellte, brachte sich die junge Schauspielerin direkt im Anschluss an eine telefonische Auseinandersetzung mit Gottfried Benn um. In einem Brief wenige Tage nach ihrem Tod schrieb der Dichter über den Suizid Lili Bredas:

> Warum sie es tat, wird in vielem immer dunkel bleiben … Es war viel zwischen uns, aber immer wieder liebten wir uns sehr sanft und alles verzeihend. Natürlich starb sie an oder durch mich, wie

> man sagt. Sie war mir nicht gewachsen als Ganzes oder vielmehr: Sie wollte mir in Dingen und an Stellen gewachsen oder über sein, wo sie es nicht konnte und als Frau nicht zu sein brauchte.

Im Weiteren führt er nicht detailliert aus, an welchen Stellen seine Geliebte ihm gewachsen oder sogar „über" sein wollte; möglicherweise waren es geistige Übungen und Exkurse, die Benn für Lili Breda nicht als notwendig erachtete und die er als sein eigenes Refugium definierte, das ihm die Frau an seiner Seite nicht streitig zu machen hatte.

Aus Untersuchungen zum Problem des Suizids wissen wir, dass eine solche Handlung von Menschen geplant oder auch durchgeführt wird, die sich in einer verzweifelten und ausweglos erscheinenden Lage befinden. Außerdem sind bei den Betreffenden häufig Impulse und Vorstellungen von Rache gegenüber ihrer Umwelt und ihren Angehörigen sowie von Verachtung und Strafe sich selbst gegenüber (narzisstische Krise) nachweisbar.

Neben diesen vorrangig intrapsychischen Konflikten und Krisen berichten die Suizid-Forscher jedoch auch von Themen und Problemen, die im Vorfeld von suizidalen Handlungen zwischen dem später Hand an sich legenden Individuum und seinen nächsten Bezugspersonen bestehen. Gar nicht so selten stellt die Suizid-Handlung einen Höhepunkt von lange schwelenden partnerschaftlichen Auseinandersetzungen dar, bei denen es unter anderem darum geht, dass einer der beiden Kampfhähne das Feld räumen muss, damit der andere weiterleben kann.

In solchen Fällen sind die beiden Partner bisweilen affektiv derart ineinander verkeilt, dass eine „normale Trennung" als Lösung der anstehenden Konflikte von ihnen nicht mehr zuwege gebracht wird. Möglicherweise stellte der Suizid Lili Bredas keine Reaktion dar, die lediglich auf ihr alleiniges Konto zu verbuchen war, sondern erklärt sich auch als Folge eines „gemeinsamen Entschlusses", bei dem Gottfried Benn nicht unbeteiligt war.

In den 30er-Jahren suchte und fand Benn weiterhin vitalisierende Ablenkung und Amüsement bei Künstlern und Bohemiens. Eine intensivere Beziehung ergab sich mit der Schauspielerin Tilly Wedekind, der Witwe von Frank Wedekind. Schon damals litt er immer wieder am „Schüttelfrost der Einsamkeit", wie er es nannte – eine Krankheit, die sich wie normaler Schüttelfrost äußerte, aber ohne Fieber einherging und den physiologischen Ausdruck seiner eisigen Tage verzweifelter Depression bedeutete.

Aus der psychosomatischen Praxis ist bekannt, dass Menschen, denen die Sphäre von zwischenmenschlicher Nähe und „warmen" Gefühlen fremd ist, tatsächlich an messbarer körperlicher Unterkühlung leiden können. Bei Benn dürfen wir über lange Zeiträume seiner Biographie hinweg einen derartigen seelischen und sozialen Zustand annehmen, den er selbst in manchen seiner Gedichte als Voraussetzung seiner geistigen Produktivität bezeichnet hat:

> Der Geist hat immer Tote im Gefolge,
> der Geist muss kalt sein, sonst wird er familiär.

Diese weitgehende Abwesenheit warmer Emotionen und Empfindungen war wohl auch das Fundament für den oft bis ins Mark gehenden Nihilismus des Dichters, der in vielen seiner Texte wie ein *Basso continuo* die Zeilen und Strophen durchzieht. Wer nämlich intellektualisierend und mit bloß kalten Gedanken versehen eine Orientierung im Leben sucht, kann Wertvolles und Humanes kaum oder gar nicht von Wertlosem und Inhumanem unterscheiden. Die *trahison des clercs* (Julien Benda) war und ist meist ein Verrat von gefühllosen Gelehrten, denen die Sensorien des Fühlens und des Werterkennens fehlen, und die deshalb in vielen Situationen, in denen Mitgefühl und Humanität und nicht nur „kluge Sprüche" gefordert wären, völlig hilflos und grundfalsch reagieren.

Gottfried Benn zählt auch zur großen Gruppe der gefühlskargen oder gefühlskalten Gelehrten, Künstler und Intellektuellen, die sich dem Faschismus in Europa gegenüber gleichgültig bis zustimmend eingestellt haben oder in der „inneren Emigration" zu überwintern suchten. Der Dichter distanzierte sich letztlich von den damaligen politischen Verhältnissen erst, nachdem er zunehmend von den Nationalsozialisten wegen seiner eigentümlichen Gedichte kritisiert und attackiert worden war.

Bei Benn vermuten wir also ein erhebliches Defizit des Fühlens und der Gefühlsentwicklung, das auch verständlich macht, warum er sich häufig abgestorben, kalt und „wie tot" erlebte. Gefühle nämlich verbinden uns nachhaltig mit unseren Mitmenschen und mit Werten und Werthorizonten und tragen damit wesentlich zu unserer eigenen Lebendigkeit bei. Wer sich den Luxus der Gefühlskälte leistet, bezahlt dies immer mit dem Empfinden der reduzierten Vitalität – ein Empfinden, das oft genug mit Amüsement, mit Sucht- und Rauschmitteln, mit rastloser Aktivität oder auch mit andauernd neuen Kontakten zu lebendig wirkenden Menschen kompensiert werden soll.

Benn griff – neben seiner Dichtung – vorrangig zu letzterer Strategie; er benötigte Frauen, um Leben und Gefühle um sich herum zu „installieren" und damit seine eigene Lücke scheinbar zu füllen. Weil er seine Frauen und Partnerinnen jedoch benutzte und „aussaugte", nicht aber lernend sich zu ihnen „hinaufliebte", bewirkten diese Installationen kein wirkliches und nachhaltiges Überwachsen seiner Defizite. Was Benn Liebe nannte, war eigentlich eine fieberhafte Suche nach Leben, das stärker war als sein abgestorbenes Inneres.

Kam es zu Trennungen oder gar zum Tod der Partnerin und damit zu thanatischen Atmosphären, wurden diese von Benn als Anlass und Gelegenheit zu poetischem Aufschwung und zu dichterischer Inspiration verstanden. Die Angst, die den Dichter in solchen Situationen überkommen haben muss, hielt er in Schach mittels seiner kühlen Gedanken, die er in Verse und Strophen verwandelte. Dabei machte er aus der Not eine Tugend und deklarierte das Tote zu seinem bevorzugten Studienobjekt. Auf diese Art gelang es ihm in vielen seiner Gedichte, den Prozess des Fixierens und Objektivierens seiner weiblichen Objekte auf künstlerische Art und Weise zu realisieren.

Bisweilen allerdings benötigte Benn Frauen auch „nur" zu Schreibarbeiten als Sekretärinnen. Auf diese Weise lernte er 1936 die um 20 Jahre jüngere Herta von Wedemeyer kennen, die er 1938 ehelichte. Sie war – wie übrigens die allermeisten Partnerinnen Benns – größer als er, ebenfalls stattlich, aber weniger expansiv und raumgreifend wie die Künstlerinnen und Schauspielerinnen vor ihr. Für Herta von Wedemeyer muss vorrangig auch ihr jugendliches Alter gesprochen haben.

Benns Situation hatte sich inzwischen merklich verschlechtert: Seine Praxis lief schlecht, und als Dichter war er mit einem Publikationsverbot belegt worden. Er arbeitete eine Weile erneut als Militärarzt, was für ihn jedoch mit Versetzungen weg aus Berlin verknüpft war. Zum Kriegsende hin kam es zur Flucht und Evakuierung der Benns nach Küstrin und dann nach Neuhaus an der Elbe, wo sich Herta von Wedemeyer am 2. Juli 1945 – nachdem die Verbindung zu ihrem Gatten für einige Tage abgerissen war – mit einer Überdosis Morphium das Leben nahm. Auch dieser Tod kehrt in späteren Gedichten Benns als Motiv wieder, wo er eine poetische Bearbeitung fand.

Im Herbst 1946 heiratete Benn ein drittes Mal. Seine Frau Ilse Kraul führte eine Zahnarztpraxis in Berlin und war eine Generation jünger als Benn. Man hatte sie vor dem inzwischen 60 Jahre alten Dichter gewarnt: Der Doktor Benn zieht den Tod an! Dennoch konnte sich Ilse Kraul für Benn erwärmen, wobei sie berichtete, in ihm tatsächlich auf einen völlig starren und versteinerten Menschen getroffen zu sein, dessen Wohnung einen ziemlich verrotteten Eindruck gemacht haben muss.

Das Alter seiner neuen Partnerin mag – ähnlich wie bereits bei Herta von Wedemeyer – ein gewichtiges Argument für die Wahl des Dichters gewesen sein, der bei sich selbst schon Überlegungen angestellt hatte, inwiefern er mit seiner Art und seinem Charakter zur langen Reihe der „zufälligen Tode" seiner Partnerinnen beigetragen haben mochte. Mit Ilse Kraul ehelichte Benn eine Frau, die allein von ihrem Alter her große Chancen hatte, den Dichter zu überleben und ihm das Übermaß an Leben, das er suchte und benötigte, zu garantieren.

Doch Benns personales Defizit ließ aus dem Dichter einen unersättlichen Menschen werden, dessen Bedürfnis nach Leben auch eine Ilse Kraul nicht zu befriedigen wusste. 1954 lernt er Ursula Ziebarth, eine 26-jährige junge Dame kennen, die eine Promotion über seine Lyrik abfasst und ihn ganz unverhohlen fragt, ob er ihr einen Abend und eine Nacht schenken wolle. Der inzwischen 68 Jahre alte Dichter schwenkt freudig zustimmend auf diese Affäre ein, nicht ohne darüber in einem Brief an seinen „Beichtvater“ Oelze zu berichten. Die Beziehung zu Ursula Ziebarth sei

> ... eine Art Begegnung affektiver Schichten, die einen für eine Weile fortführen von Erstarrung, Müdigkeit, Fettwerden, Ranzigwerden – von all diesen Dingen, in die ich geraten war und aus denen ich kein Entkommen sah.

Wer sich wie Gottfried Benn lange Zeit im Reich des Thanatischen aufhält und dort seine Zelte aufschlägt, erlebt sich selbst irgendwann als mehr oder minder ranzig, leblos, erstarrt oder nekrotisch. Thanatische Atmosphären wirken lähmend, und es ist deshalb kein Wunder, dass solche Menschen sich oft die Lebendigkeit von anderen holen müssen, um selbst überhaupt noch existieren und an eine Zukunft glauben zu können.

Was aber lag für Benn näher, als sich diese Vitalität von seiner jeweiligen Partnerin zu borgen? Eine Partnerschaft können wir als permanenten Osmose-Vorgang der Stimmungen, Gefühle und Affekte zweier Menschen auffassen, als oft unbewussten Austausch von Atmosphären, Einstellungen, Haltungen und Emotionen, die die „Tiefenperson“ (Friedrich Kraus) eines Menschen ausmachen. Benn hat gespürt, dass er, um selber weiterleben zu können, die Lebendigkeit, die Hoffnung und den Zukunftsglauben eines anderen Menschen dringend brauchte. Er holte sich diese Qualitäten im Kontakt mit seinen Partnerinnen und Ehefrauen und inkorporierte ihnen als „Gegengabe“ die eigenen nihilistischen Empfindungen und Ansichten.

Dass solche emotionalen Austauschprozesse in Ehen und Partnerschaften stattfinden und zur Infektion und Inkubation mit Krankheiten beitragen können, scheint nachvollziehbar. Im schlimmsten Falle stirbt man als Individuum dann nicht nur – wie Rilke immer wieder forderte – seinen „eigenen Tod“, sondern geht zusätzlich noch an der Last der Gedanken und Atmosphären des Partners zugrunde, die man mit ihm teilt und dann in sich trägt.

Bei den partnerschaftlichen Beziehungen, die Benn führte und die schlussendlich in Trennung, Krankheit oder Tod (der Partnerinnen) einmündeten, liegen zwei Fragen nahe: Hat der Dichter eventuell immer nach dem gleichen Muster zu Krankheit, Tod oder Suizid disponierte Frauen ausgewählt und deshalb wiederholt ein und denselben Verlauf seiner Liebesbeziehungen zu gewärtigen gehabt? Und was hat die jeweiligen Frauen am Dichter angezogen, sodass sie trotz gelegentlicher Warnungen vor ihm und der von ihm ausgehenden Dynamik diesen und keinen anderen Mann als ihren Liebespartner wählten?

Zur ersten Frage wollen wir anmerken, dass die Wahl eines Liebespartners ganz generell tatsächlich fast immer nach bestimmten Mustern verläuft, die die beiden Protagonisten nur selten durchschauen und noch seltener konterkarieren können. Es kann also durchaus sein, dass Gottfried Benn mit „traumwandlerischer Sicherheit“ auf Frauen stieß (bzw. nur solche als Liebespartnerinnen in Betracht zog), denen ein „leichter Hang zum Moribunden“ und – bei aller Vitalität und allem schauspielerischen Glamour – eine melancholische Grundverfassung eigen waren. Dies würde es noch verständlicher werden lassen, warum der Dichter innerhalb kurzer Zeit bei fast allen seinen Frauen die weiter oben beschriebenen Mechanismen des Eroberns, „Aussaugens“, Fixierens und Verlassens relativ gleichförmig und meist ohne großen Widerstand anwenden konnte.

Auch die zweite Frage beantwortet sich am ehesten unter der Annahme eines stereotypen Auswahlverfahrens, das Frauen und Männer an den Tag legen, wenn sie sich auf der Suche nach einem Liebespartner befinden. Allem Anschein nach konstellierte Benn Beziehungen zu Frauen, die von der (meist nur halb- oder unbewussten) Idee fasziniert waren, einen Mann „erlösen“ zu wollen.

Bei Benn nun dürfen wir annehmen, dass die Ehefrauen und Geliebten um ihn her seine erstarrten und abgestorbenen Seiten sehr wohl spürten, gleichzeitig sich aber bei ihnen Impulse meldeten, den armen Dichter aus seiner Starre und Leblosigkeit herausholen und ihn zum Fühlen, Leben und Lieben erlösen zu wollen. Insbesondere Menschen, die bei sich selbst dumpf die Notwendigkeit der Daseins-Steigerung und der Mehrung ihrer Vitalität ahnen, erweisen sich nämlich als anfällig für ein Gegenüber, bei dem diese Notwendigkeit ganz offensichtlich noch stärker ausgeprägt ist als bei ihnen selbst.

Wenn wir die von uns erörterten Fallbeispiele zur Psychosomatik der Ehe Revue passieren lassen, müssen wir feststellen, dass nicht nur das Leben ganz generell – wie Erich Kästner einmal meinte – „lebensgefährlich“ ist; ebenso bergen Ehe und Partnerschaft im Speziellen neben den Chancen der Entwicklung, des Wachstums und der gegenseitigen Förderung auch handfeste Gefahren für das körperliche und seelische Wohl der beiden Protagonisten.

Vor allem in der Kunst und in der Literatur wurde diese enge Verknüpfung von Eros und Thanatos oft in eindrücklicher Weise dargestellt. Das Motiv der Verzahnung von Liebe und Tod finden wir in den Romanen und Erzählungen Thomas Manns ebenso wie in den Dramen Arthur Schnitzlers oder in den Texten Franz Kafkas. Wir finden dieses Motiv aber auch in manchen Gedichten des Erotikers Goethe. Als Beispiel hierfür kann seine Ballade *Die Braut von Korinth* (1798) gelesen werden, in der Goethe eine antike Geschichte zusammen mit dem Sagenmotiv vom Vampir in Reime fasste.

In dieser Ballade gerät ein Jüngling, der zu Gast im Hause von Bekannten seines Vaters weilt, nachts in engen Kontakt mit einer verführerischen jungen Dame, die neben ihren attraktiven vor allem auch unheimliche Seiten aufweist. Je länger das Liebesspiel anhält, umso mehr wird dem Geliebten (und dem Leser) deutlich, dass es sich bei dieser kühlen Schönen um das Gespenst der schon verstorbenen Tochter des Hauses handelt, die dem Jüngling einst als Braut versprochen war. Zum Ende des Schäferstündchens hat sie dem jungen Mann sämtliche Lebenskraft ausgesogen, sodass auch er dem Tod geweiht ist.

Es klingt wohl nicht nur Goethes eigene Vorsicht bezüglich des Eingehens von Liebesbeziehungen an, sondern entspricht auch den Beobachtungen bei schlecht gehenden Partnerschaften, wenn der Dichter die Braut von Korinth dem Jüngling gegenüber eine Warnung vor sich selber und vor einem intimen Kontakt zu ihr aussprechen lässt:

> Opfer fallen hier,
> Weder Lamm noch Stier,
> Aber Menschenopfer unerhört.

Dass diese goetheschen Verse nicht nur dem Gehirn eines vorsichtig-skeptischen Poeten entsprangen, der sich viele Jahre seines Erwachsenenlebens den Themen der Ehe und Partnerschaft gegenüber zurückhaltend eingestellt hat, sondern eben auch der Realität so mancher krisengeschüttelten Liebesbeziehung entspricht, bestätigen inzwischen auch einige Statistiken.

So berichteten im September 1998 einige Tageszeitungen von Untersuchungen der Deutschen Angestellten-Krankenkasse (DAK), denen zufolge die Ehe insbesondere die Frauen gesundheitlich schädigen könne. Das Risiko, innerhalb einer Ehe psychisch und auch körperlich zu erkranken, sei für die verheirateten Frauen statistisch nachweisbar merklich höher als für die verheirateten Männer.

Als Grund dafür wird angegeben, dass sich die Frauen in ihren Ehen häufig zu sehr um das Wohl anderer Familienmitglieder – vorrangig der eigenen Männer – kümmern und damit – psychologisch gesprochen – eine Art Selbstverlust oder zumindest Vernachlässigung ihrer Person zulassen. Im Gegenzug konnte die DAK nachweisen, dass sich das Eheleben für die Männer äußerst förderlich auswirkt: Sie gedeihen prächtig und bleiben häufiger als ihre Gattinnen gesund. Dies ist bemerkenswert, da die Lebenserwartung für alle Männer zusammengenommen (also auch für die nichtverheirateten) im Durchschnitt deutlich unter derjenigen von Frauen liegt. Diese Untersuchungsergebnisse sind unter anderem wohl auf die unterschiedliche Rollenverteilung zurückzuführen, die das Patriarchat für Frauen und Männer immer noch bereithält.

Der Seitensprung, das „Verhältnis“ und die Prostitution

Der Seitensprung

Das Durchbrechen des Treueverhältnisses in Partnerschaften stellt ein weitläufiges Problem dar. Nach allgemeinen Schätzungen kommen Seitensprünge vermutlich in ca. drei Vierteln aller Ehen vor. Das allein genügt, um die Relevanz dieses Themas zu unterstreichen.

Die Erklärungen, die man in früheren Zeiten hierfür heranzog, waren nicht sehr tiefgründig. Man sprach z. B. von der „polygamen Veranlagung des Mannes“, wobei man übersah, dass das Patriarchat dem Manne sexuelle Freizügigkeit einräumte, die Frau aber zur strikten Einhaltung der Monogamie zwang. Aber auch die strengste soziale Kontrolle konnte nicht verhindern, dass die Frauen ebenfalls zur Polygamie tendierten. So kamen denn kritische Geister zum pessimistischen Schluss, dass der Mensch wesensmäßig nicht zum monogamen Verhalten tauglich sei; nur der Kulturzwang bewirke eine relative Treue der Geschlechter, breche aber bei möglichen Versuchungen immer zusammen.

Gleichwohl behielt das Treue-Ideal über alle Zeiten hinweg seine Anziehungskraft; es besteht auch kein Zweifel, dass es viele Partnerschaften gibt, in denen es eingehalten wird. Daher bedarf der Ausbruch des einen oder anderen Partners aus Liebe und Partnerschaft einer psychologischen Erklärung. Welches Motiv mag diesem Verhalten zugrunde liegen, das eine Liebesbeziehung in Gefahr zu bringen pflegt?

Die klinische Erfahrung lehrt, dass der Seitensprung in der Regel nicht einfach aus triebhaften Bedürfnissen erfolgt. Es mag Sonderfälle geben, wo Triebnöte eine entscheidende Rolle spielen: etwa bei langer Erkrankung des Liebespartners oder bei seiner Abwesenheit über Wochen und Monate hinweg. Aber die von uns anvisierte Seitensprung-Thematik visiert nicht solche Ausnahmesituationen an. Wir wollen erklären, warum man auch trotz Erreichbarkeit des permanenten Partners anfällig für „Abenteuer“ ist.

Therapeutische Beobachtung zeigt, dass Treuebrüche in der Liebe oft einen Racheaffekt zum Ausdruck bringen. Im alltäglichen Zusammenleben kommt es immer wieder zu Frustrationen, die sehr schmerzlich sind. Man fühlt sich durch den Partner gekränkt, erniedrigt und beleidigt. Das Selbstwertstreben ist angeschlagen, und man sucht instinktiv nach einem Ausgleich. Man will es dem Partner heimzahlen, dass er einem Unterlegenheitsgefühle vermittelt hat. Die Eroberung eines anderen Geschlechtspartners stellt eine solche Kompensation dar. Nun hat man sogar eine gewisse Überlegenheit gegenüber dem geschädigten Du hergestellt; wenn das heimliche Größengefühl nicht ausreicht, das Rachebedürfnis zu befriedigen, dann kann man auch noch ein Geständnis beifügen, das den Liebespartner entscheidend zu treffen vermag. So führt der Kampf der Geschlechter zu allerlei Techniken der unbewussten Wertverminderung des anderen, um die eigene Position im ehelichen oder partnerschaftlichen Zweikampf zu befestigen.

Die Treuebrüche in den Partnerschaften haben aber noch andere Gründe als die soeben erwähnten. Wenn wir den Seitensprung als einen Racheakt gegenüber dem Partner definieren, denken wir an spezielle Anlässe und aktuelle Handlungsmotive. Es gibt jedoch auch Charakterstrukturen, die ungeachtet der jeweiligen Konfliktlage in der Liebesbeziehung zur Treulosigkeit tendieren.

In vielen Charakteren liegt ein schizoides, zwanghaftes Element, das Angst vor der Hingabe mit sich bringt. Für einen Menschen mit Hingabeangst ist eine emotionale Dauerbindung eine stete Gefahr, sich selbst zu verlieren. Um sich nun die psychische Autonomie und Autarkie zu beweisen, kann ein solcher Mensch es für zweckmäßig ansehen, sich von Zeit zu Zeit oder auch dauernd teilweise aus der Beziehung herauszunehmen; der Seitensprung wird zum Hilfsmittel der gefühlsmäßigen Distanzierung. Wer einen Zweitpartner im Hintergrund hat, schließt sich viel weniger an seinen Hauptpartner an als jener, der sich ganz auf ein Du zu konzentrieren versucht.

Ein weiterer Grund für Treuebrüche mag in einer undifferenzierten und blockierten Persönlichkeitsentwicklung liegen. Orale, anale und phallische Charaktere sind oft von Einverleibungsgier, Besitzstreben und Anerkennungshunger beherrscht. Die Eroberung von „Zusatzpartnern“ befriedigt meistens Ehrgeizmotive und Machtambitionen. Vor allem wenn in anderen Lebensbereichen Frustrationen auftreten, ist die Sphäre der Liebe und der Sexualität ein Terrain, auf dem billige Triumphe gefeiert werden können. Hier kann man den Wahn der persönlichen Unwiderstehlichkeit züchten, wie überhaupt der Sexus nicht selten dem heimlichen Größenwahn zu dienen hat. Wer sexuelle Abenteuer sucht und findet, kann sich als eine Art „Pascha“ fühlen, der immerhin einen Miniatur-Harem für sich beanspruchen darf.

Es sei auch noch das Motiv des Hedonismus (Lusthunger, zwanghaftes Glücksstreben) genannt, das in der erotischen oder sexuellen Unbeständigkeit ins Gewicht fällt. Enttäuschte und zynische Menschen haben Angst davor, ihr Leben als Ganzes zu sehen und zu planen. Am liebsten lösen sie es in „lustbetonte Zeitpunkte" auf, die wenig Zusammenhang haben. Das Vergnügen wird zum existenziellen Hauptfaktor; auf diese Weise verdrängt man das Bewusstsein der eigenen Gewichts- und Standortlosigkeit. Jeder Hedonismus erwächst aus einem nihilistischen Lebensgefühl, d. h. aus einem Mangel an Wertorientierung.

Wenn es zu einem einmaligen Treuebruch oder ganz seltenen Seitensprüngen kommt, ist es empfehlenswert, die Sache nicht allzu sehr zu dramatisieren. Gewiss ist die „geschädigte" Person im Innersten gekränkt; eine narzisstische Verletzung ist in solchen Fällen unvermeidlich. Denn die Liebe des Partners kann kaum je mit irgendjemandem geteilt werden. Man will sie allein und unumschränkt besitzen.

Das mag in anderen Epochen nicht so gewesen sein; beim heutigen Menschen muss man hiervon als einem gegebenen Faktum ausgehen. Es gab Zeiten, wo Vielweiberei zum Beispiel die Regel war; aber auch dort wird vermutlich eine der zahlreichen Partnerinnen die Hauptfrau gewesen sein. Die anderen mussten sich in ihren Sekundärstatus fügen; vielleicht empfanden sie das nicht als Härte, weil dies Sitte und Brauchtum war.

Mann und Frau in der Neuzeit verbinden sich miteinander gewöhnlich mit dem Ausschließlichkeitsanspruch. Manche linksradikale Kreise führten dies ideologisch auf die „bourgeoise Besitzhaltung" zurück, welche durch revolutionäre Gesinnung überwunden werden sollte. Experimente mit dieser Zielrichtung misslangen allesamt. Der Partnertausch ist vielleicht viel kleinbürgerlicher, als die Revoluzzer dachten. Wer seinen Partner liebt, will ihn für sich allein haben, selbst wenn er (oder sie) mit irgendeiner Art von Kulturbolschewismus liebäugelt.

Das Ausbrechen des Partners aus der Liebe oder Ehe sollte – sofern es ein rarer Vorfall ist – als Hinweis darauf genommen werden, dass man die Liebeswerbung um ihn verstärken muss. Der oder die Geschädigte hat zunächst ein moralisches Übergewicht, denn der andere hat „gesündigt". Man soll diese scheinbare Überlegenheitsposition in keiner Weise ausnutzen. Vorwürfe, Beschuldigungen usw. nützen nichts.

Je gefasster und liebevoller man um die Rückkehr des Partners wirbt, um so eher kann man ihn für sich gewinnen. Fühlt man sich durch diese Aufgabe überfordert und handelt es sich um mehr als einen Gelegenheits-Treuebruch, dann sollte das Opfer einen Psychotherapeuten aufsuchen, um mit ihm die Situation durchzuarbeiten. Noch besser ist es, wenn die *beiden Beteiligten* den Weg zum Seelenarzt finden; meistens gibt es tiefer liegende Dissonanzen, die vom Laien weder erkannt noch verändert werden können. Eine angeknackste oder zerbrochene Partnerschaft bedarf der Psychotherapie, um eventuell wieder geheilt zu werden.

Rudolf Dreikurs sagt in seinem Buch *Die Ehe – eine Herausforderung* (1976) mit Recht:

> Unsere Anfälligkeit gegenüber Versuchungen erwächst aus Enttäuschung, Streitigkeiten und Gegensätzen, die so oft in der Ehe vorkommen. Die Sehnsucht nach Abwechslung kommt nicht zufällig, sondern immer in unmittelbarem Zusammenhang mit gewissen Ehekonflikten. Polygame Tendenzen erheben sich, wenn eine Person in ihrer Liebe entmutigt ist, wenn sie sich zurückziehen oder strafen oder Vorrechte und die Rechte ihres Geschlechtes herausstellen möchte. Kein Mensch, der völlige Befriedigung in seiner Ehe findet, schaut sich anderswo um. Aber da unsere Liebesfähigkeit durch allgemeine Entmutigung und Kummer begrenzt ist, fühlt fast jeder in gewissen Perioden seines Lebens die Sehnsucht nach Abwechslung. Besonders, wenn wir älter werden, ist es das Verlangen, unsere Fähigkeit des Eroberns und Gewinnens zu beweisen, was oft zu Sehnsucht nach anderen Erlebnissen führt.

Das „Verhältnis"

Das Verhältnis stellt sozusagen eine Steigerung des passageren Seitensprungs dar. Hier handelt es sich um länger dauernde Beziehungen, die parallel zu einer Ehe oder ähnlichen Zweierbeziehung unterhalten werden. Man spricht in diesem Zusammenhang von der „Zweitfrau" bzw. dem „Zweitmann".

Wer sich so einrichtet, führt ein „Doppelleben". Sofern der (die) Betreffende diese „Nebenliebe" verschweigt, muss er (sie) ein Lügengespinst entwickeln und viele Geheimnisse vor dem Partner haben. Das macht das alltägliche Leben ziemlich schwierig. Aber für viele Charaktere ist das Lügen und Verheimlichen fast ein existenzielles Bedürfnis. Es trennt sie von ihrem permanenten Gegenüber und schafft eine Sphäre von Einsamkeit und imaginärer Überlegenheit. Solcherlei wird meistens schon in der Kindheit eingeübt und im späteren Leben beibehalten.

Sofern man den Partner zum Mitwisser des Verhältnisses macht, ist die Demütigung für ihn offensichtlich. Der eheliche Kampf wird nun nicht mehr im Verborgenen ausgetragen, sondern im hellen Lichte des Tages. Der Austausch von Gefühlen versiegt fast immer. Man lebt nur noch nebeneinander, wenn nicht gar gegeneinander.

Wir wollen nun nicht das Wesen und die Kalamitäten der Zweit-Beziehung nüchtern abhandeln, sondern sie uns durch einen Dichter erläutern lassen. Arthur Schnitzler (1862–1931), der große österreichische Erzähler und Dramatiker, kreiste oft in seinen Werken um dieses Thema. Seinen ersten größeren Theatererfolg errang Schnitzler mit seinem dreiaktigen Schauspiel *Liebelei* (1896), das unter anderem deshalb berühmt wurde, weil es den Typus des „süßen Mädels" erstmals und eindrücklich auf die deutsche Bühne brachte. Für die Franzosen war dieser Typ nicht neu; sie kannten ihn bereits aus Paul de Kocks *La Jolie Fille du Faubourg* und natürlich auch aus Henri Murgers *Scènes de la vie de bohème*; in Österreich hat Nestroy mit seiner Komödie *Das Mädl aus der Vorstadt* (1841) das Problem der Proletarier- und Kleinbürgertöchter thematisiert, die ihr trostloses Näherinnendasein durch Liebschaften mit „Herren aus den höheren Ständen" verschönten. Anhand von *Liebelei* wollen wir zumindest einen Teilaspekt der Probleme von Protagonisten eines Verhältnisses veranschaulichen.

Das Stück wurde 1895 am Wiener Burgtheater uraufgeführt. Der Intendant befürchtete einen Skandal, da die „süßen Mädel" so liebenswürdig geschildert waren, dass die im Theater sitzenden Comtessen sie allenfalls zum Vorbild nehmen konnten; welche Gefahr der Sittenverwilderung für den Adel, der Lasterhaftigkeit genoss, aber das Objekt des Lasters nicht gerne sympathisch dargestellt sah! Auch hielt man es für schockierend, dass die Liebhaberinnen Mizi Schlager und Christine Weiring „unbegleitet" eine Junggesellenwohnung betraten, um mit ihren beiden Partnern ein privates Diner einzunehmen.

Liebelei ist eine Tragödie, die von ferne an Schillers *Kabale und Liebe* erinnert. Fritz Lobheimer und Theodor Kaiser sind zwei junge Lebemänner, die das Leben ohne speziellen Aufgabenkreis genießen. Sie besuchen Vorlesungen, gehen ins Kaffeehaus, spielen Klavier und machen Besuche: Bei all dem langweilen sie sich nicht wenig. Die schönsten Abwechslungen sind für sie Liebesaffären. Der vernünftige Theodor stürzt sich hierbei nicht in emotionale Unkosten, indem er sich mit der leichtlebigen Mizi Schlager einlässt, die ihn für die Dauer eines Frühlings lieben und dann wieder vergessen wird. Fritz ist hierin weniger klug. Er hat sich mit einer verheirateten Frau liiert, mit einer dämonischen Hysterika, die ihm Szenen macht und sich von ihm am liebsten auf abenteuerliche Weise entführen lassen will. Es muss stets befürchtet werden, dass der Gatte dieser Geliebten dem Ehebruch auf die Spur kommt, was unweigerlich ein Duell nach sich ziehen wird.

Theodor will seinen Freund Fritz zur harmlosen Liebelei erziehen und hat deshalb die Mizi gebeten, ihre Freundin Christine zum Diner mitzubringen, die Fritz schon bei Gelegenheit kennen gelernt hat. Sie gefiel ihm auch recht gut, und auf eine entsprechende Frage des Freundes antwortet er:

> *Fritz*: Gewiss ist die lieb! ... So lieb! Und du hast ja gar keine Ahnung, wie ich mich nach so einer Zärtlichkeit ohne Pathos gesehnt habe, nach so was Süßem, Stillem, das mich umschmeichelt, an dem ich mich von den ewigen Aufregungen und Martern erholen kann.

Theodor: Das ist es, ganz richtig! Erholen! Das ist der tiefere Sinn. Zum Erholen sind sie da. Drum bin ich auch immer gegen die so genannten interessanten Weiber. Die Weiber haben nicht interessant zu sein, sondern angenehm. Du musst dein Glück suchen, wo ich es bisher gesucht und gefunden habe, dort, wo es keine großen Szenen, keine Gefahren, keine tragischen Verwicklungen gibt, wo der Beginn keine besonderen Schwierigkeiten und das Ende keine Qualen hat, wo man lächelnd den ersten Kuss empfängt und mit sehr sanfter Rührung scheidet.

Fritz: Ja, das ist es.

Diese Playboy-Philosophie um 1900 war gewiss brauchbar für den Typus der Schlager-Mizi; sie erweist sich aber als sehr untauglich bezüglich der Christine, die das *Lieben* noch nicht zum *Liebeln* entwertet hat. Sie ist die Tochter eines Geigers am Theater, der in seiner Jugend hoch fliegende Komponistenpläne hatte, die sich ihm nicht erfüllten. Die Mutter ist gestorben; Vater und Tochter sind in rührender Anhänglichkeit miteinander verbunden. Der alte Weiring gönnt seinem Kinde ein bisschen Liebesglück, das er durch Moraleinsprüche nicht stören will. Er weist auch eine wohlmeinende Nachbarin ab, die seine Tochter mit einem biederen Handwerker verkuppeln will. Hier geht es um bürgerliche Emanzipation um die Jahrhundertwende; der Musikus Weiring ist nicht mehr der Musikus Miller (aus *Kabale und Liebe*), der den Weltuntergang nahen fühlt, wenn für die Tochter die Gefahr des Geliebt- und Verlassenwerdens aufscheint.

Die lustige Mizi und die innige Christine werden vom Autor prachtvoll kontrastiert. Christine erhebt Anspruch auf die ganze Liebe ihres Partners, weil sie selbst dazu bereit ist, rückhaltlos zu lieben. Fritz empfindet diesen Gefühlsreichtum als rührend, ist aber nicht in der Lage, ihn entsprechend zu erwidern. Denn die dämonische Liebschaft mit der verheirateten Dame geht der gefürchteten Katastrophe entgegen; der Gatte hat die Briefe des Ehebrechers an seine Frau entdeckt und fordert nun die übliche Satisfaktion. Ein Duell ist nach dem Kodex der Epoche unvermeidbar. Der Besuch des betrogenen Ehemannes bricht in das heitere Diner in Fritzens Junggesellenwohnung ein, ohne dass den beiden Vorstadtmädeln gesagt wird, worum es sich handelt.

Am Tage darauf findet das Duell statt, bei dem Fritz getötet wird. Christine erfährt den Ablauf des Geschehens erst nach der Beerdigung, da sie nicht standesgemäß genug ist, um zusammen mit den allernächsten Verwandten und Freunden der Trauerfeier beizuwohnen. So erleidet sie nicht nur den Verlust ihres Partners, sondern fühlt auch die soziale Demütigung, die im Verhältnis selbst lag und nun zur Diskriminierung beim Begräbnis führt. Auch ist sie zutiefst darüber betroffen, dass das Duell um einer anderen Frau willen stattfand, während sie in Sehnsucht und Liebe auf ihn wartete. Theodor, der ihr die Nachricht vom Tode des Freundes überbringt, erklärt in einer charakteristischen Fehlleistung, dass Fritz am Morgen vor dem Duell *auch* von Christine gesprochen habe. Darauf der ergreifende Gefühlsausbruch des Mädchens:

> *Christine*: Auch von mir hat er gesprochen! Auch von mir! Und von was denn noch? Von wie viel andern Leuten, von wie viel anderen Sachen, die ihm grad soviel gewesen sind wie ich? – Von mir auch! Oh Gott! – … Und von seinem Vater und von seiner Mutter und von seinen Freunden und von seinem Zimmer und vom Frühling und von der Stadt und von allem, von allem, was so mit dazu gehört hat zu seinem Leben und was er grad so hat verlassen müssen wie mich … von allem hat er mit Ihnen gesprochen … und auch von mir …
>
> *Theodor* (bewegt): Er hat Sie gewiss lieb gehabt.
>
> *Christine*: Lieb! – Er? Ich bin ihm nichts gewesen als ein Zeitvertreib – und für eine andere ist er gestorben! Und ich – hab ihn angebetet! Hat er denn das nicht gewusst? … Dass ich ihm alles gegeben hab, was ich ihm hab geben können, dass ich für ihn gestorben wär – dass er mein Herrgott gewesen ist und meine Seligkeit – hat er das gar nicht bemerkt? Er hat von mir fortgehen können, mit einem Lächeln, fortgehen aus diesem Zimmer …

Christine will zu Fritzens Grab, und da Theodor sie nicht dorthin zu führen wagt, eilt sie in höchster Erregung aus dem Hause; die Zurückbleibenden können die Vermutung nicht abweisen, dass sie sich ein Leid antun wird. Der alte Weiring jedenfalls sinkt schluchzend zu Boden und äußert in seiner Verzweiflung: „Sie kommt nicht wieder – sie kommt nicht wieder!“ Dem Charakter Christinens, die mit ihrer Liebe zu Fritz ihren höchsten Lebenswert eingebüßt hat, würde ein Suizid durchaus entsprechen. Sie ist nicht der Typ, der den einen Liebhaber und Freund durch einen anderen Partner mühelos ersetzen kann. Wer zur Liebe fähig ist, kann sich nicht mit der Liebelei begnügen. Schnitzlers Stück handelt von der engen Nachbarschaft zwischen Liebe und Tod und stößt damit in die tiefere Dimension der Daseinsdramatik vor, in die der Eros wesensmäßig hineinführt.

Man wird angerührt von dieser Tragödie des Vorstadtmädels und des feinen jungen Herrn, die letzten Endes einen merklichen sozialkritischen Einschlag hat. Aber Sozialkritik war nicht Schnitzlers hauptsächliches Thema. Als Grundmotiv seiner literarischen Produktion erscheint uns eher die Idee von der Unmöglichkeit der Liebe in der bestehenden Welt. Dagegen lehnt sich dieser sensible, grüblerische und von einem Hauch von Schwermut umwitterte Autor unablässig auf. Schnitzlers Dichtung verkündet eine tragische Weltschau. Man nannte ihn übrigens gelegentlich „Freuds Doppelgänger in Wien", weil er ähnlich wie der Begründer der Psychoanalyse von den Themen „Liebe und Tod" zeitlebens fasziniert war. In Schnitzlers literarischer Welt liegt ein Grundzug von Melancholie, der aus der Einsicht erwächst, dass die Menschen mit dem Eros leichtfertig und unvernünftig umgehen.

Wir sind uns wohl bewusst, dass wir mit dem Verweis auf das obige Theaterstück nur *einen* Aspekt unseres Themas anvisiert haben. Man könnte auch explizit Verhältnisse schildern, wo man ausführlicher auf das Leben und Erleben der „treubrüchigen Frau" eingehen würde. Psychologisch ist noch nachzutragen, dass man oft beim „Zusatz-Partner" eine Lücke im Selbstvertrauen und in der Selbstachtung findet. Wer ein intaktes Selbstwertgefühl hat, wird meistens so lange suchen, bis er einen Partner für sich allein gewinnen kann. Wo aber die eigene Kontakt- und Beziehungsfähigkeit blockiert ist, begnügt man sich mit einer „Ersatzlösung", die als existenzielle Vereinfachung erscheint, aber doch wieder zahlreiche Komplikationen nach sich zieht.

Prostitution

Ein noch schlimmerer Antagonist zur dauerhaften Zweierbeziehung ist die Prostitution. Das ist ein uraltes Menschheitsproblem; gab es doch die käufliche Liebe schon in den frühen Kulturen, und sie hat sich über alle Zeiten hinweg am Leben erhalten. Im Altertum bestand sogar die heilige Tempelprostitution, wobei die Priester unheilige Reichtümer einsammelten. Ein Pharao im alten Ägypten soll sogar seine kostspielige Pyramide dadurch finanziert haben, dass er seine Tochter als Prostituierte arbeiten ließ.

Die Prostitution wird definiert als „die finanziell motivierte Preisgabe des eigenen Körpers für sexuelle Zwecke" (Bornemann 1978). Andere Definitionen hierfür sind z. B. „sich öffentlich bloßstellen" oder „seinen Körper öffentlich zur Unzucht preisgeben". Bornemann weist darauf hin, dass die Prostitution „eine ältere Institution als die Ehe" sei. Frauen haben sich seit unvordenklichen Zeiten prostituiert bzw. prostituieren müssen. Das entsprach dem patriarchalischen Bild von der weiblichen Geschlechtsrolle. Die Frauen sollten sich den männlichen Sexualwünschen fügen, und sie mussten auch als pure Geschlechtswesen fungieren.

Das Gewerbe der Prostitution floriert, weil es seinen Kunden die Erfüllung von ansonsten nur schwer zu erfüllenden Wunschträumen verspricht. So gibt es heute nach Bornemann einen großen Prozentsatz von Prostituierten, die sich entweder ausschließlich oder teilweise dem Fetischismus, der Homosexualität, dem Sadismus und dem Masochismus widmen (a. a. O., S. 444).

Es wäre zu weitläufig, auf diese Formen der Prostitution sowie auf die männliche Prostitution und die homosexuelle Prostitution einzugehen. Wir beschränken uns deshalb hier auf die heterosexuelle Prostitution von Frauen, welche die genannten Randphänomene der Prostitution bei weitem überwiegt.

Bornemann wirft die Frage nach dem Hintergrund der großen Verbreitung „der altmodischen heterosexuellen Prostitution" auf, von der man bei oberflächlicher Betrachtung vermuten könnte, dass ihre Grundlage durch die Liberalisierung der Sexualität seit den siebziger Jahren entfallen sei, und bemerkt hierzu:

> Aber das ist nicht so. Viele Männer gehen nicht etwa deshalb zu Huren, weil sie keine „anständigen" Frauen finden, sondern weil sie bei diesen keine Befriedigung erlangen können. Die Zahl der Männer, die unfähig sind, mit Frauen zum Orgasmus zu gelangen, die sie „respektieren", ist groß.

Die hiermit angesprochene Nachfrage nach der spezifischen Dienstleistung, welche im Prostitutionsgewerbe angeboten wird, lässt die Prostitution florieren. Jedenfalls ist die unerhörte Verbreitung dieser Form des Sexuellen unbestritten. Vor einiger Zeit (1997) las man in den Zeitungen, dass der jährliche Umsatz innerhalb der käuflichen Liebe in der Bundesrepublik auf ca. 40–80 Milliarden Mark geschätzt wird. Genaue Zahlen sind begreiflicherweise nicht erhältlich. Wenn aber die Schätzung einigermaßen stimmt, dann bedeutet das, dass täglich einige hunderttausend Männer zu Prostitutions-Konsumenten werden.

In der Prostitution beobachten wir eine extreme Verdinglichung des Menschen und eine Kommerzialisierung des Geschlechtsverkehrs bzw. seine Mechanisierung. Wie in anderen Bereichen ebenso, kann auch hier registriert werden, dass in unserer Gesellschaft ein Mangel an Sozialinteresse und Beziehungsfähigkeit vorliegt, der häufig zu Versuchen führt, ihn mit Geld zu kompensieren. Es liegt doch offenbar eine Absurdität darin, dass man für einen gewissen Betrag einen anderen Menschen (vorübergehend) kaufen und benützen kann. Die Prostituierte selbst sieht sich in ihrem Job als „Geschäftsfrau". Sie bedarf des Geldes, und ihr Körper ist die Ware, die sie zu dessen Aneignung einsetzt.

Zur Klärung dieser absurden Situation reicht vermutlich die Psychologie allein nicht aus. Es müssen die Nachbarwissenschaften der Soziologie, der Ökonomie, der Anthropologie und der Philosophie mit herangezogen werden. In der hier versuchten Erörterung der Prostitution steht jedoch der tiefenpsychologische Gesichtspunkt im Vordergrund.

Über die Lebensgeschichte von Prostituierten oder Callgirls ist schon sehr viel publiziert worden. Gewiss hat jede Frau, die in diesen „Beruf“ hineingerät, eine individuelle Biographie. Aber global kann man sagen, dass diejenige, die gezwungen oder halbwegs freiwillig sich prostituiert, auf der Leiter der gesellschaftlichen Hierarchie zu einer tiefen Stufe hinabsteigt. Für einen solchen Abstieg ist sie entweder durch ihre frühe Sozialisation oder durch spätere Lebensschicksale disponiert worden. Oft allerdings wird auch brutale Gewalt, List und Verführung von Seiten der Männerwelt eingesetzt, um eine Dirne zu kreieren. Die Mauer von Einschüchterung, ökonomischer und emotionaler Abhängigkeit ist vielfach so hoch, dass sie die „Sexualgefangene“ nicht übersteigen kann. Die UN-Sonderberichterstatterin Radhika Coomeraswamy geht in einem Bericht an die UN-Menschenrechtskommission von mindestens 10 000 verschleppten und zur Prostitution gezwungenen Frauen pro Jahr aus, zwischen 80 und 90 Prozent von ihnen stammen aus Osteuropa. Deutsche Männer scheinen dabei unersättlich. Wenn auch genaue Zahlen hierzu nicht vorliegen, steht fest, dass die Frauen aus osteuropäischen Ländern die Frauen aus Thailand und den Philippinen nicht verdrängt haben (laut einer dpa-Meldung von 1997).

Da die Frauen noch mehr als die Männer zum Masochismus erzogen werden, schickt sich eine große Mehrheit in die Lage, in die sie sich durch die Macht der Umstände verfangen hat. Ist man einmal tief unten, dann fehlt in der Regel die Kraft, sich wieder in die Freiheit hinaufzuarbeiten. Gewaltandrohung und Erpressung von Seiten der Schlepper und Zuhälter erschwert den Frauen die Rückkehr in die Normalität. Zudem wird das Problem der sexuellen Ausbeutung dieser Frauen dadurch schier ausweglos, dass Prostitution als Schmuddelthema verdrängt wird.

Für den Psychologen sind vier Problembereiche relevant: 1. der Kunde in der Prostitution; 2. die Dirne; 3. die sexuellen Vorgänge; 4. die Welt der Prostituierten.

Weiter oben wurde bereits darauf hingewiesen, dass der männliche Konsument von käuflicher Sexualität mehr als nur Lust und Entspannung sucht. Auch die Prostituierte setzt mehr als nur ihre Sexualorgane ein. Kate Millett sagt in ihrem Buch *Das verkaufte Geschlecht*:

> Was die Prostituierte in Wahrheit verkauft, ist nicht Sex, sondern ihre Entwürdigung. Und der Käufer, ihr Kunde, kauft nicht Sexualität, sondern Macht, die Macht über einen anderen Menschen, das berauschende Gefühl, für eine bestimmte Zeit über den Willen eines anderen Menschen zu verfügen, die beglückende Möglichkeit, eine Aktivität zu lenken und zu bestimmen, die wohl am schwersten zu erzwingen ist und gewiss am stärksten von der Scham und von Tabus beherrscht wird (Millett 1981, S. 105).

Trotz der Macht-Hypothese ist es aber natürlich ein sexuelles Bedürfnis, das den Kunden der Dirne motiviert. Bei oberflächlicher Betrachtung könnte man davon ausgehen, dass die sexuelle Bedürftigkeit der Männer die Prostitution am Leben erhält. Aber ein notwendiges Band zwischen Sexualnot und Dirnentum ist schwer zu begründen. Denn es bestünde ja auch die Möglichkeit, dass der Mann um geeignete Frauen wirbt und kurz- oder langfristige Beziehungen aufbaut, in denen der Sexus befriedigt wird. Aber dazu fehlt es bei vielen Männern an Geduld, Geschicklichkeit und Emotionalität. Sie weisen das auf, was Fritz Künkel den „kleinen Spannungsbogen" nennt, den er für essenziell beim neurotischen Menschen ansieht.

Man könnte auch an die Auffassung von Alfred Adler erinnern, der in jedem Menschen ein ehemals verwöhntes Kind oder einen Selbstverwöhner sah. Wer durch Verzärtelung oder Selbstverzärtelung geprägt ist, hat auf dem Grunde seiner Seele folgende dringende Wünsche: 1. alles haben wollen; 2. alles sofort haben wollen; 3. alles erhalten, ohne sich dafür anstrengen zu müssen. Können diese Imperative der Privatlogik des verwöhnten Menschen befriedigt werden, so gehen sie ein Junktim mit den sexuellen Bestrebungen ein, wo die dem neurotischen Charakter zugrunde liegenden Minderwertigkeitskomplexe und die entsprechenden Machtvorstellungen durch sexuelle Handlungen beschwichtigt werden können.

Es sind also unter anderem das Geltungsstreben und die Beziehungsarmut der Männer, die sie zur Prostitution hinführen. Zwar handelt es sich dabei um ein schäbiges Gefühl der Überlegenheit, aber es liegt immerhin ein Abglanz von Allmacht darin, wenn man einen Mitmenschen als eine Sache behandelt, die man für Geld kaufen kann. Der Kunde, der seinen billigen Triumph kauft und genießt, ähnelt dabei dem Manchester-Unternehmer, der Arbeitssklaven kaufte und verbrauchte; aber auch dem Sklavenhalter, der Neger lebenslänglich für seine Produktion und Herrschaft erwarb.

Nun aber zur Prostituierten selber, die zur Komplizin des düsteren Geschehens wird. Sie übernimmt die Rolle, die ihr das Patriarchat in seinen schlimmsten Ausgestaltungen und Ideologien zuschreibt. Das kann sie nur, wenn hinter ihrem narzisstischen und eventuell aufmüpfigen Gebaren eine kräftige Portion Masochismus vorhanden ist. Da sie in eine Entwürdigung einwilligt, ist zu vermuten, dass ihr Selbstwertgefühl und ihr Selbstwertstreben gestört sind. Es wird dann auch durch den „Beruf" weiterhin zersetzt und zermürbt. Nicht umsonst gehört bei vielen Dirnen zu ihrer Tätigkeit die Abhängigkeit von Alkohol und Drogen.

Das Funktionieren auf der reinen Körperebene zu Erwerbszwecken weist darauf hin, dass bei der Prostituierten die Personalität und die Emotionalität durch die Kindheit und das spätere Leben stark verletzt worden sind. Wer z. B. in der Kindheit Opfer eines sexuellen Missbrauchs war, kann in den meisten Fällen nur eine unzulängliche Körper- und Seelenintegrität entwickeln. Als Reaktion auf das Trauma wird dann aktiv wiederholt, was früher passiv erlitten wurde. Das ist eine Art Selbstheilungsversuch, der aber zur Lösung des Problems nur wenig beiträgt.

Wäre das Bewusstsein von Person und Freiheit in den Prostituierten existent, dann würden auch jene, die durch physischen und materiellen Zwang zur Prostitution gezwungen werden, vielfache Akte der Revolte und Auflehnung vollbringen. In den Nachrichtenmedien wird jedoch selten über derartige Aktionen berichtet, welche die Öffentlichkeit erreichen und alarmieren könnten. Das liegt einerseits vermutlich an der Einschüchterung dieser Frauen durch die Zuhälter und die Bordellbesitzer, andererseits spielt aber auch die beschriebene Disposition auf Seiten der Frauen mit, dass sie sowohl Opfer als auch oft Mitschuldige sind.

Auf das hier diskutierte Thema angewendet, legt das die Vermutung nahe, dass die Prostituierte in vielen Fällen auch ihren Krankheitsgewinn im Sinne der Psychoanalyse bei ihrem Gewerbe hat. Ihr Dasein wird durch den Beruf sehr simplifiziert. Liebe, Partnerschaft, Ehe, Berufsleben usw. sind sehr komplexe soziale Gegebenheiten, die schwierige Anpassungsleistungen erfordern. Das Dirnentum hingegen reduziert die Existenz auf wenige Sexualhandlungen und sehr vereinfachte Sozialbeziehungen, die allerdings Herrschaft und Knechtschaft beinhalten.

Ein weiterer Gesichtspunkt, der zur Erklärung des Phänomens beitragen könnte, besteht in der Beruhigung der sozialen Absteigerin, wenn sie „unten angekommen ist". Wer in der Normalwelt nicht recht Fuß fassen konnte, glaubt häufig in der sozialen Unterwelt eine Rückzugsmöglichkeit zu gewinnen, welche Sicherheit bietet vor den Anforderungen der Realität, der man sich nicht gewachsen fühlt. Oder aber die „Halbwelt" mit ihrem trügerischen Glanz ist die Zuflucht für jene, denen es nicht attraktiv erscheint oder denen die Voraussetzungen fehlen, sich ins mittlere Menschenleben zu integrieren.

Die Prostitution ist in vielen Fällen mit der Welt des Kriminellen eng verwandt, die ebenfalls aus dem Blickwinkel des Bürgers verbannt wird, aber viele Strukturen von Wirtschaft, Sozialleben und Verkehr durchdringt. Eine Kultur, die es den betroffenen Frauen erschwert, ein Dasein in Würde, Selbstachtung, Sicherheit und freier Entfaltung zu führen, kann nicht den Anspruch erheben, der Verwirklichung von Mitmenschlichkeit nahe zu kommen.

So wird das Verhältnis von Mann und Frau, von Geld und Sexus, von Lust und Entwürdigung zu einem Mikrokosmos, der auf die ethischen Defizite des gesellschaftlichen Makrokosmos verweist. Solange Wertunterschiede zwischen den Geschlechtern Geltung haben, solange historisch gewachsene Vorurteile zur Entwertung des Sexus beitragen und die Gleichwertigkeit von Mann und Frau erschweren, werden die menschlichen und kulturellen Verhältnisse hiervon beeinträchtigt sein. Maßnahmen, die nicht an der Wurzel dieses Problems ansetzen, sind deshalb nur eingeschränkt hilfreich bei dessen Sanierung.

Unseres Erachtens gehört das Thema „Prostitution“ in den Bereich dessen, was man den „alltäglichen Sexual-Faschismus“ nennen könnte. Die Menschen unserer Epoche fragen sich – wenn sie Geschichtsbewusstsein haben –, wie der Faschismus mit allen seinen Gräueln und Barbarismen möglich war. Wer nicht ganz borniert und vernagelt ist, weiß, dass die Untaten dieses politischen Systems nicht nur von einer winzigen Minderheit ausgeführt und gebilligt wurden.

Die vorangegangenen Darlegungen zur „seelenlosen Sexualität“ und zur „Sexualbefriedigung ohne Gemeinschaftsgefühl“ hatten die tendenzielle Absicht, auf den „alltäglichen Sexualfaschismus“ hinzuweisen, der das Verhältnis der Geschlechter in vielen Fällen vergiftet. Eine Kultur oder Gesellschaft ist ein Ganzes; wenn ein Teilstück davon in einem so zentralen Bereich wie der Sexualität den beschriebenen menschenverachtenden Praktiken nachgeht, ist zu vermuten, dass auch die Mehrheit in Fragen der Ethik noch sehr entwicklungsbedürftig ist. Die Art, wie die patriarchalische Welt die Frauen, den Sexus, das Liebesleben praktiziert und einschätzt, ist eine Einübung im Ungeist der Antihumanität.

Der gemeinsame Nenner der Fluchtwege und Kümmerformen in Liebe und Sexualität ist die Haltung der Gefühllosigkeit und der Macht, die auch allen übrigen Erscheinungsweisen des Autoritarismus und des Patriarchats innerhalb unserer Gesellschaft zugrunde liegt. Daher reichen die geistigen Wurzeln der hier analysierten Verirrungen tiefer, als es bei oberflächlicher Betrachtung den Anschein hat. Moralische Appelle werden die beschriebenen sexuellen Praktiken in der Regel nicht einschränken. Sogar politische Umwälzungen tragen wenig zu einer Veränderung bei.

Manche Pseudo-Fortschrittler behaupten, dass die Prostitution irgendwie zur sexuellen Normalität gehört. Wir zweifeln sehr daran, dass man derlei „normal“ nennen kann. Die Pathologie des Zeitgeistes, der Wahnwitz des Patriarchats, die irrsinnige Einstellung der Menschen zum Sexus kommen in der Prostitution deutlich zum Ausdruck. Zwar haben die Sittenlehrer aller Zeiten betont, dass man „Kloaken“ brauche, um die Häuser der Bürger reinlich zu halten; aber es ist unmenschlich, dass Frauen diese Kloakenfunktion übernehmen.

Gewiss ist es ein untrügliches Indiz für den Tiefstand der Kultur, dass derlei immer noch möglich ist. Und ringsum gedeihen auch die Branchen der Pornographie und der Pornofilme, der Sex-Tourismus in die unterentwickelten Länder, die Sex-Besessenheit der gesamten Verdrängungskultur usw. Jedermann weiß, dass diese Zustände die Ausbreitung der Geschlechtskrankheiten begünstigen, die im Zeitalter von Aids alte Notstände früherer Epochen heraufbeschwören, als die Syphilis eine Volksgeißel war. Gerade die sogenannten „Lustseuchen" verweisen darauf, dass diese fast epidemischen Krankheiten nur durch kollektive und individuelle Verantwortungslosigkeit am Leben erhalten werden.

Zur Illustration des oben Erläuterten fügen wir hier die Lebensbeschreibung einer Dirne an, die kürzlich in unserem südlichen Nachbarland Schweiz ziemlich viel Aufsehen erregt hat. Wir beziehen uns auf das Buch von Juliana Baumer/Rita Dolder: *Susanna D. – Ein Leben als Prostituierte* (1997).

Diese Autobiographie ist hoch interessant. Hier erzählt eine 54-jährige Prostituierte aus Bern, welche Erfahrungen sie mit der schweizerischen Polit-Prominenz im Verlaufe von ca. drei Jahrzehnten „beruflich" gemacht hat. Sie gibt damit einen aufschlussreichen Beitrag zum Thema Sexualität und Macht bzw. Vordergrunds- und Hintergrundsleben bei Menschen in herausragender sozialer Stellung. Dabei wird der Eindruck erweckt, dass gesellschaftliche Machtposition und sexuelle Perversität eine Art Junktim beinhalten.

Wie kam die Autorin, die ihre Erlebnisse und Erinnerungen der Co-Autorin erzählt und diktiert hat, zu ihrer Laufbahn? Aus dem Text wird ersichtlich, dass es durchaus eine stringente Begründung für diese Lebens- und Berufswahl gab.

Frau Dolder wuchs als zweite Tochter eines Ehepaares auf, das wegen des Ausbruchs des Zweiten Weltkrieges aus Frankreich in die schweizerische Heimat zurückgekehrt war. Die fünfköpfige Familie (es gab noch eine ältere Schwester, und später kam noch eine jüngere Schwester hinzu) wählte als Domizil ein innerschweizerisches Dorf, wo man unter den Bauern als „Zugereiste" nicht recht heimisch wurde. Die Autorin erzählt, dass der Vater – ein erfolgreicher Bauunternehmer – ein absoluter Patriarch und Schürzenjäger war. Die Ehe erwies sich als eine Tragödie, wurde aber trotzdem erst Jahrzehnte später geschieden.

Rita war eine schlechte Schülerin und erhielt viel Prügel von ihrem Vater. Sie bekam die Rolle des „schwarzen Schafes" der Familie zugewiesen. Das verschlimmerte sich noch, als das zehnjährige Kind Opfer von sexuellen Übergriffen eines Knechtes wurde. Als sie dies den Erwachsenen mitteilte, wurde die Schuld daran ihr zugeschrieben. Sie hatte angeblich den Mann zu seinen unsittlichen Betastungen verführt!

Schule und Familienleben blieben eine Katastrophe. Mit fünfzehn Jahren sollte Rita eine Lehre absolvieren. Das ging so leidlich, aber schließlich landete sie doch auch in einem Erziehungsheim, wo sie in Ansätzen die lesbische Liebe kennen lernte. Dann machte sie sich selbstständig und ging als Serviererin nach Basel. Es ergaben sich kleine Liebschaften, aber dann wurde die junge Frau dazu animiert, auf die schnelle Tour durch die Prostitution Geld zu verdienen.

Sie hat dann 31 Jahre lang ihren „Dienst“ ausgeübt. Ihr Berufsfeld war hauptsächlich Bern, die Hauptstadt der Schweiz. Frau Dolder erzählt, dass ihr Standort dicht beim Bundeshaus war, also beim Parlament der Schweiz. Das ergab mit logischer Konsequenz nach und nach besondere Kontakte zum schweizerischen Parlamentarismus. Frau Dolder gibt an, dass sie Dutzende Nationalräte, Ständeräte, Bundesräte und andere Angehörige der Regierungsmannschaft zu ihren treuen Stammkunden zählte. Alle diese Männer erhalten – sofern sie erwähnungswürdig sind – Pseudonyme in unserem Text, aber die Autorin gibt an, dass sie vor allem Angehörige der FDP (Freisinnig-Demokratische Partei) häufig betreute, also jener Partei, die in der Schweiz der Hort des Konservatismus, der guten alten Sitten und der Staatserhaltung ist. Sie wunderte sich darüber, dass so viele Leute aus einer einzigen Partei zu ihr kamen; aber man klärte sie darüber auf, dass bei den Sessionen abends am Stammtisch Adressen ausgetauscht würden, sodass die Klientel der Prostitution zu einer gewissen Einheitlichkeit tendierte.

Frau Dolder erzählt, dass die Parlamentarier aller Rangstufen, die zu ihren Kunden gehörten, in der Regel seltsame Sexualpraktiken bevorzugten. Für Schweizer Leser muss es ziemlich schockierend sein, wenn sie erfahren, dass Mitglieder ihrer Regierung sich gerne von einer Prostituierten am Hundehalsband herumführen ließen und den Sadismus ihres Alltags durch den Masochismus ihrer Sexualität kompensierten. Viele dieser Mächtigen oder Reichen ließen es sich gerne etwas kosten, wenn sie nur alle ihre absurden Launen und Wünsche in die Realität umsetzen konnten. Die Autorin stieß sich aber daran, dass dieselben Männer, die im Massagesalon oder Bordell alle Formen der Unsittlichkeit auskosteten, bei ihrem öffentlichen Auftreten den Moral- und Tugendbold hervorkehrten und sogar das Dirnentum energisch bekämpft sehen wollten.

Diese Doppelspurigkeit war einer der Anlässe dafür, dass die Verfasserin 1994 in einer Fernsehsendung unter dem Pseudonym „Susanne D.“ auftrat und ihren Lebensweg und ihre Berufserfahrungen publik machte. Das erregte in der braven und spießbürgerlichen Schweiz ein enormes Interesse. Bald darauf wurde auch eine Journalistin gefunden, die die Biographie der Protagonistin aufzuzeichnen bereit war. Es gehörte eine beträchtliche Portion Mut dazu, diesen Lebensweg und diese Schicksale zu beschreiben. Berühmte und betuchte Kunden, die davon erfuhren, verfehlten nicht, der Verfasserin allerlei anzudrohen, wenn sie Indiskretionen begehen würde. Das wurde tunlichst vermieden, aber die beiden Autorinnen schützten sich dadurch, dass in einem Banksafe die nur wenig entstellten

Namen von recht merkwürdigen Persönlichkeiten des schweizerischen Kulturlebens gelagert wurden, um bei einem eventuellen „Unglücksfall“ bekannt gemacht zu werden.

Aber das ist nicht die sexualwissenschaftliche Quintessenz dieser Lebensgeschichte. Uns interessiert eher, was die geheime Motivation dieser Frau war, die im Sex-Gewerbe eine ungewöhnlich reiche Erfahrung machen konnte. Sie behauptet, im Laufe ihres Arbeitslebens nicht weniger als 60 000 bedürftige Männer befriedigt zu haben. Das ergab einen Fließbandbetrieb, auf den sie ohne Reue und Bedauern zurückblickt.

Ihr ging es darum, rasch und ohne differenzierten Aufwand viel Geld zu verdienen. Das kam tatsächlich ins Haus, wurde aber jahrelang von einem leichtlebigen „Gatten“ vertan, der sich von seiner Frau aushalten ließ. In die Hände von eigentlichen Zuhältern geriet Rita Dolder nie. Nach der Scheidung vom „Götter-Gatten“ arbeitete sie für sich selbst, konnte aber das viele Geld nicht halten. Um die Strapazen des Berufes auszugleichen, gönnte sie sich luxuriöse Reisen und kaufte sich Schmuck und Kleider, durch die sie zumindest äußerlich bürgerliches Prestige gewann.

Weder die Autorin noch die Co-Autorin sind sich klar darüber, dass Rita Dolder ein typisches Opfer der patriarchalischen Welt ist. Sie hat ihren Charakter in Anlehnung an die passiv duldende Mutter und den autoritären, fremdgängerischen Vater entwickelt. Der Letztere wurde zum unbewussten Modell. Sexuelle Freizügigkeit, Geldverdienen im Exzess, Sexus als Macht u. a. wurden zu Hauptmotivationen des Lebensstils. Dazu kam auch der Kampf gegen den Mann, von dem sie von vornherein eine schlechte Meinung hatte, die dann durch die Prostitution laufend bestätigt wurde. Die Autorin bekennt, dass sie vor den Männern überhaupt keinen Respekt mehr habe. Sie hat sie als widerlich, kindisch, begehrlich, einfältig und überheblich erfahren. Und angesichts einer leichten und raschen Möglichkeit der sexuellen Befriedigung wurden sogar die würdevollsten und reputierlichsten Männer zu „Schweinen“, die Rita Dolder nach Kräften auszubeuten verstand.

Um das 50. Lebensjahr herum beschloss die Autorin, aus dem Beruf auszusteigen. Das ergab zunächst viel Langeweile und innere Leere. Denn womit sollte sie sich beschäftigen, wenn sie nicht mehr dem Gewerbe nachging, das ihr zwar Demütigung und Unlust eintrug, aber doch auch ein stattliches Einkommen und das untergründige Bewusstsein, Gesellschaft und Moral dauernd herauszufordern?

Rita Dolder fand den Ausweg, nun selbst ein kleines Bordell zu gründen, in einem Dorf unweit von Bern. Sie beschäftigt drei „Sexualassistentinnen“, die sie nicht ausbeutet. Im Dorf toleriert man diesen „Saunabetrieb“, und die Bauern sind weltoffener und liberaler als die Herren in Bern, die in zunehmendem Maße eine sittliche Hauptstadt haben wollen und den Prostituierten das Leben schwer machen.

Eine Journalistin, die die Autorin in ihrem jetzigen Domizil aufgesucht hat, schildert sie als eine leicht gehemmte, wohlgebräunte, mit viel Goldschmuck behängte Mitt-Fünfzigerin, die ihren Hund leidenschaftlich liebt und die Abende gerne im Bett verbringt, wo sie Schokolade konsumiert, Talk-Shows in der Television verfolgt und den Film über Rosemarie Nittribit schon des Öfteren genossen hat. Zukünftige Ambitionen hat sie keine. Aber sie nimmt lebhaften Anteil an der feministischen Bewegung und meint, dass auch die Rechte der Dirnen durch gemeinsame Anstrengung verbessert werden sollten.

Das Buch hat in der Schweiz Furore gemacht. Aber es ist keineswegs ein Unikum als Prostituierten-Biographie. Solche Texte gibt es bereits in rauen Mengen. Sie stimmen nachdenklich, weil sie uns mit der Realität einer verwahrlosten Triebhaftigkeit konfrontieren, die keineswegs auf eine kleine Schicht der Bevölkerung beschränkt ist. Auch die Enthüllungen über die Perversität und sexuelle Zügellosigkeit von namhaften Politikern können uns nicht überraschen.

Vier Ehen von prominenten Kulturpersönlichkeiten

Wenn die Psychologie sich z. B. mit den Problemen des Ehelebens auseinander setzt, liefert sie in der Regel Schematismen, Typisierungen und Theorien, in denen nur noch ein blasser Schimmer der gelebten Realität aufleuchtet. Daher ist es lehrreicher, biographische Exempel von Ehen zu schildern, als auf die Abstraktionen der Psychologen abzuheben. Wir werden in der Folge an vier Fällen von Partnerbeziehungen solche „Ehe-Biographien" liefern. Ausgewählt werden prominente Kulturpersönlichkeiten, bei denen die lebensgeschichtlichen Quellen reichlich fließen und auch sonst erhellendes Material in Fülle vorhanden ist.

Die Goethe-Ehe

Goethes Liebes- und Eheleben ist von vielen Autoren durchleuchtet worden. Es beinhaltet einige psychologische Rätsel, die nicht leicht zu klären sind.

Goethe wuchs innerhalb seiner Familie unter Bedingungen auf, die man heute mit dem Terminus „Übersozialisation" belegen würde. Es wurde ein riesiger Erziehungsaufwand getrieben, der gewiss teilweise einer seelischen Überbürdung entsprach. Dabei waren die Einflüsse von Vater und Mutter ziemlich kontrovers, und es war wohl keine leichte Aufgabe, diese divergenten Faktoren innerlich zu verarbeiten und zu synthetisieren. Die Schwester Cornelia hatte hierin wenig Erfolg; sie verstrickte sich in Kämpfe mit dem dominierenden Vater und zerbrach innerlich an dieser misslichen Situation.

Da Goethe eine enorme Zuwendung erfuhr, war er zutiefst von Selbstwertgefühl und Lebensgläubigkeit erfüllt. Schon als Kind wählte er ein sehr hohes Persönlichkeitsideal und wollte sein Leben als „etwas Großes" realisieren.

Bei dieser häuslichen Formung und persönlichen Zielsetzung scheint die Sexualität einer Hemmung und Verdrängung anheim gefallen zu sein. Als junger Mann war Goethe zärtlich und liebesbedürftig, aber vor dem Sexus scheute er zurück. Man rätselt daran herum, ob er mit Friederike Brion im jugendlichen Überschwang intim gewesen sei. Manche Forscher meinen sogar, dass die ländliche Geliebte schwanger wurde, wobei es möglicherweise zu einem Abortus oder einer Frühgeburt kam.

Von daher datiere bei Goethe ein Schuldgefühl gegenüber den Frauen, das in die Gestaltung mehrerer seiner Werke (*Faust I*, *Clavigo* usw.) einging.

Das Bedürfnis zu „liebeln" war in ihm mächtig, und es gab vor seiner Weimarer Zeit diese oder jene oberflächliche Liebschaft. Ab 1776 war er in Weimar als Freund des Herzogs und wurde bald höherer Beamter und Minister. Dann trat Charlotte von Stein in sein Leben.

Zehn Jahre lang unterwarf sich Goethe in einer Art erotischer Knechtschaft dieser Geliebten, die Mutter von drei Kindern war und als „Oberstallmeisterin" an Hofe Einfluss hatte. Wahrscheinlich ist diese Beziehung rein platonisch geblieben. Sie hat merkwürdige Aspekte einer schier masochistischen Anbetung, mit der Goethe die sieben Jahre ältere Frau in den Himmel erhob. Es kann sein, dass er mit ihrer Hilfe ein Stück Askese vollbrachte, die er für seine Entwicklung als Künstler für notwendig hielt. Manche Autoren sehen im Verhältnis zu Charlotte auch eine Wiederholung der Bruder-Schwester-Beziehung, die der Psychoanalytiker K. R. Eissler kühn und unbedenklich als „inzestuös" einstuft.

Die Flucht nach Italien war unter anderem auch eine Flucht aus der Bindung an Frau von Stein. Unter dem südlichen Himmel erwachte Goethes „wahres Selbst", und er entdeckte, dass er ein Jahrzehnt „an seinem Leib vorbeigelebt" hatte. Das unbeschwerte Dasein in Rom und Süditalien, der Umgang mit Künstlern, das Studium der Antike und die umfassende Selbstbesinnung kurierten die erotische Verstiegenheit der Weimarer Jahre. Es scheint, dass eine junge römische Witwe (Faustina) den Dichter erstmals in das vollgültige sexuelle Erleben eingeführt hat. Die *Römischen Elegien* schildern dankbar die Wonnen des schlichten und gewöhnlichen Sexus, die nunmehr hoch über erotische Schwärmerei und platonische Versagungserlebnisse gestellt werden.

Nach der Rückkehr in die Stadt an der Ilm dauerte es nicht lange, bis Goethe seine „römische Wandlung" auch an diesem Ort zur Lebenspraxis machte. Christiane Vulpius begegnete ihm zur rechten Zeit. Es entstand schnell eine Intimität, die zunächst geheim gehalten wurde. Sie wurde aber doch publik, und das führte zu einem jähen Ende der Freundschaft mit Charlotte. Diese erwies sich in diesem Zusammenhang als weder großzügig noch vornehm. Sie sah nur den Umstand, dass ihr *Cavaliere servente* sie schmählich verließ und eventuell gar dem Spott der Umwelt preisgab. Noch jahrelang wütete sie gegen Goethe und seine „Vulpiussen", die sie manchmal auch sein „Hürchen" nannte.

Aber Christiane war kein leichtes Mädchen. Sie war aus dem Bürgerstand und gewiss nur wenig gebildet. Sie hatte jedoch ein reiches Gefühlsleben und hing am Dichter mit der ganzen Innigkeit ihrer Seele. Bei ihr konnte er einer lebenslänglichen Treue sicher sein. Auch musste er mit ihr keine

„Rangkämpfe" ausfechten, die so manche Liebe und Ehe belasten und erschweren.

Es war ein für alle Mal festgestellt, dass Goethe in dieser Liebe der wahre Mittelpunkt war, den Christiane liebevoll umkreiste. Bald kam der Sohn August zur Welt, den der Dichter väterlich liebte. Es gab noch mehrere Schwangerschaften und Fehlgeburten, die vermutlich auf eine Rhesus-Inkompatibilität der beiden Lebensgefährten hindeuten.

Christiane zog mit ihrem familiären Anhang ins Haus am Frauenplan. Damit wurde das Verhältnis halbwegs legalisiert, wiewohl es erst 1806 zu einer Eheschließung kam. Damals rettete die Geliebte den Dichter vor vandalierenden französischen Soldaten, wobei sie sich schützend vor ihn stellte, um ihn vor jedem Angriff zu bewahren. Das erleichterte Goethe den lang gehegten Entschluss zur Heirat; er hatte aber immer Christiane als „seine Frau" betrachtet.

Diese Partner- und Gattenwahl hat zu mancherlei Kopfschütteln Anlass gegeben. Man sagte, dass Goethe „tief unter seinem Niveau" gewählt habe. Da er baronisiert und Ministerpräsident des Landes war, hätte er mühelos in die höhere Aristokratie einheiraten können. Aber er wählte sozusagen ein „Kind des Volkes", ähnlich wie der Graf Egmont in seinem gleichnamigen Theaterstück, der mit seinem Klärchen glücklich ist, obwohl er zu den Führern der holländischen Provinz Spaniens gehört.

Nach dem weiter oben dargestellten Schema des Charakterologen Fritz Künkel hat Goethe als „Star und Cäsar" eine Art „Heimchen" gewählt, das liebend und bewundernd zu ihm aufblickte. Aber so einfach liegen die Dinge nicht. Christiane war eine unkomplizierte, fürsorgliche und ungemein liebenswerte Persönlichkeit. Was sie an Bildung vermissen ließ, ersetzte sie durch Tatkraft im häuslichen Bereich, durch geschickten Umgang mit Menschen (z. B. mit dem Schauspieler-Völkchen, das Goethe als Theater-Direktor viele Jahre lang zu betreuen hatte) und durch eine ungebrochene Lebensfreude. Sie hat dem Dichter fast drei Jahrzehnte lang Glück, Freude und physisches Behagen ins Haus gebracht.

Ein nicht unwichtiger Punkt scheint hierbei gewesen zu sein, dass die beiden Protagonisten einander auch sexuell sehr gut ergänzten. Der erwähnte Psychoanalytiker Eissler postuliert, dass Goethe schon deshalb bis zu seinem 40. Jahre den Frauen in sexueller Hinsicht ferngeblieben sei, weil er an Ejaculatio praecox litt. Schon beim Küssen habe er immer seine vorzeitigen Samenergüsse gehabt, sodass ein eigentliches Liebesleben auch physisch bereits arg behindert war. Christiane habe Goethe von dieser sexuellen Unzulänglichkeit geheilt. Von wem der analytische Goethe-Biograph diese Detail-Kenntnisse bekommen hat, verrät er dem geneigten oder ungeneigten Leser allerdings nicht.

Da die kleinkarierten Weimarer dem großen Goethe nicht am Zeuge flicken konnten, hielten sie sich an Christiane und dem heranwachsenden August schadlos. Beide müssen sehr unter ihrer prekären sozialen und psychischen Situation gelitten haben. Bei Christiane entwickelte sich eine unkontrollierte Esslust, sodass sie mit der Zeit sehr korpulent wurde. Das wurde im Ilmstädtchen glossiert, indem man sie – nachdem die Ehe geschlossen war – hinter der vorgehaltenen Hand „Goethes dicke Ehehälfte“ nannte. Noch weiter ging die exaltierte Bettina Brentano, die später Achim von Arnim heiratete. Sie wollte Goethe im Sturm erobern und empfand dabei Christiane als Hindernis. Bei einem von ihr öffentlich inszenierten Streit mit dieser bezeichnete sie sie als „dicke Blutwurst“, worauf Goethe den Verkehr mit der an sich geistvollen, aber aggressiven Hysterika abbrach.

Sowohl Christiane als auch August versuchten ihre inneren und äußeren Spannungen durch Alkohol zu betäuben. Sie wurden beide Trinker, worin sie allerdings in Goethe ein Vorbild hatten. Nur ertrug der Dichter bedeutende Quantitäten von Wein ohne merklichen Schaden. Bei Christiane jedoch stellten sich mehrere Leiden ein, an denen der Alkoholismus mitschuldig gewesen sein mag. Und dass August mit knapp 40 Jahren in Rom 1828 an einer jähen Krankheit starb, ist sicherlich durch seinen unglücklichen Lebenslauf, sein zerrissenes Gemüt und seine chaotische Lebensführung bedingt.

Goethe hatte im Haus am Frauenplan ein Zuhause, in welchem er seine zahlreichen Besucher aus aller Welt empfangen konnte. Dabei wurden jedoch die offizielle Sphäre und der familiäre Raum sorgsam auseinander gehalten. Bei den öffentlichen Empfängen war Christiane nicht anwesend. Als später August die wenig geliebte und nicht recht zu ihm passende Ottilie von Pogwisch heiratete, versah diese die Funktion der Hausdame mit einigem Geschick. Der befreundete Musiker Zelter aus Berlin hatte Goethe bei dieser Eheschließung vorausgesagt, dass nun die reizende Schwiegertochter dem Hauswesen liebenswürdig und souverän vorstehen würde.

Aber das erwies sich als allzu optimistische Prognose. Als Christiane 1816 starb, entartete der Haushalt zum Chaos, sodass Goethe froh war, wenn er bei längeren Aufenthalten in den böhmischen Bädern dem häuslichen Milieu entrinnen konnte.

In der Zeit der Ehe mit Christiane scheint Goethe seinem „kleinen Erotikon“ und seiner späteren Gattin treu geblieben zu sein. Es gab zwar so manchen leidenschaftlichen Flirt mit jungen und hübschen Damen, aber es sieht nicht danach aus, als ob Goethe die „Grenzen des Dezenten“ überschritten hätte. Oft sogar wussten die betroffenen Fräuleins gar nicht, wie sehr der Dichter in sie verliebt war. Sie hielten ihn für einen väterlichen Freund und erwiderten seine verhaltenen Zärtlichkeiten mit jugendlicher Unbekümmertheit. Das gilt wohl für Minna Herzlieb und ebenso für Silvie von Ziegesar.

Tiefer ging die Neigung zu Marianne von Willemer, die sich bei einer Reise nach Frankfurt, Wiesbaden und Heidelberg zu einer kurzfristigen, aber heftigen Leidenschaft entfaltete. Hier begegnete Goethe einer jungen Frau, die dem Theatermilieu entstammte, tänzerisch begabt und selbst eine Art Dichterin war. Da damals der *West-Östliche Diwan* ausgearbeitet wurde, schlüpfte sie in die Rolle der Suleika, welche dem Dichterfreund Hatem beim poetischen Wechselgesang der Gefühle durchaus ebenbürtig auf seine meisterliche Liebesdichtung zu antworten wusste. Eine ganze Reihe von Gedichten, die Marianne an Goethe sandte, sind in den *Diwan* eingegangen; man hat sie immer Goethe selbst zugeschrieben, da sie seinen Tonfall und seinen Stil kongenial imitieren. Erst um 1860 verriet die alte Marianne dem jungen Philologen und Kunsthistoriker Herman Grimm, was von ihren eigenen Schöpfungen in der großartigen Dichtung, die den Brückenschlag zwischen Orient und Okzident vollzieht, enthalten ist.

Aber auch hier blieb Goethe Platoniker, und es ist sehr fraglich, ob er Marianne – die kurz nach der Bekanntschaft mit ihm ihren Mentor Willemer heiratete – mit mehr als Küssen und dichterischen Huldigungen nahe gekommen ist. Wie schon oft im Leben, trat Goethe die Flucht an, als eine vertrauter werdende Beziehung aktuell wurde. Man blieb in brieflicher Verbindung, die bis zum Tode des Dichters währte. Marianne, die für kurze Zeit in die atemberaubende Höhe einer Gesprächs- und Liebespartnerin Goethes erhoben worden war, ertrug die jähe Trennung schlecht. Sie kränkelte in den folgenden Jahren und zehrte vermutlich Jahrzehnte von der Erinnerung einer kurzfristigen und sehr unvollständigen Liebesbegegnung, auf die ein eher nüchterner Alltag mit dem geachteten, aber kaum begehrten Gatten folgte.

Da Goethe auch in den Blütejahren seiner Ehe oft über längere Zeit außer Haus weilte, ist vermutlich sein Liebesleben mit Christiane nach impulsiven und beglückenden Anfängen relativ karg geblieben. Er war eben, wie es im Untertitel des *Meister*-Romans angedeutet wird, ein „Entsagender". Dass er ein Erotiker hohen Grades war, ist unbestritten; aber diese Erotik nahm oft nur symbolische und dichterische Gestalt an.

Ein einziges Mal scheint der Dichter die Bereitschaft zu einem „echten Seitensprung" gehabt zu haben, aber das launische Sexualorgan verhinderte die bereits entschieden beabsichtigte Untreue. Der Vorgang ist in dem geheim gehaltenen Gedicht *Tagebuch* literarisch aufbewahrt und scheint im Jahre 1809 stattgefunden zu haben. Der Dichter bekennt in diesem Poem, dass er nach längerer Abwesenheit von zuhause auf der Heimreise begriffen war. Ein Achsenbruch des Reisewagens zwang ihn zum Übernachten in einem Gasthof. Die junge Kellnerin war exquisit anmutig und zeigte auch deutliche Sympathie für den Gast. Dieser umarmte sie spontan und wollte sie küssen, wurde aber bei einer vorläufigen Abweisung mit der Ankündigung eines mitternächtlichen Besuches getröstet.

Tatsächlich erschien die junge und schöne Frau nachts beim Dichter und war in beglückender Weise bereit, seine Geliebte zu werden. Sie bekannte sich als „Jungfrau", die noch niemandem angehört habe. Aber der Eindruck von Goethes überwältigender Persönlichkeit habe alles Spröde und jegliche Abwehr bei ihr hinweggeschmolzen.

Eine vorübergehende Impotenz des Dichters jedoch verunmöglichte die sexuelle Vereinigung. So mussten Küsse und Umarmungen genügen, bis die von ihrem Tagwerk ermüdete Kellnerin neben dem Poeten einschlief. Der verfluchte sein Schicksal und seinen „Meister Iste", der doch sonst nicht so faul und träge sein Amt versah. Aber offenbar hatte die sexuelle Hemmung einen unbewussten Sinn. Goethe hatte zeitlebens Angst vor Geschlechtskrankheiten, und eine eintretende Schwangerschaft wäre eine Katastrophe im Lebenslauf des noch unschuldigen Mädchens gewesen. So endet das launige Gedicht nicht ganz untröstlich, und der Dichter nimmt sich vor, daheim bei der geliebten Gattin das Abenteuer zu vergessen, das nun einmal in den Wechselfällen des Lebens nicht zu umgehen war.

Nach Christianes Tod im Jahre 1816 war Goethe trostlos und empfand den Verlust als unersetzlich. Er hat bei Gelegenheit gesagt, Christiane habe in sein Dasein nur Freude und Glück eingebracht. Das sei ihr unveränderliches Wesen gewesen, und er müsse ihr dankbar sein für das, was sie für ihn getan habe. Unter dem Eindruck des Todesfalles dichtete er die Verse:

> Du versuchst, oh Sonne, vergebens
> durch düstere Wolken zu scheinen.
> Der ganze Gewinn meines Lebens,
> ist ihren Verlust zu beweinen.

Diese Äußerung schlägt alle Kritiken an Christiane nieder. Jene, die klüger als Goethe sein wollten und ihm eine „gescheitere und vornehmere Frau" hätten gönnen mögen, sollten sich durch Goethes Mutter überzeugen lassen, die in Christiane die genau richtige Frau für ihren „Hätschel-Hans" sah und sich mit ihr persönlich bestens verstand.

Goethe überlebte Christiane um 16 Jahre, hat aber in diesem Zeitraum keine reale Liebschaft mehr aufgebaut. Die kurze Liebesepisode mit Ulrike von Levetzow war im Grunde nur ein Phantom, eine „Kopfgeburt", bei der der fast 60 Jahre ältere Pseudo-Bräutigam haarscharf an der Lächerlichkeit vorbeischlitterte.

So muss man zur Schlussfolgerung gelangen, dass Goethe zwar ein herausragender Lehrer in der „Kunst des Liebens" war, jedoch in praktischer Hinsicht nur maßvoll Liebe geben und genießen konnte. Seine Ehe fällt unter den Typus einer „Teilpartnerschaft“. Er traf sich mit Christiane auf dem Boden einer gesunden Sinnlichkeit, der Freude am Essen und Trinken, dem zärtlichen Zusammensein, der Freude am Gartenbau und dem rein alltäglichen Gespräch. Die wahrhaft großen Anliegen seines Lebens – das dichterische Werk, die Aufgipfelung der Persönlichkeit ins Gigantische, die Aufnahme und Fortführung aller kulturellen Traditionen des Abendlandes und vieles andere mehr – blieben seine Eigensphäre, in der er auf sich allein gestellt war. So liegt um diese ungemein „kommunikable Persönlichkeit“ (Friedrich Schiller) ein Hauch von Einsamkeit, der vermutlich unter den bisherigen Kulturbedingungen von menschlicher und geistiger Größe unabtrennbar ist.

Die Ehe Leo Tolstois

Als Tolstoi im Jahre 1911 starb, schrieb Maxim Gorki in einem Nachruf, dass Russland einen unermesslichen Verlust erlitten habe. Solange Tolstoi noch lebte, hätte man gewusst, dass im Zarenreich kein Unrecht im großen Stil geschehen könne, ohne dass Tolstoi seine Stimme würde erhoben haben. Vor ihm hätten sich die herrschenden Klassen mehr gefürchtet als vor den proletarischen Bewegungen. Er sei das Gewissen der Epoche gewesen, ein kleiner Gott auf einem Thron, der mit seinem Weitblick und Mitleid alles umfasst habe, was sich in seiner Zeit ereignete.

Tolstoi war demnach in sittlich-moralischer Hinsicht fast ein Heiliger. Und tatsächlich wallfahrteten in seinem Alter zahlreiche Menschen zu ihm, als er ein neues Evangelium verkündete und die Forderung nach Abschaffung von Krieg, sozialer Ungerechtigkeit, Unterdrückung und Ausbeutung erhob.

Aber wir wollen hier nicht den Ethiker Tolstoi würdigen und werden auch den genialen Schriftsteller nur wenig berücksichtigen. Uns interessiert, wie Tolstoi sein Liebes- und Eheleben gestaltete. In dieser Beziehung hatte er mit riesigen Problemen zu kämpfen. Wenn man eine schlechte Paarbeziehung bezeichnen will, sagt man oft nicht nur eine Strindberg-Ehe, sondern auch eine Tolstoi-Ehe.

Wie war die Vorgeschichte dieses ehelichen Unglücks, das letztlich auch dazu führte, dass der greise Tolstoi fluchtartig Frau und Kinder verließ, sich auf der winterlichen Eisenbahnfahrt eine Lungenentzündung holte und auf einem kleinen Bahnhof weit weg von seinem Gut Jasnaja Poljana in seinem 83. Jahr einsam starb? Wir gehen bis auf die Kindheit unseres Helden zurück.

Leo Tolstoi wurde 1828 im genannten gräflichen Gut geboren. Er hatte einige Geschwister, aber seine Mutter verstarb so früh, dass er später nur wenige Erinnerungen an sie hatte. Der Vater kümmerte sich kaum ums Familienleben; er war ein leidenschaftlicher Spieler, der Unsummen beim

Spiel verlor. Leo und seine Geschwister wurden durch das Dienstpersonal aufgezogen, und vielleicht erwarb er dabei seine innige Zuneigung zum Volke, die ihn später zum Rebellen werden ließ.

Als junger Mann entdeckte er zwei mächtige Triebkräfte in sich: eine starke Sinnlichkeit und einen Hang zur Religiosität und zur ethischen Grübelei. Diese Diskrepanzen seiner Psyche vermochte er nie harmonisch zu vereinigen. Zeitweise lebte er ein wildes und beinahe lasterhaftes Leben, dann aber wieder erwachten seine geistigen Bedürfnisse und sein Hang zur Askese. Seine sexuellen Erfahrungen holte er sich bei den „Zigeunerinnen", was wohl ein anderes Wort für Prostitution war. Geschlechtskrankheiten konnten dabei nicht vermieden werden. Als peinlich genauer Mensch verzeichnete er in seinen Tagebüchern alle diese Abenteuer, die ein realistisches, aber nicht sehr erbauliches Porträt von ihm entwerfen.

Als ca. 30-Jähriger war er bereits ein bekannter Schriftsteller, wozu seine so genannten „Kindheits- und Jugendromane" und sein Erlebnisbericht über die Kämpfe um Sewastopol im Krimkrieg beitrugen. Nun wollte er heiraten. Er war oft Gast im Hause des Arztes Behrs im Kreml, wo drei Töchter im heiratsfähigen Alter waren. Seine Wahl fiel auf Sophie, die ihn als Autor und als Aristokraten sehr bewunderte.

Mit der jungen Gattin zog er nach Jasnaja Poljana und begann sein Eheleben unter scheinbar glücklichen Bedingungen. Aber der Dämon seiner „Wahrheitsliebe" veranlasste ihn wider alle Vernunft, seine ahnungslose und unwissende Gattin mit seinen „Tagebüchern" zu konfrontieren, wo sein ganzes früheres Lasterleben ausgebreitet war. Sophie fiel aus allen Wolken, und das Idol ihres Gatten war ziemlich entwertet.

Man lebte sich doch zusammen und genoss einen gewissen ehelichen Frieden auf dem gräflichen Gut, das Tolstoi nun erst sorgsam zu verwalten begann. Er schuf Schulen für die Bauernkinder und wollte das Unrecht, das auf den Bauern lastete, vermindern. Daneben schrieb er an seinen ersten großen Romanen (z. B. *Krieg und Frieden*), wobei Sophie ihm eine wichtige Hilfe war. Sie schrieb seine Texte ins Reine, und wenn der Pedant Tolstoi fünf oder sechs Fassungen seiner Monsterromane schuf, wurde sie nicht ungeduldig, diese reinlich zu kopieren.

Des Weiteren stand sie dem anspruchsvollen Gutsbetrieb vor. Auch kamen in den Jahren seit 1860 zahlreiche Schwangerschaften zustande, wobei mehr als ein Dutzend Kinder geboren wurde. Sophie fühlte sich nach und nach wie eine „Zuchtstute", die von einer Schwangerschaft in die andere überging. Ihre Gesundheit litt Schaden, und ihre Nervosität steigerte sich.

Dazu fügte Tolstoi noch einige Belastungen hinzu. Unter seiner Bauernschaft gab es so manche hübsche Bäuerin, und der Graf nahm für sich das alte Aristokratenrecht in Anspruch, sie zu seinen Geliebten zu machen.

Auch das konnte Sophie in den Tagebüchern nachlesen, wenn sie es nicht schon durch eigene Beobachtung erriet.

Es kam zu hässlichen Eifersuchtsszenen, die das Klima der Ehe verdüsterten. Auch Tolstoi glaubte Grund zu einer fast paranoiden Eifersucht zu haben. Das Ehepaar führte ein gastliches Haus, wo oft Künstler, Freunde und Bekannte einkehrten. Als ein Musiker mit Sophie des Öfteren musizierte und sich offenbar mit ihr gut verstand, sah Tolstoi bereits einen vollzogenen Ehebruch und unterlag Qualen, die ihn an den Rand des Zusammenbruchs führten. Welche Gefühle ihn dabei beherrschten, hat er in der großartigen Novelle *Die Kreutzer-Sonate* dargelegt, die als psychologische Studie über wahnhafte Eifersucht von bedeutendem Wert ist. Der Held dieses Textes ermordet bekanntlich seine Frau, weil sie ihn möglicherweise hintergangen hat; man sieht, auch Mordlust gab es im Phantasieleben des Dichters, der es ja selbst mit der ehelichen Treue nicht genau nahm.

Gleichwohl kann man noch von einer erträglichen und manchmal sogar glücklichen Ehe bei den Tolstois sprechen, bis der Dichter in seinen späteren Jahren seine große innere Wandlung vollzog. Aus einer tiefen inneren Krise heraus sagte sich Tolstoi etwa in den 80er-Jahren des 19. Jahrhunderts von seinem früheren Dasein los. Es scheint, dass der Todesgedanke hierbei (man denke an die Erzählung *Der Tod des Iwan Iljitsch*) eine wichtige Rolle spielte.

Nun griff der tollkühne und aufrechte Dichter die russisch-orthodoxe Kirche, den Zaren, den Militarismus, den russischen Staat, seine adligen Standesgenossen und vieles andere mehr an. Er forderte eine sittlich-religiöse Umkehr. Man solle endlich die christliche Botschaft im Evangelium ernst nehmen. Wie sein Jugendidol Rousseau verlangte Tolstoi ein „Zurück zur Natur“. Und das sollte ein bäuerliches Leben sein, eine Art Urkommunismus, mit gegenseitiger Hilfe aller Menschen und Friede und Gerechtigkeit auf Erden. Derlei sollte nicht mit Kampf und Gewalt erobert werden. Die Losung hieß: „Widerstehet nicht dem Bösen!“ Ohne kämpferische Auseinandersetzung mit den weltlichen Instanzen möge jeder sich selbst wandeln und so den Fortschritt der Menschheit ermöglichen.

Bei diesem Aufbruch zu neuen moralischen Positionen verweigerten Sophie und fast alle Tolstoi-Kinder dem „Propheten“ die Gefolgschaft. Denn Tolstoi wollte auch sein Hab und Gut an die Armen verteilen und seine Schriften (die im Alter immer mehr auf ethischen Gehalt abstellten) fast gratis ans Volk abgeben. Es entstand geradezu eine tolstoianische Massenbewegung, in der sich Elemente zeigten, die Sophie und der ganzen Familie wenig akzeptabel erschienen.

Tolstois Gattin war besonders eifersüchtig auf den ehemaligen Offizier Tschertkow, der des Dichters engster Vertrauter wurde und von ihm den

Auftrag erhielt, sein Schrifttum ins Volk zu tragen. Tschertkow stand sichtlich dem greisen Ethiker näher als die Gattin, mit der er in unendliche Streitigkeiten verwickelt war, an welcher sich beide Beteiligte aufrieben. Die Gräfin wurde immer hysterischer und drohte unablässig mit Suizid. Tatsächlich kamen Selbstmord-Demonstrationen vor, die das Leben auf Jasnaja Poljana zur Hölle machten.

Dann aber gab es doch wieder Lichtblicke im Zusammensein. Vor allem, wenn das alternde Paar noch gelegentlich Geschlechtsleben praktizierte, war zumindest Tolstoi befriedigt und beglückt; es scheint aber, dass die Partnerin wahrscheinlich während der ganzen Ehe weit weniger sinnliche Bedürfnisse hatte als der Partner, weshalb auch aus dem Sexus andauernde Spannungen entsprangen.

Wie Tolstoi diesbezüglich strukturiert war, hat er laut Gorki im hohen Alter seinen beiden viel jüngeren Schriftsteller-Kollegen Gorki und Tschechow offen kundgetan. Er schätzte die beiden Dichter, von denen der eine (Tschechow) ein großer Humorist und poetischer Sozial-Anwalt war, indes der andere (Gorki) in seiner Schriftstellerei einen echten revolutionären Ton anschlug. Bei einem Gespräch auf der Krim fragte Tolstoi den ziemlich asketischen Tschechow, wie er es denn mit den Frauen halte. Nach Gorki antwortete Tschechow mit einem verlegenen Hüsteln. Worauf der Alte mit seinem aristokratischen Freimut den beiden jüngeren Kollegen erklärte: „In eurem Alter war ich immer ein furchtbarer Hurenbock!"

Aggression und Sexus stritten immer in Tolstois Psyche miteinander. Er war ein wilder, ungebändigter Charakter, genial als Dichter, aber zerrissen als Mensch. Vor seinen Aggressionen fürchteten sich so manche Dichter-Freunde, die bei Disputen irgendwelcher Art leicht Duell-Forderungen bekamen, die ernst gemeint waren. Auch in der Ehe kam es zu einem Wechselspiel von Güte, Liebe und Kooperation, abgelöst durch Intervalle von Reizbarkeit, Herrschsucht und Sich-nicht-verstanden-Fühlen.

Diese Ehe entartete zu einer Beinahe-Todfeindschaft der beiden Protagonisten, die nahe daran waren, einander in den Tod zu treiben. Dass Tolstoi das Opfer dieses Ehe-Dramas wurde, mag man dem Zufall zuschreiben. Ebenso gut hätte seine Gattin unterliegen können. Als sie davon hörte, dass er in der kleinen Eisenbahnstation im Sterben lag, eilte sie herbei, um von ihm Abschied zu nehmen. Er verweigerte es ihr, an sein Sterbebett zu kommen. So sehr hatte sich die anfängliche Zuneigung in dieser Ehe in einen tödlichen Hass verwandelt.

Die Thomas-Mann-Ehe

Thomas Mann war mit seiner Frau Katia, geb. Pringsheim, mehr als ein halbes Jahrhundert lang verheiratet. Er hat mehrfach im Leben, vor allem im Alter, bekannt, wie viel ihm diese Ehe bedeutete. Sie bot ihm Schutz,

Zuflucht und Heimat. In Frau Katia fand er eine Lebenskameradin und Gesprächspartnerin, wie sie besser zu ihm kaum hätte passen können.

Der Weg zum weiblichen Geschlecht war für den Dichter offenbar nicht einfach. Schon als junger Mann fühlte er sich zu anderen Männern hingezogen, oft sogar mit leidenschaftlicher Intensität. Die homosexuelle Neigung war schon in der frühen Pubertät deutlich, aber einer praktizierten Inversion stand die allgemeine Gehemmtheit im Wege. Nach dem großen Erfolg der *Buddenbrooks* entschied sich der berühmt gewordene Autor dafür, sich eine bürgerliche Existenz zuzulegen und zu heiraten. Seine Wahl fiel auf Katia Pringsheim, die Tochter eines jüdischen Mathematik-Professors und Kunst-Mäzens in München. Nach einer längeren Werbung eroberte er die junge Frau, wodurch er auch materiell einen gefestigten Status in der Gesellschaft erhielt.

Dass der Dichter trotz seiner Liebe zur Partnerin höchst ambivalent war, erfahren wir aus seinen postum edierten Tagebüchern. Darin hält er bald nach der Heirat fest, dass er sich mitunter ganz fremd fühle neben dem „Judenmädchen" in seiner Nähe. Er war mächtig im Einflussbereich jener „Angst vor der Frau", die man bei homosexuellen Männern häufig antrifft. Eine Folge dieser Verängstigung ist eine Abwertung, die den Gegensatz der Geschlechter als tief greifenden Wertunterschied interpretiert.

Es kamen aber in den nächsten Jahren in rascher Folge die sechs Kinder zur Welt, durch die die Mann-Familie ihre endgültige Gestalt annahm. Der Dichter bekannte, er sei „Familienvater aus Passion", und tatsächlich hing er mit Liebe und Zuneigung an seinen Kindern. Es war jedoch eine merkwürdige Familie, die ganz um die Vaterfigur zentriert blieb. Alles musste sich auf den anspruchsvollen Dichter ausrichten, der mehrfach im Leben zum Ausdruck brachte, wer es innerlich mit seiner Aufgabe schwer habe, müsse äußerlich von seiner Umwelt verwöhnt werden.

Frau Katia nahm Thomas Mann nach Möglichkeit fast alle trivialen Lebenspflichten ab. Sie stand dem Haushalt vor, pflegte und erzog die Kinder und bewältigte zeitweise auch die Korrespondenz, damit Thomas Mann sich ganz seinem Schaffen widmen konnte. Mit eisernem Fleiß produzierte er nach und nach sein Romanwerk und seine zahllosen Essays und Stellungnahmen zum Zeitgeschehen, die ihm bald ein bedeutendes Prestige einbrachten. Nach und nach wurde er eine Art *Praeceptor Germaniae*, dessen Stimme in allen Kulturfragen Gewicht hatte.

Die Zeit der Werbung um Katia und der Eheschließung hat der Dichter wundersam verklärt in seinem Roman *Königliche Hoheit*. Darin schlüpft er in die Rolle eines potenziellen Duodez-Fürsten, der sich in eine amerikanische Milliardärstochter verliebt, welche mit ihrem kränkelnden Vater zur Kur in seinem Fürstentum weilt. In diesem Text sind alle Beziehungspersonen vom Schwiegervater über die junge Braut bis zum älteren Bruder

Heinrich (der zugunsten des jüngeren Bruders als Fürst abdanken muss) sorgfältig und liebevoll porträtiert.

Die Realität des Familienlebens war aber nicht immer so „königlich", wie es der Roman zu schildern versuchte. Frau Katia hatte einige Mühe mit den sechs schwierigen Kindern, die alle nicht leicht zu erziehen waren. Die Ältesten Klaus und Erika boten die größten Komplikationen; aber auch Golo, Monika und Elisabeth sowie der Nachzügler Michael ließen nur wenige Schwierigkeiten aus, die sich auf dem Entwicklungsweg einzustellen pflegen.

Vielleicht hat diese konstante Überbürdung dazu geführt, dass Frau Katia vor dem Ersten Weltkrieg lungenkrank wurde und ärztliche Betreuung im schweizerischen Kurort Davos suchen musste. Dort blieb sie längere Zeit und wurde von ihrem Gatten mehrfach besucht. Es kam dann auch zur Heilung und zur Rückkehr nach München. Diesen Besucher-Aufenthalten in Graubündens Bergen verdanken wir den großartigen und voluminösen Bildungsroman *Der Zauberberg*, in welchem Thomas Mann in der Figur des Hans Castorp selbst in die Patientenrolle schlüpft und sieben Jahre im Sanatorium verbringt. Obwohl der junge Hanseat Castorp nur ein schlichtes Gemüt ist, lässt ihn der Autor in einem fundamentalen Bildungsprozess mit den wichtigsten geistigen Strömungen der Zeit in Verbindung treten. Der ganze Kosmos von Krankheit, Gesundheit und Geistesleben wird ausgeleuchtet.

Der Erste Weltkrieg wurde von der Mann-Familie annähernd gut überstanden. Der Wehrdienst-untaugliche Dichter leistete seinen Beitrag zum „großen Krieg" mit der Feder und schrieb die problematischen *Betrachtungen eines Unpolitischen*, in denen er auf unerquickliche Weise den Patriotismus, den Militarismus, den Konservatismus und die Überlegenheit der Deutschen über die Nachbarvölker glorifizierte. Eine weitere Inspirationsquelle des leidigen Buches war der Kampf gegen den Bruder Heinrich, mit dem Thomas Mann seit seiner Kindheit und Jugend rivalisierte. Da Heinrich damals fast noch mehr Erfolg hatte als Thomas, entwickelte sich des Letzteren Beziehung zu ihm beinahe zu einem Hass, der die Grenzen der Vernunft weit überschritt. Wenn in den *Betrachtungen* der „Zivilisations-Literat" mit allen nur denkbaren üblen Qualifikationen belegt wird, dann muss man für diesen Terminus immer auch „Bruder Heinrich" lesen. Erst in den frühen 20er-Jahren konnten sich die beiden Brüder wieder versöhnen, aber ein Grundton von Gespanntheit blieb zeitlebens zwischen ihnen.

Auch die Ehe zwischen Thomas und Katia Mann war alles andere als leicht. Die homosexuelle Komponente in der Persönlichkeitsstruktur des Dichters war bald in der Familie ein offenes Geheimnis. In den *Tagebüchern* lesen wir sogar, dass der heranwachsende und schöne Jüngling Klaus beim Vater sexuelle Anwandlungen erregte. Später wurde für einige Zeit der Sohn eines Freundes ins Haus aufgenommen, dem sich Thomas Mann mit zärtlicher Innigkeit zuwandte, die hart bis an die Grenzen des Schicklichen reichte. Die Homosexualität war und blieb sein „Pfahl im Fleische". In seine Dichtungen führte er diese sexuellen Neigungen in sublimierter Gestalt ein. Wer genau zu lesen verstand, hätte eigentlich schon bei der Lektüre von *Tonio Kröger* und *Tod in Venedig* mit einiger Sicherheit das „peinlich gehütete Geheimnis" aufdecken können.

Die sechs Kinder der Familie Mann wuchsen heran und wurden flügge. Auf ihre Entwicklungsschwierigkeiten haben wir bereits hingewiesen; sie lassen erkennen, dass die Partnerschaft zwischen Thomas und Katia reichlich kompliziert war. Das übertrug sich auf den gesamten Nachwuchs. Golo hat im Alter jedenfalls mit einiger Skepsis geäußert: „Waren wir überhaupt eine Familie? Ich zweifle daran."

Klaus und Erika gingen als junge Menschen nach Berlin und stürzten sich in ein wildes Boheme-Leben, mit Neigung zu verschiedenen Süchten und auch zur Bisexualität. Sie machten beträchtliche Schulden, die allerdings getilgt werden konnten, als der Vater 1929 den Literatur-Nobelpreis erhielt. Monika und Elisabeth führten ein bescheideneres Leben. Michael, der als Beruf die Musik wählte und später in den USA Literatur-Professor wurde, war Alkoholiker und endete vermutlich im Suizid.

Wie gestaltet sich das Liebesleben zwischen einem dispositionell homosexuellen Mann und seiner normal heterosexuellen Frau? Die Genese der Homosexualität ist heute noch sehr umstritten. Manche halten sie für eine sexuelle Konstitution, eine „sexuelle Zwischenstufe" (Magnus Hirschfeld), d. h. für ein biologisches Schicksal. Die dynamische Psychologie jedoch legt den Akzent auf die Möglichkeit eines Erwerbs der invertierten Tendenz durch Sozialisationseinflüsse, etwa durch Fehlen einer gleichgeschlechtlichen Identifikation und durch allzu starke Bindung an den andersgeschlechtlichen Elternteil. Sofern die letztere Hypothese richtig ist, wird man homosexuell durch frühe soziale, emotionale und triebhafte Prägungen. Daraus entwickelt sich ein unbewusstes Training mit der Leitlinie „vom anderen Geschlecht weg" und „zum eigenen Geschlecht hin". Man kann das auch in die Adler'sche Formel „erotisches Training" und „erotischer Rückzug" einkleiden. So gesehen, entwickelt sich Homosexualität durch eine gewisse Askese, durch ein System von „Dressaten" (Fritz Künkel), die das betroffene Individuum zu einer bestimmten Sexual- und Lebensform hin dirigieren.

Thomas Mann praktizierte Sexualität mit Frau Katia, aber in der Mitte seiner 40er-Jahre wurde er impotent. Die *Tagebücher* verraten, dass er nunmehr – wie er sagt – „der Gattin keine Lust mehr spenden konnte". Sie nahm es gleichmütig hin und war ihm offenbar deswegen nicht böse.

Umso mehr entfaltete sich die Sexualität in der Phantasie des „gehemmten Mannes“. Er zeichnete auf, dass er oft sexuelle Heimsuchungen hatte, worunter er mächtig litt. Es waren fast immer Begierden nach dem männlichen Geschlecht, die ihn vor dem Einschlafen quälten. So exerzierte er in Phantasie-Ritualen ein Liebesleben, das ihm in praxi nicht vergönnt war. Als er einmal bei Stendhal las, dass dieser ein Beinahe-Abenteuer mit einem russischen Offizier gehabt habe, empfand er Neid und fragte sich als Tagebuch-Skribent: „Mit dem russischen Hauptmann – wie wäre es da gewesen?“

Noch mehr sexuelle Inspiration boten die verschiedenen Kellner, die ihn in den von den Manns häufig frequentierten Grand-Hotels eifrig und freundlich bedienten. Solche harmlose Naturburschen, die möglicherweise blond und muskulös waren, erhielten dann prachtvolle Trinkgelder, indes sie mit jenen melancholischen Augen betrachtet wurden, die der Dichter dem schottischen Lord zuschreibt, der den Adonis Felix Krull nach Schottland entführen und zu seinem Geliebten machen will.

Die *Tagebücher* referieren auch minutiös, bei welchen Gelegenheiten das sexuelle Phantasieren in Onanie überging. Studiert man den „Fall Thomas Mann“ tiefenpsychologisch, dann hat man einige Belege für die oben erwähnte psychodynamische Theorie der Homosexualität. Im Elternhaus des Dichters gab es den imposanten, aber weichen Senator Mann, der seine Kinder weitgehend der Obhut seitens der romantischen und exotischen Mutter überließ. Das mag die männliche Identitätsfindung sowohl bei Thomas als auch bei Heinrich erschwert haben. Der Letztere hatte bekanntlich zahlreiche Beziehungen zu Damen der Halbwelt und sogar der Prostitution, bis er seine spätere Gattin kennen lernte, die ebenfalls zuvor ein stürmisches Leben führte, später Alkoholikerin wurde und ihr Leben im kalifornischen Exil durch Selbsttötung beendete.

Das Dasein von Thomas Mann zeigte früh eine Furcht vor der Frau und eine Ablehnung der Sexualität. Als junger Mann unterwarf er sich einem strengen Regime, um die Stimme des Sexus in sich zum Schweigen zu bringen. Durch eine bestimmte Diät hoffte er, asexuell zu werden, damit er sich ganz seinem literarischen Werk widmen könne.

Die Ehe mit Frau Katia normalisierte ihn oberflächlich, aber in den Tiefen der Persönlichkeit wucherte der Hang zu einer „exzentrischen Sexualität“ weiter. Vermutlich war in Kindheit und Jugend das Erleben eines natürlichen Selbstwerts und einer Leib- und Selbstbejahung geschädigt worden. Der Dichter sah sich als unmännlich, und seine Leidenschaft richtete sich auf junge Männer, die anscheinend zufrieden „in ihrem Leibe wohnten“ und unter keiner verschütteten Spontaneität litten. Thomas Mann selbst war unspontan und künstlich, und bis in seinen literarischen Stil hinein zeigt sich seine emotionale Umwegigkeit, das artistische Hervorkehren einer guten Fassade, hinter der sich ein Wildwuchs von absonderlichen Gefühlen verbarg.

Diese Spaltung der Persönlichkeit ergab für ihn die innere Spannung und Dramatik, die er durch sein groß angelegtes Lebenswerk zu überbrücken vermochte. Ein Vorteil (die Psychoanalytiker sprechen von „Krankheits-Gewinn“) seiner abseitigen Sexualverfassung war, dass er durch erotische Liebeleien kaum je von seinem Hauptanliegen abgelenkt wurde. Es gab natürlich so manche Frauen, die ihn anhimmelten und liebten; aber ihre Chancen waren gleich null. Zum Beispiel die einflussreiche Amerikanerin Agnes Meyer, Gattin eines Zeitungsmagnaten, war offensichtlich in Thomas Mann verliebt. Er genoss ihre Hilfeleistungen aller Art, hielt sie aber – wie alle Frauen außer Frau Katia – streng auf Distanz.

So beendete er sein schwieriges Leben, das konsequent ein Weg zum Ruhm und zum Œuvre war. Die *Tagebücher* beschreiben in der Spätzeit, dass der große Dichter in Folge der erwähnten Umstände eigentlich ein unglücklicher Mensch war. Er hielt seine Existenz für verfehlt, auch wenn ihm Glanz und Anerkennung überreichlich zuteil geworden waren.

Sartres und Simone de Beauvoirs „Ehe“

Sartre und de Beauvoir führten mehr als 50 Jahre eine Fast-Ehe, die so manchen merkwürdigen Zug aufweist. Es lohnt sich, deren Verlauf zu erzählen, da in ihr die Elemente einer sehr modernen Partnerschaft in Erscheinung treten.

Die beiden lernten sich als Studenten der ENS, der staatlichen Eliteschule für Gymnasiallehrer, kennen. Sie studierten Philosophie und hatten jeder einen Freundeskreis, bei dem es wechselseitige Beziehungspersonen gab. So war es unvermeidlich, dass sie zusammentrafen. Simone war Jahrgang 1908, und Sartre war 1905 geboren. Er war ihr im Studium voraus, und sie erkannte sofort, dass bei ihm die Philosophie eine überragende Leidenschaft war. Sie verliebten sich ineinander und waren bald ein unzertrennliches Paar.

In ihrem vierbändigen Memoirenwerk, das eine unschätzbare Quelle auch für Sartres Biographie darstellt, erzählt de Beauvoir, dass Sartre „unablässig dachte“. Daher war er eine Inspirationsquelle für den gesamten Freundeskreis, zu dem etwa Merleau-Ponty, Paul Nizan, René Maheu u. a. gehörten. Man verstrickte sich in unendliche Diskussionen, in denen man die Ereignisse der Epoche und die geistigen Strukturen des Zeitalters erörterte.

Sartre, dessen Vater ein Jahr nach seiner Geburt als Marine-Offizier gestorben war, wuchs bei seinen Großeltern auf, die die verwitwete Tochter Annemarie und den kleinen „Poulou“ als ihre gemeinsamen Kinder betrachteten. Er wurde unsäglich verwöhnt. Der Großvater Karl Schweitzer (mit Albert Schweitzer verwandt und aus dem Elsass stammend) übte den Beruf eines Sprachlehrers an der Hochschule aus. Er wurde zum Vorbild des heranwachsenden Jean-Paul, der sich zum kleinen Star der Familie entwickelte. Seine überragende Intelligenz wurde rasch erkannt. In seiner Autobiographie aus den 50er-Jahren *(Die Wörter)* hat er festgestellt, dass sich sein ganzer infantiler Lebensraum stark auf die beiden Aktivitäten „Lesen" und „Schreiben" einengte. Er beschloss früh, daraus seinen Lebensinhalt zu machen.

Dann waren aber doch die Schulen zu durchlaufen, was zu manchen sozialen Anpassungsschwierigkeiten führte. Des Weiteren heiratete Annemarie Schweitzer zum zweiten Male, wobei der Stiefvater – der störend in die überaus enge Mutter-Sohn-Beziehung eingriff – kaum akzeptiert wurde. Es kam zu Spannungssituationen ähnlich wie im Leben Baudelaires, dem Sartre eine sehr eindringliche psychographische Studie gewidmet hat. Die ödipalen Hintergründe dieser Krisen in Sartres Jugend sind offensichtlich.

Umso mehr genoss er – als ein Produkt einer Übersozialisierung – die studentische Freiheit in vollen Zügen. Darin war inbegriffen auch der Hang zu erotischen Abenteuern, der durch die Liebe zu Simone nur etwas gedämpft, nicht aber blockiert werden konnte. Auf Sartres Wunsch hin kam man überein, die beiderseitige Beziehung als eine „notwendige" zu definieren, die jedoch „zufällige" Abenteuer nicht ausschließen sollte. Offenheit gegeneinander müsse aber gewahrt bleiben. Es sei „spießbürgerlich", einen Besitzanspruch auf einen Geliebten zu erheben. Wer den Vorurteilen des Bürgertums den Rücken kehre, müsse auch die sexuelle Freiheit anerkennen.

So glücklich und intensiv die Liebschaft der beiden Protagonisten war, können wir uns kaum vorstellen, dass Simone mit Gleichmut Sartres Briefe las, worin er ihr in allen Details die „Verführung" dieses oder jenes Mädchens mitteilte und auch die Einzelheiten der sexuellen Vereinigung nicht aussparte. Sie selbst war in einer verarmten Aristokratenfamilie nach strengeren Maßstäben erzogen worden. Daher vergingen so manche Jahre, bis auch sie bereit war, sich mit anderen Männern einzulassen und längerdauernde Liebschaften einzugehen.

Das französische Gesetz sieht vor, dass Absolventen der ENS einige Jahre lang Schuldienst in der französischen Provinz leisten müssen. Das führte dazu, dass Sartre eine Anstellung in Le Havre und Simone einen Arbeitsplatz in Marseille erhielten. Sie waren sozusagen durch die ganze Länge der Nord-Süd-Achse Frankreichs getrennt. Das bot ihnen Anlass zu einer reichhaltigen Korrespondenz; die gelegentlichen Zusammenkünfte in Paris oder anderswo wurden als Feste der Liebe und des Gedankenaustauschs gebührend gefeiert.

Simone besuchte den Soldaten Sartre um 1940 im Frontgebiet, was schwierig war, weil die jeweiligen Orte als „militärisches Geheimnis" galten. Damals mag die Beziehung der beiden emotional auf ihrem Höhepunkt gewesen sein. Groß war die Freude 1944, als die Invasion in der Normandie begann und bald darauf auch Paris befreit wurde. Man stürzte sich in vollen Zügen in das Leben in Freiheit. Damals begann die Ära des „Existentialismus", der ein Markenzeichen für die geistigen Bestrebungen von Sartre, de Beauvoir, Albert Camus und vielen anderen wurde.

Um diese Zeit lockerte sich die intime Beziehung zwischen Sartre und Simone merklich. Es entsprach dem Zeitgeist, dass man nach dem Krieg lebenshungrig war, was auch sexuelle Libertinage in sich schloss. Sartre wurde als eine Art „Reporter" in die USA eingeladen, wo er sich einige Monate lang aufhielt. Dort verliebte er sich in Dolorès Vanetti, die ihm so nahe kam, dass er eine Zeit lang daran dachte, sie zu heiraten. Er geriet in einen Konflikt zwischen Simone und der neuen Geliebten, was über Monate hinweg zu manchen Krisen führte. Zuletzt aber siegte doch die „notwendige" Beziehung, die auf einer unerschütterlichen Geistesgemeinschaft beruhte.

Simone ihrerseits bekam gleichfalls die Chance einer längeren Amerika-Tour. Sie bereiste einen Teil des Landes und hielt Vorträge aller Art. In Chicago lernte sie den Boheme-Schriftsteller Nelson Algren kennen, in den sie sich heftig verliebte. Auch hier kam es zu Kalamitäten, die nicht dadurch gemildert werden konnten, dass sich das Paar in Abständen in den USA und in Paris immer wieder traf. Algren erhob Besitzansprüche auf Simone und war zutiefst darüber gekränkt, dass sie Sartre nicht den Abschied geben konnte. Des Weiteren war er empört darüber, dass Simone in ihrem umfangreichen Buch *Amerika – Tag und Nacht* die Geschichte dieser Liebschaft ausplauderte und sie literarisch verwertete. Das Ende der großen Liebe war von Misstönen untermalt.

Schon in ihrer Zeit als Gymnasiallehrer hatten Sartre und de Beauvoir einige junge Leute um sich geschart, die sie „ihre Familie" nannten. Zu dieser Ersatzfamilie gehörten unter anderem die beiden Schwestern Olga und Wanda, die aus einer russischen Emigrantenfamilie stammten. Beide hatten Mühe im Lernen, und Simone setzte sich bei ihren Eltern dafür ein, sie sozusagen ihr persönlich als Schützlinge anzuvertrauen. Sartre brachte unter anderem den jungen Jacques-Laurent Bost mit, den man zur Abgrenzung gegen seinen älteren Bruder den „kleinen Bost" nannte. Als bald nach dem Krieg die berühmte Zeitschrift *Les Temps Modernes* gegründet wurde, stieß noch Claude Lanzmann zur Familiengruppe hinzu.

Innerhalb dieses Clans entspannten sich auch Liebesbeziehungen. Sartre bemühte sich jahrelang um Olga und Wanda, die aber als Geliebte nicht unbedingt tauglich waren. Sie wählten die Schauspieler-Karriere, wo sie einigen Erfolg hatten. De Beauvoir verliebte sich in den wesentlich jüngeren Lanzmann, der ein taktvoller und zärtlicher Liebhaber war. Er tröstete sie über den bitteren Abschluss der Algren-Affäre hinweg.

Der Weltruhm hatte sich inzwischen eingestellt. Er betraf nicht nur Sartre, sondern auch de Beauvoir, die eine erstaunliche Produktivität entfaltete. Auch sie schrieb zahlreiche Romane, Essays und philosophische Texte. Ihr erstes Hauptwerk über *Das andere Geschlecht – Sitte und Sexus der Frau* erschien in den frühen 50er-Jahren und wurde ein internationaler Erfolg.

Großes Aufsehen erregte sie auch durch ihren voluminösen Roman *Die Mandarine von Paris*, worin sie unter anderem Sartre, Camus, Koestler und sich selbst in dichterischer Gestaltung porträtierte. Sie zeichnete ein Gemälde der politischen und menschlichen Verhältnisse in der Pariser Intelligenzia unmittelbar nach dem Kriege auf, wobei sie auch das Liebesleben der genannten Protagonisten in allen Einzelheiten ausmalte. Das war stellenweise mit so überstrapazierter Gewissenhaftigkeit in Szene gesetzt, dass bösartige Kritiker von einem französischen Kinsey-Report in Romanform sprachen. Es scheint, dass der „Geist der Freiheit“, den der Existentialismus propagierte und der auch der Stimmung der Nachkriegszeit entsprach, im Liebesleben von damals in seiner Weise Furore machte.

Simone war diesbezüglich viel zurückhaltender als Sartre, der offenbar süchtig nach Eroberungen in dieser Sphäre war. Die Zahl der Frauen, mit denen er sich in mehr oder minder dauernde Verhältnisse einließ, war Legion. Darunter befanden sich unter anderem Michelle Vian, die Frau des berühmten Jazz-Trompeters und Schriftstellers Boris Vian, mit dem Sartre eng befreundet war; sodann die schöne Schauspielerin Eveline Rey, die Schwester des bereits erwähnten Claude Lanzmann; und dann noch Dutzende andere, deren Namen nicht erwähnenswert sind.

In früheren Jahren hatten Sartre und Simone einander genau Rechenschaft über diese Seitensprünge und Nebenbeziehungen gegeben. Das hörte dann aber auf, weil es offenbar mehr Spannungen ergab, als der „wesentlichen und notwendigen“ Beziehung zuträglich war. Sartre teilte nun seinen Zeitplan so ein, dass er für die jeweiligen Freundinnen immer eine genau bemessene Spanne Zeit übrig hatte. Das wurde gegenüber der Umwelt geheim gehalten. Nach seinem Tode (1980) meldete sich die eine oder andere Frau zu Wort und informierte die Nachwelt über ihr „Leben mit Sartre“.

Wenn er mit einer hübschen Frau zusammenkam, entfaltete er – der kleinwüchsige und durch sein Schielen leicht entstellte Mann – einen ungewöhnlichen Charme, dem die Frauen zu erliegen pflegten. Er war ein Unterhalter großen Stils, der vom alltäglichen Geplauder zu den bedeutendsten Kulturfragen elegant und humorvoll überwechseln konnte. Es waren nicht einmal unbedingt seine sexuellen Bedürfnisse, die ihn in die

Don-Juan-Rolle zwangen. Er suchte stets Anerkennung, Bestätigung und eine gewisse Zärtlichkeit, die seinen von Kindheit an verinnerlichten Lebensplan („von allen Menschen geliebt werden!“) festigten. In Wirklichkeit errang er faktisch die Liebe (und den Hass, wenn man an seine Gegner denkt) einer ganzen Generation.

Noch im vorgerückten Alter eroberte ihn die blutjunge Arlette Elkaim, die zuerst seine Geliebte und dann seine Adoptionstochter wurde. Sie wurde damit zu seiner Universalerbin, was Simone de Beauvoir hart traf.

Überblickt man das Liebes- und Eheleben des Paares, dann war in ihm die Ruhelosigkeit und der Casanova-Zwang von Sartre ein erheblicher Störfaktor. Wir gebrauchten in diesem Zusammenhang das Wort „Sucht“, und in gewisser Weise muss man den großen Philosophen als eine Suchtpersönlichkeit definieren. Er war nicht nur süchtig auf sexuelle Erfolge, sondern auch abhängig von Alkohol, Nikotin, Aufputschmitteln und – um diese wiederum zu dämpfen – von Schlafmitteln. Auch arbeitssüchtig muss man ihn nennen, wenn man sein riesiges Œuvre in Betracht zieht, das in seinem Umfang eine der geistigen Höchstleistungen des Jahrhunderts darstellt.

Mit dieser Vielfalt von Süchten ruinierte der „Voltaire unserer Zeit“ (wie ihn sogar Charles de Gaulle nannte, der bestimmt nicht sein Freund war) systematisch und tief greifend seine Gesundheit. Schon in seinen 60er-Jahren litt er an hohem Blutdruck, Verringerung seiner ohnehin prekären Sehfähigkeit, Ohnmachtsanfällen usw. Er wurde beinahe zu einem physischen Wrack, arbeitete aber weiterhin mit immenser Energie an der Vervollständigung seines Lebenswerkes.

Zuletzt musste ihn die Gruppe der ihn liebenden Frauen in Teamarbeit betreuen, da er eine Fülle von Ausfallserscheinungen aufwies, die auch das soziale Leben schlimm belasteten. Als er 1980 starb, war er beinahe nur noch ein physischer Krüppel, dem der Tod eine Erlösung bedeutete. De Beauvoir, die ihn um wenige Jahre überlebte, hielt sich nur mühsam nach seinem Ableben aufrecht. Eine junge Lehrerin (Sylvie Le Bon, die sie ebenfalls adoptiert hatte) half ihr über die Not und Einsamkeit der letzten Jahre hinweg.

Die große Lebensleistung, die an die Namen Sartre und de Beauvoir geknüpft ist, kann nur verstanden werden, wenn wir in beiden Protagonisten ein starkes und humanitäres Ethos annehmen. Aber dieser „Humanismus“ hatte seine Lücken in gewissen Engen und Einseitigkeiten des Charakters bei beiden Beteiligten, die – tiefenpsychologisch gesehen – auf ihre Sozialisation in Kindheit und Jugend zurückgeführt werden müssen. Vor allem Sartre erlebte in jungen Jahren ein solches „Treibhaus-Klima“ der Verzärtelung, dass in seinen Charakter die Komponente von „Alles-haben-Wollen“ einging; eine Abart davon ist das „Alles-wissen-Wollen“, das bei ihm als Schriftsteller reiche Früchte trug.

Die Ehen der Gründerväter der Tiefenpsychologie

Für jeden tiefenpsychologisch interessierten Menschen muss es besonders aufschlussreich sein, wie die drei Gründerväter der Tiefenpsychologie ihre Ehe gestaltet und erlebt haben. Freud, Adler und Jung sind und bleiben vorbildliche Figuren für jeden Menschen, der nach Selbsterkenntnis und Menschenkenntnis strebt. Mit ihnen hat sichtlich ein neues Kapitel in der Suche des Menschen nach sich selbst begonnen, weshalb man mit Recht diese drei Männer „philosophische Ärzte" genannt hat.

Sigmund Freud

Freud war noch zutiefst im 19. Jahrhundert verankert und führte eine patriarchalisch-bürgerliche Ehe. Die Partnerwahl hat er mit großer Umsicht und Lebensklugheit bewältigt. Er scheint vor Martha Bernays keine ernstliche Liebesbeziehung gehabt zu haben. Es ist sehr zu vermuten, dass seine Gattin die „einzige Frau seines Lebens" gewesen ist.

Dem entsprach eine konsequent monogame Lebenseinstellung. Freud hat zwar die Sexualität des Menschen befreit, aber er selbst hat von dieser Freiheit nur den geringsten Gebrauch gemacht. Er warb leidenschaftlich um Martha, und seine zum Glück erhalten gebliebenen Brautbriefe zeigen ihn als einen zart fühlenden und doch auch stürmischen Liebhaber, der allerdings stets in den Grenzen der Schicklichkeit blieb.

Das Paar musste lange warten, bis eine Ehe möglich war. Freud war angestrengt darum bemüht, sich als Arzt eine wirtschaftliche Lebensbasis zu schaffen. Zu diesem Zwecke musste er zunächst auf die Forschung verzichten, was ihn hart ankam. Aber es drängte ihn sehr, die geliebte Frau endlich zu ehelichen. Bald entsprossen dieser Ehe sechs Kinder, an denen Freud mit väterlicher Liebe hing. Um Martha zu schonen, sollten hernach keine Kinder mehr zur Welt kommen. Da Freud bezüglich der Verhütungsmittel und -praktiken sehr skeptisch war, scheint er bereits in der Mitte seiner 40er-Jahre den Geschlechtsverkehr aufgegeben zu haben.

Die beiden Eheleute hatten neben ihrer innigen Gemeinsamkeit sehr getrennte Lebenssphären. Martha widmete sich dem Haushalt und der Erziehung der Kinder, wobei sie in der Letzteren keineswegs die psychoanalytischen Erkenntnisse anzuwenden bereit war. Sie stand der Psychoanalyse ziemlich fern, wiewohl sie sehr davon überzeugt war, in ihrem Gatten ein Genie zu lieben.

Da Freud schon in der Lebensmitte zur sexuellen Enthaltsamkeit genötigt war, hat die Phantasie der Biographen darüber gerätselt, ob es noch andere Frauen in seinem Intimleben gab. Wir zweifeln sehr daran; zu Freuds hohen ethischen Standards gehört wohl die strikte Überzeugung von der Unantastbarkeit der monogamen Ehe.

Es gibt hierzu eine charakteristische Anekdote. 1909 waren Freud und Jung an eine amerikanische Universität eingeladen, um dort Vorlesungen zu halten und auch den Titel eines Ehrendoktors zu empfangen. Ferenczi war mit von der Partie. Auf dem Schiff bei der Ozeanreise unterhielt sich das psychoanalytische Trio damit, dass an jedem Morgen die Träume der Nacht erzählt wurden. Freud fühlte sich von dem etwas groben und impulsiven Jung vermutlich bedrängt. Als er einmal von Prostituierten träumte, meinte Jung beim Analysieren der Träume, wenn man schon von Prostitution träume, müsse man die Frage aufwerfen, ob eine entsprechende Praxis sinnvoll sei. Freud erbleichte bei diesem Ansinnen und rief aus: „Aber ich bin doch ein verheirateter Mann!"

Marthas unverheiratete Schwester Minna lebte im freudschen Haushalt und war mit dem Begründer der Psychoanalyse eng befreundet. Sie war intellektueller als Martha, und so konnte Freud mit ihr leicht seine Probleme diskutieren. Freud ging üblicherweise allein auf seine großen Ferienreisen, die ihn meistens nach Italien führten. Manchmal begleitete ihn Ferenczi, gelegentlich auch die Schwägerin Minna. Das hat in der Freud-Literatur zur Unterstellung geführt, Minna sei eventuell Freuds Geliebte gewesen. Wir glauben es nicht; eine solche Vermutung darf nur ausgesprochen werden, wenn man handfeste Belege für sie hat.

Die Freud-Ehe scheint sehr glücklich gewesen zu sein. Noch im Alter sagte der große Psychoanalytiker zu einem Besucher, er sei über ein halbes Jahrhundert mit Martha verheiratet; sie sei nie krank gewesen. Und dann fuhr er fort: „Es war eine gute Wahl."

Die tragende Gefühlsbeziehung zwischen diesen beiden Protagonisten wurde nicht dadurch gestört, dass Freuds Frauenbild sehr patriarchalisch war und dass er bezüglich seiner Ansicht über die Wesenseigenschaften der Frau bedenklich nahe bei Schopenhauer, Nietzsche, Strindberg und anderen Frauenfeinden steht. Das waren seine theoretischen Überzeugungen; aber im Umgang mit konkreten Mitgliedern des weiblichen Geschlechts war er ein vollendeter Kavalier, voller Höflichkeit und Feinfühligkeit.

Mit Lou Salomé war er seit dem Ersten Weltkrieg befreundet und akzeptierte sie als Vorzugsschülerin. Aber auch diese gewohnheitsmäßige „Herzensbrecherin" (die von manchen Autoren unter die Rubrik eines weiblichen Don Juan eingereiht wird) kam ihm gewiss nicht allzu nahe.

Nur 1929 in Berlin gelang es ihr im Gespräch mit dem krebskranken „Lehrer", durch einen eventuell provozierten Tränenausbruch die Andeutung einer Umarmung zu erzwingen.

Man sieht: Freud gibt das Beispiel einer unerschütterlichen Partnerschaft zwischen Mann und Frau, basierend auf wechselseitiger Achtung und Zuneigung, ungestört durch den vorhandenen Patriarchalismus auf der einen Seite und die weibliche Rollenfügsamkeit auf der anderen Seite.

Alfred Adler

Adler war ebenfalls ein entschiedener „Monogamist". Auch hier kann man annehmen, dass seine Gattin Raissa Timofejewna die einzige Frau seines Lebens war. Er lernte sie als junger Arzt kennen, als sie noch Studentin war. Sie gab das Studium auf und wurde nur noch Ehefrau, die immerhin neben der Betreuung von Gatte und Haushalt vier Kinder großzuziehen hatte.

Auch hier scheint die Ehe in ihren Grundlagen solid und haltbar gewesen zu sein. Neben der persönlichen Liebe verband die beiden Ehepartner eine gemeinsame sozialistische Weltanschauung. Frau Adler soll diesbezüglich radikaler als ihr Ehemann gewesen sein. Dieser war ein Anhänger freiheitlich-sozialistischer Lebensanschauungen, befreundet mit führenden Sozialdemokraten und mit einer gewissen Sympathie für den libertären Sozialismus von Peter Kropotkin und Gustav Landauer. Raissa Adler jedoch war z. B. mit Leo Trotzki befreundet und neigte bis in die 30er-Jahre hinein zu einer Glorifikation des Bolschewismus, der für Adler spätestens seit 1918 ein Gräuel war.

Es gab also in dieser Ehe mehr Spannungen als in der Freud-Ehe. Raissa Adler hatte vermutlich Charaktereigenschaften, die an den „männlichen Protest" erinnern, der in Adlers Individualpsychologie eine zentrale Bedeutung besitzt. Nach Adler hat jeder charaktergestörte oder neurotische Mensch den teilweise unbewussten Impuls, „ein ganzer Mann zu sein". Vor allem die Frauen in der patriarchalischen Kultur fühlen sich mit Recht verkürzt und benachteiligt, und darum gibt es in jeder normalen und besonders neurotischen Frauenpsyche diese Protesthaltung, die eventuell zur Ablehnung der Frauenrolle führt und eine Kampfstellung gegenüber dem eigenen Mann und den Männern überhaupt nach sich zieht.

Adler konnte diese Charakterpathologie vielleicht an der eigenen Frau studieren. Und er fand sie natürlich auch bei allen Frauen innerhalb seiner neurotischen Klientel, die ihn nach seiner Loslösung von Freud im Jahre 1911 aus allen Kontinenten konsultierten.

Aber Frau Adler war stark an der Psychologie interessiert, wenngleich die Politik für sie noch mehr bedeutete. Das scheint Adler im Laufe der Zeit zur Last geworden zu sein. Jedenfalls sagte er in den frühen 30er-Jahren seinen Kindern Alexandra und Kurt, dass „die Mutter“ mit ihrer „ewigen Politisiererei“ auf falschen Wegen wandle.

Damals war Adler bereits in den USA und hatte die genannten Kinder und noch seine Tochter Nelly mit sich genommen. Frau Adler jedoch zögerte, das bereits kleriko-faschistisch regierte Österreich zu verlassen, weil sie „ihren Genossen nahe bleiben wollte“. Sie fürchtete mit Recht eine gewisse Vereinsamung in New York, da ihr Mann unzählige Verpflichtungen als Hochschullehrer und Propagandist der Individualpsychologie in den USA hatte und überwiegend „aushäusig“ war. Tatsächlich übernahm sich Adler in der Fülle und Vielfalt seiner Aufgaben und starb schon mit 67 Jahren auf einer Vortragsreise im schottischen Aberdeen. Frau Raissa hat ihn nahezu dreißig Jahre überlebt.

Bezüglich Adlers Einstellung zu Liebe und Ehe sind noch drei Punkte nachzutragen. Es handelt sich um Fakten, die auf ihre Art ein Licht auf Adlers Persönlichkeit und Wertekosmos werfen.

Der Sohn Kurt, der zuerst Physik und dann Medizin studierte, plante als junger Mann einen größeren Ferienaufenthalt. Da er offenbar von unternehmungslustiger Wesensart war, befragte er vor dem Antritt der Reise seinen Vater, wie man sich am besten vor Geschlechtskrankheiten schützen könne. Die salomonische Antwort des genialen Psychologen war: „Der beste Schutz gegen Geschlechtskrankheiten ist Liebe!“

Als Adlers Tochter Valentine (eine promovierte Volkswirtschaftlerin mit sozialistisch-kommunistischer Weltanschauung) anfangs der 30er-Jahre heiratete, schrieb Adler einen zärtlichen Brief an die beiden jungen Eheleute, in den auch einige Anmerkungen zur Psychologie und Psychohygiene der Ehe einflossen. In diesem Zusammenhang meinte der Begründer der Individualpsychologie: „Vergesst bitte nie, dass die monogame Ehe eine der schönsten Blüten der Kultur ist.“

Zu dieser Äußerung steht ein wenig im Gegensatz, dass vor einigen Jahren das Tagebuch einer Frau Dr. Herzka veröffentlicht wurde (ihr Sohn lehrt Psychiatrie an der Universität Zürich und war der Herausgeber), worin die Autorin eine Liebesepisode mit Adler in den 20er-Jahren beschreibt. Vermutlich war die Adler-Ehe in eine Krise geraten; Adler suchte nun bei dieser wesentlich jüngeren Frau Bestätigung und Zuwendung. Nach dieser Publikation entstand in Kreisen der deutschen Individualpsychologen eine Unruhe, die letztlich in der Verlautbarung einer ihrer Sprecherinnen (Dr. A. Bruder-Bezzel) kulminierte, das komme einem Skandal gleich. Adler, der glühende Verfechter des Monogamie-Ideals, habe selbst die Ehe gebrochen! Folglich müsse er vor die Ethik-Kommission gebracht werden!

Wir können uns einem solchen moralistischen Getue nicht anschließen. Wenn die Tagebuchaufzeichnungen von Frau Herzka realistisch sind (und nicht etwa aus hysterischen Phantasien hervorgingen), dann will das nur besagen, dass auch der menschlich und geistig hoch stehende Alfred Adler nur ein Mensch war. Darüber sollte man keine großen Debatten führen, sondern zur Tagesordnung übergehen.

C. G. Jung

Auch C. G. Jung hatte im Laufe seines Lebens so manche Eheprobleme. Er wuchs in einem Pfarrhaus auf und verinnerlichte dort gewiss strenge moralische Maßstäbe. Als Student besuchte er in Schaffhausen die Fabrikantenfamilie Rauschenbach, mit der seine Eltern aus der früheren Pfarrei-Zeit in Laufen am Rheinfall (bei Schaffhausen) bekannt oder befreundet waren. Dort lernte er die attraktive Tochter des Hauses Emma kennen und verliebte sich in sie. Seiner Biographin gestand er mehr als ein halbes Jahrhundert später, er habe beim Anblick seiner späteren Frau sofort gewusst: „Die oder keine!"

Die jungen Leute korrespondierten miteinander, und es kam einige Jahre später zur Ehe. Emma Jung-Rauschenbach nahm lebhaften Anteil an den Interessen und geistigen Entwicklungen ihres Gatten. Es wurde nach und nach eine größere Kinderschar geboren, die sorgsam erzogen wurde. Als Jung Freud-Schüler wurde, beschäftigte sich Emma intensiv mit der Psychoanalyse, besuchte auch einige Kongresse und hielt einen Briefwechsel mit Freud aufrecht, als sich Schwierigkeiten in der Ehe und im Zusammenhang mit Jungs Emanzipation aus seiner Freud-Schülerschaft einstellten.

Sie war auch in späteren Jahren eine engagierte Schülerin und Mitarbeiterin ihres Mannes. Als Psychotherapeutin arbeitete sie, die kein Studium absolviert hatte, unter seiner Ägide. Bis in ihre letzten Lebensjahre hinein suchte sie die analytische oder komplexe Psychologie auf Probleme der Psychotherapie und der weiblichen Psyche anzuwenden.

Jung, der eine stark narzisstische und selbstherrliche Persönlichkeit war, begehrte nicht nur Anklang in der Welt der Wissenschaft und bei seiner Patientenklientel, sondern auch bei den Frauen. Vor etwas mehr als einem Jahrzehnt ist seine Affäre mit der Patientin Sabina Spielrain publik geworden. Damals (um 1907) wollte er die schwer kranke junge Ärztin aus Russland durch ein Liebesverhältnis heilen, was zu gewaltigen emotionalen Komplikationen führte. Frau Spielrain wurde zu Sigmund Freud nach Wien geschickt, wobei der Meister den Lapsus seines Schülers vollumfänglich deckte und die beunruhigte Patientin wieder zu stabilisieren vermochte. Sabina Spielrain ging später nach Russland zurück und wurde eine der ersten Psychoanalytikerinnen dieses Landes. Sie ist um 1943 von Hitlers Vernichtungsbrigaden als Jüdin umgebracht worden.

Ähnlich wie Freud war Jung ein Anhänger der überlieferten patriarchalischen Weltanschauung. Seine Äußerungen über die „Psychologie der

Frau“ sind eher dürftig und haben kaum wissenschaftliches Gewicht. In seinem Essay *Die Frau in Europa* rätselt er über das Geschlechterverhältnis und postuliert, in jeder Mann-Frau-Beziehung sei der eine Teil der „Umfangende“, der andere Teil aber der „Umfangene“. In Jungs Sicht bedeutete das, dass die prägnantere Persönlichkeit an ihrem schwächeren Gegenüber kein komplettes Genügen finden könne.

Das legte er offenbar zu seinen eigenen Gunsten aus und schrieb sich das Recht zu, außereheliche Erfahrungen zu machen. In seinem psychologischen System zerfällt die Menschenpsyche in mehrere Instanzen, die wie Teilpersönlichkeiten anmuten. So glaubte Jung, dass es in der Seele des Mannes einen Archetyp (Urbild) der Frau gebe, den er als Anima bezeichnete. Nur wenn der Mann einer realen und leibhaftigen Frau begegnet, die in seinem Inneren den genannten Archetyp vitalisiert, fühlt er sich zutiefst ergriffen. Eine Beziehung zu einer „Anima“-Frau erschüttere die Fundamente der Persönlichkeit.

Mit einer solchen Partnerin wurde Jung konfrontiert, als er im Hause des Züricher Verlegers Wolff dessen Tochter Toni kennen lernte. Es entspann sich eine stürmische Affäre, die sowohl sinnliche als auch geistige Aspekte aufwies. Die beunruhigte Gattin Jungs wollte dieser Geschichte ein Ende machen, stieß aber hierbei auf Granit bei dem emotional mächtig engagierten Ehemann. Es wurde nach langen Debatten ein Kompromiss ausgehandelt. Der Begründer der analytischen Psychologie verbrachte an festgesetzten Terminen einen Tag pro Woche mit der „geistigen“ Lebensgefährtin, um dann immer wieder in die Arme seiner angetrauten Gattin zurückzukehren. Das ging so über viele Jahre hinweg. Toni Wolff – die im Übrigen eine recht labile Persönlichkeit war, von der Aspekte von Sucht bekannt sind – entwickelte sich zu einer prominenten Jungianerin; von ihr soll auch die Bezeichnung „Komplexe Psychologie“ stammen, die nach und nach an die Stelle des vieldeutigeren Terminus „Analytische Psychologie“ trat.

Liebe und Ehe in weltliterarischer Gestaltung

Schon seit langem gilt es als erwiesen, dass in vielen Kunstwerken – vorrangig der Dichtkunst – erstaunlich viele und hellsichtige psychologische Erkenntnisse enthalten sind, die oftmals schon Jahrzehnte oder gar Jahrhunderte vor der Etablierung von Tiefenpsychologie und akademischer Psychologie formuliert wurden. Nicht zuletzt Freud, Adler und Jung haben in ihren Schriften häufig auf solche Dichter und deren psychologischen Sachverstand Bezug genommen, hießen sie nun etwa Goethe oder Molière, Shakespeare oder Dostojewski.

Zu den psychologisch außerordentlich relevanten Themen der Weltliteratur gehörten und gehören natürlich auch die Phänomene von Liebe und Ehe. Die Charakteristika, Modelle, Chancen und Probleme von Liebesbeziehungen und ehelichen Partnerschaften wurden in den letzten Jahrhunderten von vielen Dichtern ausführlich bedacht und beschrieben. Die Handlungsstränge von Dramen ebenso wie von Erzählungen oder Romanen ranken sich nicht selten um Themen wie Verliebtheit, enttäuschte Liebe, Treue, Seitensprung, Eifersucht, Liebeswahn, alternde Liebe und Ehe, Dreiecksverhältnisse, Leidenschaften und vieles andere mehr. Manche Figuren der Dichter werden mit bestimmten Fragenkomplexen aus den Bereichen Liebe und Ehe regelrecht gleichgesetzt; man denke etwa nur an Shakespeares *Othello*, bei dem vielen von uns das Problem der Eifersucht in den Sinn kommen wird und dessen Verhalten wir im Kapitel über die Eifersucht ausführlich beschrieben haben.

Die Literatur der Vergangenheit hat sich dem Thema von Ehe und Liebe auch unter dem Aspekt des Patriarchats sowie der Emanzipation der Frau in zum Teil großen und beeindruckenden epischen oder dramatischen Gestalten zugewandt. Man denke nur an Gustave Flauberts *Madame Bovary* (1857), an Tolstois *Anna Karenina* (1873) oder an Theodor Fontanes *Effi Briest* (1895).

Alle diese Frauen haben Versuche der Emanzipation und der Befreiung ihrer Individualität unternommen und sind mehr oder minder gescheitert. Die treibende Kraft ihrer Bewegungen bildete jeweils der Eros, die tatsächliche oder „wahre Liebe“ zu einem anderen denn zum eigenen Mann; dieser andere aber trug meist das Versprechen von emanzipatorischer Befreiung, von leibhaftigem Leben und individualisierender Revolte gegen

Konvention und öffentliche Moral an sich. Der französische Landarzt Bovary, der russische Beamte Karenin oder der preußische Landrat Innstetten werden – als Vertreter einer von Männern formulierten und von der Gesellschaft sanktionierten Ethik und Moral – von ihren Ehefrauen verlassen nicht nur um ihrer Person, sondern auch um ihrer konservativen und patriarchalischen Rolle und Funktion willen.

Mithilfe einer neuen, einer echteren und authentischeren Liebesbeziehung hoffen Emma und Anna und Effi, nicht nur die Fesseln einer nekrotisierenden Moral, sondern auch diejenigen ihrer – über viele Generationen tradierten – Geschlechterrolle hinter sich lassen zu können. Doch dabei verfallen sie wiederum und erneut in eine ihnen von den Männern zugedachte und „typisch weibliche" Rolle: Als Liebende jenseits der ehelichen Bereiche beweisen sie, indem sie die wirkliche oder eingebildete Liebe höher stellen als den Status der anständigen und treuen Ehefrau, „echte Weiblichkeit".

Madame Bovary

Was entsteht eigentlich, wenn ein „Idiot der Familie" (Sartre) sich daranmacht, einen Ehe- und Liebesroman zu schreiben? Wenn ein von Distanz und Überdruss dem Leben gegenüber geprägter Griesgram und Misanthrop, der zugegebenermaßen zwischendurch von Phasen des Dandytums und ausschweifender Phantasien etwas abgelenkt wurde, sich vornimmt, einen Text über das „Glück inniger Zweisamkeit" zu verfassen? Und wenn er noch dazu die Figuren, Handlungen und Atmosphären seines Werkes in die platte französische Provinz verlegt, nach Rouen, einem Städtchen, in dem er seine eigene, eher trist und düster erlebte Kindheit und Jugend verbracht hatte, die er bisweilen mit dem wenig heiteren französischen Wort *ennui* (Langeweile) charakterisierte?

Ob Gustave Flaubert in seiner Weltanschauung, in seinem Wesen und in seinem Charakter tatsächlich so beschaffen war, wie eben angedeutet, oder ob diese Beschreibung eher das Resultat einförmiger biographischer Skizzen darstellt, soll hier nicht untersucht werden. Fest steht jedenfalls, dass sein Erfolgsroman *Madame Bovary*, der 1856 in Fortsetzungen in der *Revue de Paris* und 1857 als Buch erschienen ist und der den Ablauf einer Ehe von den ersten Anfängen bis hin zum bitteren Ende nachzeichnet, in seinen Hauptpersonen und in deren Schicksalen reichlich den Empfindungen von Langeweile, Monotonie, Hoffnungslosigkeit und letztlich Absurdität verpflichtet ist.

Der Roman verdankt sein Entstehen einem Flop. Flaubert (1821–1880) hatte schon in den 40er-Jahren ein Manuskript mit dem Titel *Die Versuchung des heiligen Antonius* verfertigt, das er seinen Freunden zur Lektüre anvertraute. Diese waren von dem ermüdenden Text derart enerviert, dass sie dem Schriftsteller dringend zu einem anderen, weniger exaltierten und dafür alltäglicheren Stoff rieten, den er bearbeiten sollte.

In dieser Situation stolperte Flaubert über eine kleine Zeitungsnotiz, in der der Selbstmord einer gewissen Delphine Delamare angezeigt wurde. Diese war in einem kleinen normannischen Dorf mit einem harmlosen Landarzt verheiratet gewesen, brach aus schierer Langeweile heraus die Ehe, machte Schulden und vergiftete sich zuletzt. Der Stoff für *Madame Bovary* war gefunden.

Der Roman beleuchtet eingangs jedoch das Leben von Charles Bovary, den Flaubert als neuen Schüler in die Klasse eines Provinzgymnasiums eintreten lässt, wobei zum einen vor allem seine Schüchternheit, zum anderen aber auch seine Kopfbedeckung – eine überaus hässliche und zu Spott und Hohn provozierende Troddelmütze – auffällig sind. Beides – die Schüchternheit wie auch die Hänseleien wegen seines Aussehens – erträgt Charles ohne merkliche Regung; schon als Junge scheint dieser Charles Bovary die Rolle eines Menschen eingeübt zu haben, der die Ereignisse und Schicksalsschläge des Lebens dumpf und passiv ertragen will – eine Rolle, die er konsequent weiterspielt, selbst wenn er bisweilen Zuflucht zu Befreiungsschlägen sucht, um sie jählings hinter sich zu lassen.

Die Eltern Bovary beschließen für ihren Jungen, dieser solle Medizin studieren – ein Studium, das er denn auch lustlos und ohne Engagement absolviert wie sein gesamtes bisheriges Leben. Die einzige Leidenschaft, die Flaubert seinem Geschöpf zu jener Zeit zubilligt, ist das Domino-Spiel, das er ausgiebig betreibt und das ihm Empfindungen der Freiheit und der scheinbaren Überwindung seiner Hemmungen bereitet.

Nach einigem Hin und Her besteht Charles seine Examina und ist nun Arzt. Wieder bleibt er seinem Lebensstil treu und lässt seine Mama entscheiden, was nun weiter aus ihm werden soll. Diese hatte bereits die Landpraxis eines betagten Arztes ausfindig gemacht, die Charles prompt nach dem Ableben des Alten zugeschustert bekommt.

Doch damit nicht genug. Mutter Bovary war in den Zeiten des Studiums ihres Sohnes nicht müßig gewesen und hatte ihm zur Praxis auch noch die passende Frau besorgt, die 45-jährige Witwe eines Gerichtsvollziehers, nicht schön, eher sogar hässlich, aber ungemein betucht. Auch diese Entscheidung erträgt Charles gefasst und erhofft sich vom gefüllten Säckel seiner Angetrauten so manche Annehmlichkeiten. Doch auch als diese ausbleiben und er stattdessen mit den zickigen Launen der postmenopausal gestimmten älteren Frau konfrontiert wird, lässt er diese geduldig und ohne Gegenwehr über sich ergehen.

In Charles Bovary präsentiert uns Flaubert einen Mann, der allem Anschein nach die *vita passiva* zu seinem Motto erkoren hat: schüchtern, gehemmt, abwartend, ohne Eigeninitiative, geduldig bis zum Masochismus, willig und brav bis zur Trotteligkeit. Von solchen Menschen wissen wir, dass sie oftmals darauf warten und hoffen, zum Leben erlöst zu werden, ohne je dafür Verantwortung übernehmen zu müssen; aber ebenso dürfen wir von ihnen annehmen, dass auch sie ihren eigenen Willen und ihre exquisiten Größenphantasien haben, die sie im rechten Moment in Szene zu setzen wissen.

Dieser junge Landarzt Charles Bovary trifft nun bei einem Krankenbesuch zufällig auf die noch jüngere Emma Rouault. Emma ist die Tochter eines reichen Bauern, wohl behütet und verwöhnt aufgewachsen, mit einer klösterlichen Erziehung versehen, die ihr ab dem 13. Lebensjahr neben einer absolut ereignislosen Jugend vor allem eine tiefe Neigung zu sentimentaler und romantischer Träumerei beschert hat.

Auch Emma kennt – als Frau in der Mitte des 19. Jahrhunderts nicht weiter verwunderlich – die Vorstellung vom Leben als einer Veranstaltung, die man nur sehr bedingt aktiv und selbstständig gestalten und verändern kann. Anders aber als Charles hat Mademoiselle Rouault gelernt, sich Bilder, Hoffnungen und Illusionen zu machen, die sie sich in stundenlangen Tagträumen ausmalt und die ihr Ideen und Vorstellungen liefern, wie ihr Leben anders und großartiger verlaufen könnte. Auch sie wartet auf Erlösung, wobei sie (natürlich) imaginiert, von einem „Reiter mit der weißen Feder, der auf einem Rappen von weither über die Ebene herangaloppiert kam“, erobert, entführt und nach oben in die Sphären des Glücks verbracht zu werden.

Mit zu den kunstvollsten und gelungensten Passagen des Romans gehören jene Szenen, in denen Flaubert diese beiden wartenden, bedürftigen, vom Leben bisher links liegen gelassenen und auf Erlösung hoffenden Individuen aufeinander treffen lässt. Beide leben in beengenden und unglücklichen Verhältnissen, beide haben daraufhin zu Methoden der Anästhesie (Betäubung) und der Analgesie (Schmerzlosigkeit) gegriffen – Charles zur Anästhesie der stummen Trotteligkeit und Emma zur Anästhesie des Tagtraums –, und beide sind deshalb unfähig, den anderen in seinen realen Profilen und Dimensionen wahrzunehmen.

Charles und Emma verlieben sich ineinander – oder sollten wir besser sagen: bieten sich einander als gegenseitige Projektionsflächen für ihre Illusionen und irrealen Hoffnungen an. Vor allem Emmas Wunschbilder scheinen ohne großen Widerstand mit der Gestalt Charles Bovarys zu verschmelzen. War mit ihm nicht jener ominöse weißbefederte Reiter in ihr Leben eingetreten, dem sie in ihrer gedanklichen Flucht vor der Realität schon unzählige Male begegnet war? Und versprach dieser junge Medikus nicht mit jeder Faser seines Wesens Glück und Expansion, Aufbruch und Aufschwung, Abenteuer und den Flair der weiten Welt? Doch auch Charles kann sich – dumpfer zwar und weniger poetisch, dafür aber mindestens so illusionär – mit Emma Rouault einen Aufstieg in bessere Lebensbedingungen lebhaft vorstellen.

In diese vorerst zart sich anbahnende Beziehung hinein verhilft ein glücklicher Zufall den beiden zur baldigen Realisierung ihrer gegenseitigen Phantasien. Bovarys Gattin Heloise erleidet einen Blutsturz und stirbt. Nach wenigen Tagen und Wochen einer angemessenen Trauerfrist wird der frische Witwer Charles Bovary der Gatte von Emma, wobei auch hierbei mehr das Mitleid und die rührselige Besorgnis des Vaters Rouault mit dem armen Trauernden denn eventuelle Aktivitäten oder gar eine heftige Braut-Werbung von Bovary selbst zur Ehestiftung beitragen.

Schon kurze Zeit nach der Eheschließung jedoch machen sich bei Emma die ersten untrüglichen Zeichen von Unzufriedenheit bemerkbar. Charles, der allem Anschein nach bedürfnislos und selbstzufrieden seiner Arbeit als Landarzt nachgeht, verkennt völlig, wie sehr die Frau an seiner Seite ihre Zweisamkeit als eintönig, fade und langweilig erlebt. Glück, Leidenschaft und Trunkenheit – drei Begriffe, die sich Emma aus ihrer romantischen „Inkubationszeit" im Kloster ganz genau gemerkt und in ihre Ehe als Anspruch und Maßstab hinübergerettet hat – fehlen rundum; statt Glück dominiert die *tristesse* und das Einerlei des Alltags, statt Leidenschaft erlebt die junge Ehefrau das ungeübt-tollpatschige Geknutscht-Werden durch Charles, und statt Trunkenheit wartet immer wieder nüchterne Desillusionierung auf ihre romantische Seele.

„Ihr Leben", so beschreibt Flaubert die Situation Emma Bovarys nach den ersten Monaten ihrer Ehe, „war kalt wie eine Bodenkammer, deren Fensterchen nach Norden lag, und lautlos wie eine Spinne wob die Langeweile im Dunkeln ihr Netz in allen Winkeln ihres Herzens." Man sieht: Flaubert verfügte sehr wohl über die Sprache und gleichzeitig aber auch über den Erfahrungsschatz, Atmosphären von *ennui* (Langeweile) souverän und meisterhaft zum Ausdruck zu bringen.

Nur zu verständlich, dass Emma jede sich bietende Gelegenheit, die Ablenkung und Zerstreuung verspricht, mit beiden Händen beim Schopfe packt. So unterbricht etwa eine Einladung des Marquis d'Andervilliers das Einerlei ihrer Tage. Wie in ihren kühnsten Phantasien im Kloster erlebt Emma den Ablauf des Banketts, bei dem Champagner zelebriert wird, Granatäpfel und Ananas en masse verspeist und Mandelmilchsuppe mit anschließendem Pudding à la Trafalgar gereicht werden. „Sogar der Puderzucker" – so Flaubert – „kam ihr weißer und feiner vor als anderswo."

Dieses Ball-Erlebnis wirkt sich im Nachhinein delikat auf Emmas seelische Verfassung aus. Beim Marquis war ihr eine Welt begegnet, die ihre alten Träumereien aufs Heftigste reaktivierte und die ihr als eine Realität gewordene Illusion vorkommen musste. Der Schock nun, den Emma nach der Einladung beim Betreten ihrer eigenen vier Wände zuhause und damit bei der Konfrontation mit ihrer Wirklichkeit erleidet, löst bei ihr hysterische Reaktionen, Schreianfälle und lang anhaltende und heftige Verstimmungen aus. Wenn ehemals Verwöhnte einer Versuchungs-Versagungs-Situation ausgesetzt werden – das wussten schon die alten Psychoanalytiker –, ist die Wahrscheinlichkeit einer neurotischen Dekompensation relativ groß.

Charles spürt, dass von ihm nun eine irgendwie geartete Reaktion erwartet wird. Weil er über zu wenig Intuition und Menschenkenntnis verfügt, interpretiert er die Zustände seiner Frau als „klimatisch bedingt" und beschließt, mit ihr zusammen in ein anderes Dorf überzusiedeln – ein Entschluss, der oberflächlich betrachtet Besserung beschert.

Denn sowohl der Umzug wie auch einige unbekannte Gesichter verheißen Ablenkung und neuerliches Mischen der Karten, die am alten Wohnort schon endgültig verteilt zu sein schienen. Die Bovarys lernen nun den Apotheker Homais kennen, der als fortschrittlicher und antiklerikaler Voltairianer mit seinen kecken Reden und unabhängigen Ansichten etwas Humor und Leben in die modrige Atmosphäre des Dorfes wie auch der Bovary-Ehe bringt. Auch der Notariatsangestellte Léon, der sich in aller Form und Höflichkeit um die Gunst Emmas bemüht, wird von Madame Bovary eindeutig auf der Haben-Seite des Lebens verbucht. Und als schließlich gar den beiden Eheleuten ein kleines Mädchen geboren wird, scheint die Strategie von Charles aufzugehen, der ja auf „Klima-Veränderung" gesetzt hat und auch ein verändertes Klima geschaffen zu haben scheint.

Aber weil beide – Emma wie Charles – das wahre Defizit ihrer Existenz nicht durchschauen, pflanzt es sich fort und macht sich schon kurze Zeit später wieder in Symptomen und dem Bedürfnis nach erneuter Zerstreuung bemerkbar. Was aber macht dieses Defizit aus, und warum setzt vor allem Emma auf immer neue Ablenkung und Veränderung? Und was hat dies alles mit der immer wieder beklagten und von Flaubert so meisterhaft geschilderten Langeweile der beiden Protagonisten zu tun?

Das Wort Langeweile bedeutet soviel wie lange oder kaum dahinfließende Zeit. Im Gegensatz zu geschäftigen oder umtriebigen Menschen scheinen die Gelangweilten ein Übermaß an Zeit zur Verfügung zu haben. Sie sitzen und warten, dösen und schauen oder verrichten allenfalls gelangweilt irgendeine Tätigkeit, die ihr inneres Wesen nicht weiter in Wallung zu versetzen vermag. Vielen dieser Zeitgenossen vergeht die Zeit schlecht oder gar nicht, und nicht selten sehnen sie einen Moment herbei, der ihnen Zerstreuung oder Abwechselung verspricht.

In eine derartige Stimmung geraten wir jedoch nur dann, wenn uns der Aufgabencharakter der Welt verlustig geht. Nur derjenige, der nicht mehr weiß, was er tun soll und wozu er auf der Welt ist, dem seine Person oder seine Mitmenschen oder die Verhältnisse auf unserem Globus keine Aufforderung mehr darstellen, verstehend oder stabilisierend, helfend oder gestaltend einzugreifen, kann überhaupt Langeweile oder Gleichgültigkeit bis hin zum Überdruss entwickeln.

Nun dürfen wir es uns aber als keine allzu leichte Übung vorstellen, die Aufgaben unserer Umwelt und die Imperative, die von ihnen ausgehen, nicht mehr oder nur noch schemenhaft wahrzunehmen. Dazu bedarf es eines kräftigen und nachhaltigen (inneren) Distanz-Manövers und Nivellierungs-Aktes, um diese Welt zu neutralisieren und sie uns „vom Halse zu halten".

Wenn sich jedoch Menschen – und sei es nur innerlich – von ihrer Mitwelt entfernen, haben sie normalerweise einen hohen Preis zu entrichten. Dieser besteht oft in Einsamkeit, Angst oder auch – Langeweile. Letztere kann wohl als eine direkte Folge des Wegrückens der Welt verstanden werden. Wer aufgrund seiner Distanz zur Welt nicht mehr weiß, was er tun und werden soll, fällt nicht nur aus dem Rahmen von allfälligen Aufgaben, Anforderungen und Entwicklungschancen. Darüber hinaus steigt er auch aus dem Strom der Zeit aus, in dem jeder mitschwimmen muss, will er nicht an den Ufern der Werdenshemmung stranden. Die Zeit nämlich stellt so etwas wie das innerste Substrat unserer werdenden Person dar.

Nun hat schon Viktor-Emil von Gebsattel in seinem Buch *Prolegomena einer medizinischen Anthropologie* (1954) feinsinnig dargelegt, inwiefern Neurosen als Formen der Werdenshemmung imponieren und bei ihnen daher das subjektive Erleben der Zeit verändert oder gestört sein kann. Vor allem bei der Melancholie und bei den Zwangsneurosen könne man einen fast völligen Stillstand der Zeit konstatieren. Solchen Menschen wird einerseits ihre „Weile" lang; andererseits starren sie auf die real verrinnende Zeit, die ihnen Stunde für Stunde vorrechnet, wie sehr sie ihr Leben verpassen und sie die Möglichkeiten der Zeitigung für sich nicht in Anspruch nehmen. Das nicht gelebte, langweilige Leben und die vertanen Chancen der Zeitigung können bei manchen Neurotikern durchaus erschütternde Ausmaße annehmen; in diesem Zusammenhang darf man wohl zu Recht auch auf einen Aphorismus Marie von Ebner-Eschenbachs verweisen, in dem sie die Langeweile als eine „Halbschwester der Verzweiflung" bezeichnet hat.

Gehen wir von diesen Beschreibungen Gebsattels aus, so können wir formulieren, dass im Zentrum vieler oder aller Neurosen nicht nur – wie Freud es beschrieben hat – die Angst zu finden ist; mindestens ebenso oft stoßen wir auf die Langeweile, die freilich häufig genug durch neurotische oder sonstige Symptome (Sucht, Essstörungen, hysterische „Abwechslungen", Perversionen usw.) klein gehalten oder überspielt wird.

In den beiden Bovarys nun haben sich zwei Menschen gefunden, bei denen ihre Langeweile und ihr Überdruss am Leben ebenfalls als Indikatoren für eine fundamentale Werdenshemmung gelten können. Beide haben bisher nicht gelernt, den Aufgabencharakter, der von ihrer eigenen (noch nicht entwickelten) Person wie auch von ihrer Umwelt ausgeht, wahrzunehmen und adäquat auf ihn zu reagieren. Statt Förderung der eigenen und der Person des anderen – wohl eine der Hauptaufgaben einer gut funktionierenden Partnerschaft – gefallen sie sich in Phantasien, maßlosen Wünschen, verwöhnten Ansprüchen, Verstimmungen und allerlei neurotischen Arrangements. Die Zerstreuung, die sie suchen, ist die Konsequenz der mangelhaften Konzentration, die sie der Bildung und Entwicklung ihrer Person gegenüber an den Tag legen.

Auch Charles Bovary ist von dieser Dynamik keineswegs frei. Er verspürt dumpf sein ausbleibendes Wachstum und den Stillstand seiner Entwicklung, was er in früheren Zeiten mittels Tölpelhaftigkeit zu betäuben versuchte. Jetzt, als erfolgreicher Landarzt, greift er zu einem anderen Mittel: Er will – und diese Größenphantasie kennen viele schüchterne und passive Menschen – schlagartig eine Kapazität seines Faches sein und wählt sich dafür einen Kranken, an dem er ganz Frankreich beweisen kann, wie sehr er, Charles Bovary, bisher verkannt und unterschätzt wurde.

Bei dem Kranken handelt es sich um einen Stallknecht mit einem Klumpfuß, dem Bovary verspricht, ihn mit einer etwas gewagten und noch neuen Operationstechnik heilen zu können. Der Stallknecht stimmt zu, Bovary operiert und sieht sich – da der Eingriff scheinbar Erfolg zeigt – bereits in den nationalen Gazetten der Republik als Held gefeiert. Nach wenigen Tagen jedoch verschlechtert sich der Zustand des Stallknechts erheblich, sodass ein älterer Kollege Bovarys dem Patienten schließlich das Bein amputieren muss. Bovary ist beschämt und zerknirscht, und auch Emma, die durch einen Sieg Charles' den eigenen Wert hätte steigen sehen, erlebt die Niederlage ihres Mannes als neuen Beweis seiner unsäglichen Mittelmäßigkeit: „Charles, so kam es ihr vor, war ihrem Leben so entfremdet, so für alle Zukunft ausgeschieden, so verworfen und zu nichts verkümmert, als läge er im Sterben …“

Den schlagartigen Aufschwung und den prompten Ausweg aus einer verfahrenen und monotonen Existenz, die Charles Bovary im Bereich seines Berufes gesucht hat, sucht Emma nun im Bereich neuer Verliebtheiten, Affären und sexueller Abenteuer. Die zunehmende Entwertung von Charles, die sich bisweilen bis zum Hass gegen ihn steigert, dient ihr dabei als emotionales Sprungbrett, auf dem sie sich die Energie und die Begründung holt, um sich von ihrem Gatten fort hin zu einem Geliebten zu bewegen.

Als sie schließlich Rodolphe Boulanger, einen reichen und wohlhabenden Gutsherrn, kennen lernt, für den die Eroberung einer Frau ein schon oft und intensiv geübtes Stück Leben bedeutet, scheinen die romantischen Vorstellungen von ehedem für sie in Erfüllung zu gehen. Emma genießt das Zusammensein mit Rodolphe – der über die Schnelligkeit seiner neuen Eroberung trotz seiner Routine doch einigermaßen erstaunt ist – „ohne Gewissensbisse, ohne Unruhe und ohne jede Störung".

Da in Emmas Phantasien auch hoch dramatische Fluchtpläne keine geringe Rolle spielen, Rodolphe jedoch viel zu sehr Realist ist, um sich in solche Aktivitäten verwickeln zu lassen, erkaltet die Zuneigung Emmas zu ihm bald. Auch Rodolphe wird für Emma eine Station der Desillusionierung.

Nicht sehr viel besser ergeht es ihr mit Léon, dem ehemaligen Notariatsangestellten, der zum zweiten Geliebten Emmas avanciert. Ihn besucht sie jeden Donnerstag in der Stadt unter dem Vorwand, Klavierunterricht zu nehmen. Doch allein schon die Regelmäßigkeit der Termine für ihre Schäferstündchen erweckt in Emma die alten Empfindungen von Gewöhnung, von fader Wiederholung und letztendlich von unsäglicher Langeweile.

Als schließlich auch noch der Wucherer Lheureux – bei dem Emma zur Abwechselung und um sich zu betäuben wiederholt Luxusartikel gekauft hat, ohne sie immer gleich bezahlen zu können – gerichtlich seine Schulden einzutreiben unternimmt, erlebt Madame Bovary ihre existenzielle Situation als völlig verfahren und ausweglos. In ihrer Verzweiflung vergiftet sie sich mit einem Fläschchen Arsen, das sie in Homais' Apotheke entwendet hat.

Charles, der über den Tod seiner Gattin in tiefe Trauer und Hoffnungslosigkeit verfällt, findet einige Zeit später die Korrespondenz Emmas mit ihren Geliebten. Er reagiert darauf, wie er es von Kindesbeinen an eingeübt hat, mit einer Haltung, die jede Verantwortung seinerseits negiert, und stellt resümierend fest: „Das Schicksal ist schuld!" Kurz darauf stirbt auch er.

Flauberts *Madame Bovary* wurde in den Jahren nach seiner Veröffentlichung zuerst als Skandalon erlebt und später dann in den Rang eines Klassikers erhoben. Maupassant, Zola oder Proust deklarierten diesen Roman als Maßstab des eigenen Schaffens, weil in ihm zum einen eine neuartige Erzählperspektive perfekt durchgehalten wird: Flaubert wollte als Erzähler wie „Gott im Universum überall gegenwärtig, aber nirgends sichtbar" sein. Zum anderen habe Flaubert es darin genial verstanden, den Atmosphären der starren Unbewegtheit, der stereotypen Repetition, der Klischeehaftigkeit und Phraseologie von angeblichen Liebesgefühlen und von Eheversprechen und dem Gegensatz von Wirklichkeit und Wunschbild Ausdruck zu verleihen. Diesen fatalen Widerspruch zwischen Schein und Sein, in der Folge auch *Bovarysme* genannt, kannte Flaubert wohl aus eigenem Erleben ebenso gut wie die Langeweile. Bei Gelegenheit meinte er jedenfalls einmal lakonisch: *Emma Bovary, c'est moi!*

Nora und Hedda Gabler

Auch Henrik Ibsen (1828–1906) hat sich in vielen seiner Dramen – aus seiner eigenen Biographie heraus durchaus verständlich – den Fragen und Problemen von Liebe und Ehe intensiv zugewandt. Insbesondere die Gesichtspunkte des Patriarchats und der Emanzipation haben in seinen Dramen wiederholt zur Entwicklung von spannungsreichen Dialogen und von enorm eindrücklichen Bühnenfiguren beigetragen.

Zwei Modelle oder Entwürfe weiblicher Emanzipation und der daraus erwachsenden Beziehungen zu Männern lassen Ibsens innere Einstellung dazu besonders offenkundig werden: die Figur der Nora (in *Nora oder ein Puppenheim,* 1879) sowie die Figur der Hedda Gabler im gleichnamigen Stück (1890). Beide Frauen gestalten ihre Liebesbeziehung „emanzipatorisch", allerdings in sehr unterschiedlichen Richtungen und ausgehend von sehr divergenten Verhältnissen.

Nora lebt anfänglich fraglos glücklich und zufrieden in ihrem „Puppenheim". Verheiratet mit dem Bankdirektor Helmer, der sie als seine „Lerche", sein „Eichhörnchen" oder auch als „das lockere Zeisiglein" bezeichnet und mit dem zusammen sie drei reizende Kinder in die Welt gesetzt hat, verbringt sie ihre Tage trällernd und in beinahe kindlicher Unschuld.

Ein einziges Mal nur hat sie in ihrem bisherigen Leben eigenständig gehandelt, als sie sich – ohne Wissen ihres Mannes und mit einer gefälschten Bürgschaftsunterschrift ihres Vaters – eine große Summe Geldes von dem dubiosen Anwalt Krogstad geliehen hat. Das Geld war dringend notwendig gewesen, um einen längeren Kuraufenthalt für ihren Gatten und sich selbst in Italien zu finanzieren, der dem todkranken Torvald Helmer wieder zu Gesundheit und voller Leistungsfähigkeit verhelfen sollte. Helmer selbst war zu dieser Zeit nicht imstande gewesen, eine derartig große Summe aufzubringen.

Jahre nach dieser Schuldschein-Affäre kommt Krogstad, an den Nora immer noch Raten zu zahlen hat, zu Helmers und versucht nun, Nora zu erpressen. Nora soll sich bei ihrem Mann für ihn, Krogstad verwenden, der inzwischen bei der Bank von Torvald Helmer angestellt ist und der von diesem wegen Unregelmäßigkeiten entlassen werden soll. Andernfalls – so Krogstad – wolle er die Geschichte mit dem Wechsel öffentlich machen oder zumindest Helmer davon in Kenntnis setzen. Nora, die sich nur allzu leicht die Reaktionen ihres gefühlskargen und moralstrengen Ehemannes ausmalen kann, gerät daraufhin in Panik. Trotz einiger Versuche ihrerseits, das Geheimnis nicht an den Tag kommen zu lassen, erfährt schließlich Torvald in einem Brief die ganze Wahrheit.

Helmer reagiert wie ein echter Patriarch des 19. Jahrhunderts: Er beschimpft seine Frau als Heuchlerin und Lügnerin und beklagt, dass er mit einer verbrecherischen und leichtsinnigen Gattin sein Leben fristen muss.

Außerdem erlebt er es ungemein belastend, dass er sich aufgrund der Aktivitäten Noras nun in der Gewalt eines gewissenlosen Menschen befindet, der mit ihm machen kann, was er will. Er, Torvald Helmer, der Ausbund eines makellosen Benehmens und Verhaltens, ist erpressbar geworden! Die Konsequenzen für den so Entehrten stehen fest. In einer „definitiven" Aussprache teilt er seiner Frau mit:

> Mein ganzes Glück hast du zerstört. Meine ganze Zukunft hast du mir vernichtet … Du bleibst also nach wie vor im Hause; das ist selbstverständlich. Aber die Kinder darfst du mir nicht erziehen; die wage ich dir nicht anzuvertrauen.

Statt – wie Nora es vor Jahren getan hatte, als sie aus Zuneigung und Fürsorge um Torvald zu einer Mogelei griff – das Gesetz der Liebe und des Eros gelten zu lassen, bemüht Torvald Helmer das „männliche" Prinzip von Recht und Ordnung, von öffentlicher Meinung und konventioneller Moral, um die lange zurückliegende Schwindelei seiner Ehefrau abzuurteilen. Milde, Güte, Großherzigkeit und Augenmaß vermisst man an ihm gänzlich. Und auch die Floskeln des Verzeihens, zu denen er greift, nachdem sich herausstellt, dass Krogstad auf seine Ansprüche verzichtet, verraten letztendlich doch nur seine durch und durch patriarchalische Gesinnung:

> Ich werde dir nicht mehr oft zu wiederholen brauchen, dass ich dir verziehen habe … Für den Mann liegt etwas unbeschreiblich Holdes und Befriedigendes in dem Bewusstsein, seiner Frau vergeben zu haben … Ist sie doch gewissermaßen in doppeltem Sinne dadurch sein Eigen geworden; als hätte er sie zum zweiten Male in die Welt gesetzt.

Bei Nora aber wurde in den Tagen ihrer panischen Angst ein Reifungs- und Emanzipationsprozess angestoßen. Sie ist nun, auch nach Torvalds „werbend-verzeihenden" Einlassungen, nicht mehr gewillt, ihre alte Rolle als „Lerche" oder „Eichhörnchen" einfach weiterzuspielen. Im Gegenteil – sie legt sich und ihrem Mann schonungs- und illusionslos eine Beurteilung ihrer Ehe vor:

> Ich meine, dann ging ich aus Papas Händen in deine über. … Du warst immer so lieb zu mir. Aber unser Heim ist nichts anderes als eine Spielstube gewesen. Hier bin ich deine Puppenfrau gewesen, wie ich zu Hause Papas Puppenkind war. Und die Kinder, die waren wiederum meine Puppen. Wenn du mich nahmst und mit mir spieltest, so machte mir das gerade solchen Spaß, wie es den Kindern Spaß machte, wenn ich sie nahm und mit ihnen spielte. Das ist unsere Ehe gewesen, Torvald.

Trotz aller Überredungskünste Torvalds, trotz aller Verweise auf Pflicht und Ehre, auf Staat und Religion, auf Tradition und Moral, und trotz aller Beteuerungen seinerseits, Nora zukünftig „auf Händen zu tragen", bleibt diese bei ihrem Entschluss, Helmer wie auch ihre Kinder zu verlassen.

Nora befreit sich nicht nur aus ihrer aktuellen Ehe; gleichzeitig nämlich beginnt sie, ihre von Kindesbeinen an eintrainierte Rolle und Identität als Püppchen und Spielzeug, als Jasagerin und willfährige Marionette zu überwinden. Die Krise ihrer Partnerschaft und die Angst vor öffentlicher Ablehnung und Verurteilung öffneten ihr gänzlich die Augen für die – von ihr schon länger gespürten – Zusammenhänge zwischen Erziehung, tradiertem Rollenverständnis, staatlich und religiös vermittelter Moral und neuerlichen Abhängigkeiten. Ihre Emanzipationsbewegung und ihre Revolte bedeuten ein Nein gegen ein Dasein ohne eigenes und wahrhaftiges Denken und Fühlen sowie einen Aufbruch hin zur eigentlichen, wenn auch (vorläufig?) einsamen Individualität.

Mit diesem Programm hat Nora die geschlechtsspezifische zu einer allgemeinmenschlichen Emanzipation erweitert. Es hieße, Ibsen missverstehen und an der Realität vieler Eltern-Kind- oder Mann-Frau-Beziehungen vorbeisehen zu wollen, wenn man nicht parallel zum „Püppchendasein" der Frauen dasjenige der Männer mit berücksichtigte. Die Marionettenhaftigkeit und Selbstentfremdung vieler Menschen (und eben auch von Männern) jedoch lässt Liebesbeziehungen, Partnerschaften und Ehen zwischen ihnen von allem Anfang an prekär erscheinen. Ibsens Plädoyer für eine Emanzipation beider Geschlechter hin zur Individualität und zum „Selber-Sein" kann auch als Credo verstanden werden, dass nur da wirkliche und lang anhaltende Liebe entstehen kann, wo zwei „Einzelne" und nicht zwei „Selbstentfremdete" aufeinander treffen.

Einen ganz anderen „Emanzipationsprozess" als Nora hat Hedda Gabler bereits zu Beginn des gleichnamigen Stückes hinter sich gebracht. Hier begegnet sie uns als junge, seit kurzem verheiratete Frau, die offensichtlich zu dominieren und zu herrschen gelernt und das „Weibchenschema" in mancherlei Hinsicht weit hinter sich gelassen hat. Als Tochter des Generals Gabler, von dem sie neben einem Paar Pistolen noch einiges mehr an männlicher „Ausrüstung" und maskulinen Idealen geerbt hat, scheint sie das „Berufsziel" *femme fatale* oder Amazone nur knapp verfehlt zu haben.

Doch nun hat sie den brav-biederen, eher feminin wirkenden Jörgen Tesman geehelicht. Von diesem Jörgen Tesman, der sich als Kulturhistoriker berechtigte Aussichten auf eine Professur macht und den man bezeichnenderweise mit dem Präsent seiner alten, verloren geglaubten Hausschuhe in einen regelrechten Freudentaumel versetzen kann, steht von allem Anfang an zu befürchten, dass er der unbändigen Lebensgier und dem

Verlangen seiner Frau nach Neuem, Exaltiertem oder Unerhörtem nur schwerlich wird gerecht werden können.

Mit diesem Menschen verheiratet zu sein, ist für Hedda allem Anschein nach kein viel versprechender Beginn, sondern ein bitteres Ende ihres Erwachsenendaseins. Sie, die in „Großartigkeit" begonnen und in ihrer Jugend den genialischen und nach Boheme anmutenden Ejlert Lövborg umschwärmt hatte, sieht sich jetzt der gähnenden Langeweile und dem stumpf-grauen, von Sicherheiten, Konvention und Wiederholung strotzenden Alltag mit einem professoralen Einfaltspinsel ausgesetzt.

Nur zu verständlich, dass Hedda in dieser Situation, die für sie nun die Aufgaben von Haushalt, Familie und Ehegattin bereithielte, störrisch, launisch, herrisch, gereizt – kurz: „hysterisch" – reagiert. Dem Assessor Brack, einem Hausfreund, der nur allzu gerne ein Verhältnis mit Hedda installieren möchte, gesteht sie:

> *Hedda*: Manchmal glaube ich, ich habe Anlage nur zu einer Sache auf der Welt.
> *Brack*: Und das ist, wenn ich fragen darf?
> *Hedda*: Mich zu Tode zu langweilen.

Etwas Abwechslung in diese Tristesse versprechen die unvorhergesehenen Besuche von Ejlert Lövborg und seiner momentanen Muse Thea Elvsted zu bringen. Lövborg, der früher alkoholabhängig war, hat inzwischen – ebenfalls wie Tesman ein Kulturhistoriker – ein respektables Buch geschrieben. Darüber hinaus hält er nun das Manuskript eines – wie er meint – noch viel grandioseren Buches in Händen, das er in den letzten Wochen fertig gestellt hat. Als Lövborg von Hedda erfährt, dass Thea Sorge um seine Standfestigkeit und Nüchternheit ihr gegenüber geäußert habe, greift er zum Glas und betrinkt sich. Die Nacht endet für ihn im Bordell und mit dem Verlust des einzigen Exemplars seines Manuskripts, das ihm irgendwo abhanden gekommen ist.

Zufällig findet Jörgen Tesman das Manuskript und nimmt es mit sich nach Hause, wo er es Hedda zeigt und ihr mitteilt, er wolle es Lövborg in einigen Stunden zurückbringen. Wenig später kommt der völlig verzweifelte Ejlert zu Hedda und gesteht ihr, das Manuskript, das gemeinsame geistige „Kind" von Thea und ihm, verloren zu haben. Doch anstatt ihm vom glücklichen Fund ihres Mannes zu erzählen, lässt Hedda Lövborg im Glauben, das Manuskript zum neuen Buch sei tatsächlich unrettbar verloren. Zum Abschied steckt sie ihm, der aufgrund des Verlustes sogar mit Gedanken an Suizid spielt, eine ihrer beiden geerbten Pistolen zu.

Kaum dass Lövborg den Raum verlassen hat, holt Hedda das Manuskript aus dem Schreibtisch ihres Mannes und setzt sich damit vor den offenen, brennenden Kamin.

Hedda (wirft eines von den Heften ins Feuer und flüstert vor sich hin): Nun verbrenne ich dein Kind, Thea! … Dein Kind und Ejlert Lövborgs. (Wirft den Rest hinein.) Nun verbrenne, – nun verbrenne ich das Kind.

Als wenig später die Nachricht vom Tode Ejlert Lövborgs bei den Tesmans eintrifft, besteht Heddas Kommentar in dem lakonischen Satz: „Endlich einmal eine Tat … Er hat den Mut gehabt, das zu tun, was – was getan werden musste." Doch nachdem Assessor Brack den genauen Ablauf des Todes von Lövborg berichtet und sich herausgestellt hat, dass dieser sich keineswegs „in Schönheit" suizidiert, sondern im Bordell beim Spiel mit der Pistole einen Unfall erlitten und der dabei losgelöste Schuss seinen Unterleib tödlich getroffen hat, wendet sich Hedda mit einem Ausdruck von Ekel ab. Wenige Minuten später greift sie selbst zu der noch verbliebenen Pistole und schießt sich „in Schönheit" durch die eigene Schläfe.

In Hedda Gabler hat Ibsen eine Frau entworfen, die sich auf fatale Weise einem doppelten „männlichen Protest" (A. Adler) verschrieben hat: Sie möchte leben wie ein Mann, und nachdem das Schicksal und die eigene Biographie ihr die Unmöglichkeit dieses Unterfangens signalisieren, möchte sie zumindest sterben wie ein Mann.

Hedda Gabler, die ja – Ibsen zeigt es am Namen – nie Frau Tesman geworden, sondern immer die Tochter (oder besser der „Sohn" als Erbe des väterlichen Namens) von General Gabler geblieben ist, „emanzipiert" sich von den Unbilden der weiblichen Rolle im Patriarchat auf die scheinbar einfachste Art: Sie will als Frau „ein Mann" sein. Anders als Nora, die als Frau um Eigenständigkeit, Individualität und Authentizität ringt, schlüpft Hedda flugs ins falsche Kostüm und hofft, damit dem eigenen (und dem anderen!) Geschlecht ein Schnippchen schlagen zu können.

Kein Wunder, dass Hedda Gabler Männer um sich schart, die sich – selbst an ihrer Männlichkeit zweifelnd und in ihrem Rollenverständnis unsicher – von ihr auch dominieren und „kastrieren" lassen: der feminine Tesman mit seinem Hang zu alten Pantoffeln, Tanten und Papier, den Hedda fast während des ganzen Dramas als Ausdruck ihrer Geringschätzung nur bei seinem Nachnamen nennt; der genialische, aber ichschwache Lövborg, der immer wieder Trost und Betäubung in Alkohol und Bordellen sucht, der von der für ihn dramatischen Tatsache, sein Manuskript verloren zu haben, in Verzweiflung und in den halben Suizid getrieben wird, und dem Hedda – wohl wissend, was sie da tut – sein liebstes „Kind" in Flammen aufgehen lässt; und schließlich noch Assessor Brack, der sich in seiner männlichen Attraktivität so gering schätzt, dass er schlussendlich zum Mittel der Erpressung greift, um Hedda zu einer Affäre mit ihm zu

„überzeugen“. Heddas Suizid, der diesem Ansinnen ein Ende bereitet und der letztlich alle Überlebenden „kastriert“ zurücklässt, kommentiert Brack mit der nur mäßig originellen Bemerkung: „So etwas tut man doch nicht!“

Doch was ist – neben den eben schon erwähnten Punkten – der eigentliche Nachteil und Verlust in Hedda Gablers Emanzipationsbestrebungen? Welchen Preis hat eine Frau respektive auch ein Mann zu entrichten, wenn sie wesentliche Anteile ihrer Persönlichkeit (wie etwa ihr eigenes Geschlecht) gering achten oder negieren wollen? Und wie entwickeln sich unter solchen Voraussetzungen allfällige „Liebes“-Beziehungen?

Ibsen gibt auch auf diese Fragen Antworten in seinem Stück. Hedda Gabler leidet an Langeweile, an ungelebtem Leben und an der vertagten Tat. Schon in ihrer Jugend war sie, als die Liebelei mit Ejlert Lövborg ernst zu werden drohte, zurückgeschreckt. Statt ihre Rolle als Mädchen und junge Frau in dieser Beziehung zu suchen, verlegte sie sich aufs Zuhören und damit auf ein Leben aus zweiter Hand. Dies reichte zwar hin, ihre Gier nach Leben anzustacheln, nicht aber, sie tatsächlich auch zu befriedigen. Das Resultat dieser bei Tesman und Brack wiederholten Bewegung – nämlich keine wirkliche Liebes- und Partnerschaftsbeziehung einzugehen, die ja von ihr die Akzeptanz und Übernahme ihrer Frauenrolle erfordert hätte – waren Empfindungen der Leere und Langeweile.

Daneben machte sich bei ihr, je mehr ihr das Leben zwischen den Fingern zu zerrinnen drohte, umso mehr Lebenslust und -gier bemerkbar. Die „Tat“ aber, die von Hedda Gabler in ihrer Situation gefordert gewesen wäre, den Versuch der Liebe nämlich, diese Tat vertagte sie ein ums andere Mal. Und gleichzeitig sehnte sie sich zunehmend nach dem Mut zu einer Tat, die – wie sie es bei Ejlert Lövborgs Suizid ausdrückte – getan werden muss. Nachdem sie aber statt Mut immer wieder die von ihr selbst diagnostizierte „Feigheit“ bei sich feststellen musste, und nachdem auch die Männer um sie her zu keiner existenziellen und zugleich ästhetischen Tat imstande waren, griff Hedda zur „Untat“ des Selbstmordes.

Diese von Feigheit vor dem Leben geprägte Tat, die „man doch nicht tut“, macht noch einmal das Absurde in Hedda Gablers Leben deutlich. In dem Moment, in dem sie sich zu einer „existenziellen Tat“ aufrafft, verspielt sie diese ihre Existenz und damit alle ihre Möglichkeiten. Ihr nicht erfolgter Individuationsprozess hätte von ihr die innere und äußere Emanzipation von fragwürdigen Idealen der Männlichkeit, des Überlegenheitsdenkens und der Macht erfordert; nur so hätte sich für sie die Gelegenheit eröffnet, überhaupt ein „Du-sagendes Ich“ und damit ein Individuum zu werden, das die Aufgaben von Liebe und Partnerschaft mit einigermaßen Aussicht auf Erfolg angehen kann.

Hedda Gabler aber wählte – wie viele Frauen und Männer ebenso – die Karikatur eines Emanzipationsprozesses, der sie weg vom eigenen und vom anderen Geschlecht, weg von Eros und Liebe und damit weg vom Leben führte. Der Kampf mit dem eigenen und gegen das andere Geschlecht absorbierte ihre Kraft und Vitalität und paralysierte ihr Leben und ihre Liebesbeziehungen bis zum Zustand der Langeweile, die immer dann auftritt, wenn der Werdensprozess eines Menschen ins Stocken gerät.

Der Vater

Anders als Ibsen hat der zweite große Dramatiker Skandinaviens, August Strindberg (1849–1912) die Themen von Ehe, Liebe und Partnerschaft, Sexualität und Leidenschaft sowie weiblicher und männlicher Sozialisation und Emanzipation erlebt und bearbeitet. Strindberg, der *Sohn einer Magd* (so der Titel einer autobiographischen Schrift des Dichters), tendierte in seinem realen Dasein Frauen gegenüber meist eher zu einer madonnenhaften Verehrung, was die dazu oftmals parallel auftretende Entwertung jedoch nicht ausschloss. Mit der neuen Rolle der „emanzipierten Frau“, wie sie von Ibsen propagiert und gutgeheißen wurde, konnte Strindberg wenig anfangen.

Dementsprechend groß ist auch die Verwirrung, die sich zwischen den Geschlechtern ergibt, sobald Strindberg sie als Eheleute oder Liebende auf die Bühne stellt; kaum dass sie dieselbe Sprache sprechen, von harmonisch aufeinander bezogenen Gefühlen ganz zu schweigen. Doch sind es bei ihm häufiger die Frauen-Figuren, die den Geschlechter-Kampf forcieren, die den Männern gegenüber Dominanz nicht nur anstreben, sondern sie auch übernehmen, und die so den Grundstein zu einer „Strindberg-Ehe“ legen.

Besonders eindrücklich kommen manche von Strindbergs Ansichten und (in der eigenen ersten Ehe erlittenen) Erlebnisse in seinem Drama *Der Vater* zum Tragen. Diese Tragödie entstand im Jahre 1887, nur wenige Wochen und Monate, nachdem der Autor sich von seiner ersten Gattin Siri von Essen getrennt hatte.

In *Der Vater* wird der Krieg der Geschlechter zum „Kampf der Gehirne“ umstilisiert. So wie schon Hegel in seiner *Phänomenologie des Geistes* (1806) das Zusammen- und Aufeinandertreffen von zwei Individuen sinngemäß als das Ringen zweier Selbstbewusstseine um Macht und Überlegenheit beschrieben hat, so interpretiert Strindberg in seinem Stück die Dynamik der „modernen Ehe“ als eine dramatische Auseinandersetzung zwischen Mann und Frau, die ihren Kampf von einer körperlichen auf eine psychische Ebene verlagert haben, ohne dass es deshalb weniger grausam zuginge; statt Mord und Totschlag greifen sie zu seelischer Diskriminierung oder gar Auslöschung des anderen.

Hauptfigur dieses Schauspiels ist der „Rittmeister“, der sich – als Mann von mittleren Jahren – in seinem Leben eine solide Bildung erworben hat und in seiner Freizeit dem wissenschaftlich betriebenen Hobby der Mineralogie nachgeht. Neben ihm wohnen in seinem Haushalt nur noch Frauen: seine Gattin Laura, seine Tochter Bertha, seine Schwiegermutter sowie seine alte Amme Margret.

Allein diese Konstellation birgt eine gewisse Brisanz. Nicht ganz zu Unrecht erlebt der Rittmeister diese Frauen-Fronde als verschwörerische und gefährliche Gruppe, vor der er Tag und Nacht auf der Hut sein muss, um nicht in die Rolle des Unterlegenen zu rutschen. In den Worten des Rittmeisters klingt die Beschreibung seiner Familie sogar „bestialisch":

> Es ist wie in einem Tigerkäfig; hielte ich ihnen nicht mein glühendes Eisen unter die Nase, so würden sie mich bei der ersten Gelegenheit zerreißen.

Dass der Rittmeister nicht nur ein misstrauisch-paranoid gestimmter Mensch ist, der an allen Ecken Verrat wittert, sondern in Bezug auf seine „Liebsten" durchaus auch etwas Richtiges spürt, wird im Drama recht bald deutlich. Seine Ehefrau Laura nämlich beabsichtigt, die gemeinsame Tochter Bertha gegen seinen Willen in einem „modern-emanzipierten" Sinne zu erziehen und zu fördern und sie deshalb aus dem pädagogischen Einfluss ihres Mannes zu entfernen. Weil dieser jedoch einen Narren an seiner Tochter gefressen hat und sie als sein „ewiges Leben" tituliert, dem seine ganze väterliche Sorge und Zuneigung gilt, scheint ein Rückzug seinerseits von den Erziehungsaufgaben in eine sehr ferne Zukunft gerückt. Da der Rittmeister auf bloße Worte nicht hören will, entwickelt Laura nun andere Strategien.

Durch geschickt gestreute Gerüchte und perfide eingefädelte Intrigen versteht es Laura, die Umgebung des Rittmeisters nach und nach davon zu überzeugen, dass ihr Gatte geisteskrank sei. Harmlose Beschwerden und Phänomene des Rittmeisters werden von ihr zu schweren Symptomen und untrüglichen Anzeichen einer sich ankündigenden Gemüts-Krankheit aufgebauscht und als überaus bedenklich an Freunde und Bekannte ihres Mannes kolportiert. Außerdem entdeckt Laura einen alten Brief ihres Gatten an seinen Arzt, in dem er vor Jahr und Tag die Befürchtung geäußert hatte, den Verstand zu verlieren; natürlich verwendet Laura diesen Brief ganz in ihrem Sinne als Beweismittel für die nun eingetretene geistige und emotionale Zerrüttung des Rittmeisters.

Der Rittmeister – der immer deutlicher spürt, dass sich hinter seinem Rücken etwas zusammenbraut, ohne dafür jedoch Beweise in der Hand zu halten – reagiert, wie es im Lehrbuch steht: Er versucht mit Auseinandersetzungen und Streit, Drohgebärden und Affekten, Zornesausbrüchen und – im Wechsel dazu – Bitten und Flehen an seine Gattin und die anderen Frauen des Haushalts, den Schleier des vermuteten Komplotts zu zerreißen, um endlich Klarheit in diesem familären Beziehungs-Dschungel zu gewinnen. Diese gesteigerte emotionale Labilität des Rittmeisters nutzt Laura nun wieder ihrerseits, um allen Beteiligten erneut das kranke Gemüt ihres Gatten zu demonstrieren, mit dem es sichtlich bergab gehe.

Zur weiteren Verunsicherung des Rittmeisters trägt bei, dass allem Anschein nach seine mineralogisch-wissenschaftlichen Arbeiten nicht mehr im gewohnten Maße vorangehen; zumindest bleiben wichtige Briefe und damit das anerkennende Echo der Fachkollegen aus. Was der Hobby-Mineraloge nicht wissen kann, ist, dass Laura diese Briefe abgefangen und zurückgehalten hat. Auch auf diese Frustration zeigt der Rittmeister Reaktionen, die den Gesetzen der Psychopathologie entsprechen: Er wird jähzornig und aggressiv und bestätigt damit nur die Diagnosen seiner Umwelt, denen sich nun nach und nach auch der neue Bezirksarzt Doktor Östermark anzuschließen gezwungen sieht.

Vollends zur Dekompensation bringt Laura ihren Gatten jedoch, indem sie einen schrecklichen Zweifel in sein Gemüt verpflanzt, der ihn nicht mehr zur Ruhe kommen lässt: Sie erörtert vor ihm die Tatsache, dass ja kein Mann ganz genau wissen könne, ob er wirklich der Vater seines Kindes sei.

Dieser Zweifel wird zuerst zur fixen und schließlich zur Wahn-Idee des Rittmeisters. Ist er wirklich der Vater Berthas oder nicht? Bedeutet seine Tochter ewiges Leben für ihn oder für einen anderen? Und wenn nicht er der Vater seines Kindes ist, wer dann? Bei welcher Gelegenheit hat Laura diesen anderen kennen gelernt, und warum hat er selbst davon so lange nichts geahnt? Wie konnte es dann kommen, dass er Bertha fälschlich als sein eigen Fleisch und Blut erlebte? Und wenn er sich in dieser fundamentalen Angelegenheit geirrt hat, wie kann er dann noch davon ausgehen, die Welt um ihn her und ihre Verhältnisse richtig zu beurteilen? Auf wen ist noch Verlass, und wo überhaupt gibt es Sicherheit?

Überaus kunstvoll (wohl auch, weil aus dem eigenen Erleben gespeist!) gelingt es Strindberg in diesen Szenen, den Übergang eines Menschen aus der Realität in den Wahn darzustellen. Wie ein Schiffbrüchiger im Ozean keinen Halt und keine Orientierung mehr um sich weiß und panisch nach allem greift, was Auftrieb und Überleben verspricht, so klammert sich ein Individuum, das dem Wahn nahe ist, an Fetzen und Versatzstücke der bisherigen Wirklichkeit und an seine ihm wichtigen Beziehungs-Personen wie Eltern oder Partner. Wenn diese sich allerdings ebenfalls als nicht tragfähig erweisen, schlagen die Wellen der Paranoia über ihm zusammen.

Als der Rittmeister im Rahmen einer Auseinandersetzung, bei der ihm Laura ankündigt, auf seine Entmündigung hinzuarbeiten, eine brennende Lampe nach ihr wirft, ist Doktor Östermark willens und bereit, den armen Kranken wegen erwiesener Gemeingefährlichkeit in ein Irrenhaus einzuweisen. Da man davon ausgeht, dass es bei seiner Einweisung neuerlich zu aggressiven Ausbrüchen kommen könnte, beauftragt man seine alte Amme Margret, ihm eine Zwangsjacke anzulegen. In ihren Armen wird der Rittmeister endgültig wieder zum Kind und lässt beinahe alles willenlos mit sich geschehen. Kaum aber, dass dem Kranken auch noch die letzte Freiheit genommen wurde, stirbt der so gebrochene Mann im Beisein von Margret an einer Herzattacke.

In *Der Vater* lässt Strindberg die Frauen den Kampf um Überlegenheit und Macht gewinnen, wobei er diesen Kampf als einen tödlichen dramatisiert. Wenn auch die meisten Ehen und Zweierbeziehungen nicht unbedingt mit dem gewaltsamen Tode eines oder gar beider Protagonisten enden, hat der Dichter dennoch mit der tiefen Tragik und dem bitteren Ernst, die den Geschlechterkampf in vielen Fällen auszeichnen, etwas Richtiges gesehen und packend auf die Bühne gebracht. Dieser Kampf speist sich nicht nur aus den „privatistischen Konflikten" zweier ehemals sich Liebender; in ihm brechen vielmehr die uralten und seit Jahrtausenden tradierten Missverständnisse und Kränkungen, Entwertungen und gebrochenen Treueschwüre zwischen dem männlichen und dem weiblichen Geschlecht wieder auf, die die davon betroffenen Individuen in ihrer Wucht und in ihren Ausmaßen meist völlig überfordern.

Mit seinem Drama gelang es Strindberg, diese heillose und unglückliche Tradition exemplarisch darzustellen. Was er verabsäumte und was eigentlich ein zweites Stück mit dem Titel *Die Mutter* notwendig hätte erscheinen lassen, ist die Tatsache, dass es sich beim „Sieg" Lauras um einen Pyrrhus-Sieg gehandelt hat.

Effi Briest

Theodor Fontane (1819–1898) war ein Schriftsteller des bürgerlichen Zeitalters und ein Repräsentant des bürgerlichen Romans, für den das Stichwort Realismus gilt. Dieser Autor interessiert den Psychologen auch unter dem Gesichtspunkt der Altersproduktivität. Erst in seinem siebenten Lebensjahrzehnt wird Fontane der große deutsche Romanschriftsteller, als den wir ihn kennen. Seine bedeutendsten Romanschöpfungen fallen also in sein Greisenalter.

Effi Briest ist 1894/95 erschienen – es handelt sich um einen Frauen- und Eheroman. Das Thema erweckt sofort unser Interesse. Unwillkürlich erinnert man sich an August Bebels Darstellung der damaligen sozialen, kulturellen und politischen Situation der Frau in seinem Epoche machenden Buch *Die Frau und der Sozialismus* (1883). Im zu jener Zeit herrschenden extremen Patriarchat war die Frau dem Manne fast völlig untertan. Nur wenige Berufe standen ihr offen, und die Chancen für ein Studium waren gleich null. Auch im Eherecht war sie gegenüber dem Mann erheblich benachteiligt. Bebel behauptet in seinem Werk ganz richtig, dass die

Frauen die proletarischsten Proletarier Europas seien: Auch der armseligste Prolet ganz unten an der Gesellschaftspyramide stehe immer noch über seiner Frau! Dies galt aber nicht nur für die armen Volksschichten – auch im Bürgertum und in der Aristokratie war die Frau weitgehend ohne Rechte. Es erhebt sich die Frage, wie Fontane zu dieser Situation Stellung nehmen wird.

Sein Buch ist aber nicht nur ein Frauen-, sondern auch ein Eheroman. Diese literarische Gattung setzt ein mit Goethes ungewöhnlich feinsinnigem Roman *Die Wahlverwandtschaften* (1809). Fontanes Buch kommt neunzig Jahre nach Goethe – man fragt sich, ob er aufgrund der gesellschaftlichen Weiterentwicklung des Bürgertums in der Lage ist, das Problem der Frauenemanzipation ernster und eindringlicher zu behandeln. Zunächst einige Angaben über den Inhalt von *Effi Briest.*

Der Roman spielt in Adelskreisen. Die Hauptfigur ist Effi von Briest, ein 16-jähriges Mädchen, das mit seinen Eltern als Einzelkind auf einem preußischen Rittergut lebt. Es wird am Anfang des Romans trotz seiner sechzehn Jahre ganz als verspieltes Kind geschildert. Entsprechend den sexuellen und gesellschaftlichen Tabus der Epoche konnte ein Mädchen dieses Alters nur wenig von der Welt assimiliert haben. Die Frauen jener Epoche blieben lebenslänglich Kinder. Ihre Lebensführung machte es ihnen unmöglich, erwachsen zu werden. Meistens gingen sie direkt vom elterlichen Patronat in ein eheliches Patronat über. Eine Konfrontation mit der Welt war weder möglich noch wünschbar. So erfuhren die damaligen Frauen nie, wer sie waren und was in ihnen steckte. Alle Frauen des bürgerlich-aristokratischen Zeitalters wurden um die Chance betrogen, Persönlichkeit zu werden. Selbst die heutige Frau leidet oft noch unter dieser Benachteiligung.

Effi spielt mit ihren Freundinnen wie ein Kind unter Kindern. Es gibt keinen Gedanken an den Ernst des Lebens. Bis eines Tages ein Baron von Innstetten zu Besuch kommt, der vor zwanzig Jahren um Effis Mutter geworben hat. Obwohl er weit älter als Effi ist, hält er um ihre Hand an, indem er in ihr das verjüngte Ebenbild seines Jugendschwarmes sieht. Da Innstetten eine „gute Partie“ ist, wird sein Heiratsantrag angenommen. Persönliche Liebe scheint für Effis bzw. ihrer Eltern Entschluss nicht entscheidend zu sein.

Auch auf die Frage von Effis Freundinnen, ob sie denn ihren zukünftigen Gatten möge, erwidert Effi, er sei doch Aristokrat, werde Karriere machen und habe Haltung im Leben; wieso solle man ihn denn nicht lieben? Der Autor schildert mit feinem Spott die Denkweise der Epoche, in der die „gute Gesellschaft“ noch nicht begriffen hatte, dass eine Heirat eine „Lebenswahl“ bedeutet: Das Mädchen wurde vom Mann „gewählt“; eine eigene Wahl zu treffen, war ihm nicht gestattet. Man spürt Fontanes

Rebellion gegen dieses unmenschliche Verfahren. Über den Kopf des Mädchens hinweg einigen sich Gatte und Eltern über den Heiratshandel; das Patriarchat pflegte dann, diesen Tatbestand verschleiernd, vom „Glück der Ehe" zu sprechen.

Immerhin zeigt der Autor durch eine feine Beobachtung, dass Effis Liebe zu Innstetten nicht sehr groß sein kann. Sie erhält z. B. vom abwesenden Bräutigam einen Liebesbrief und erinnert sich erst nach vielen Stunden daran, diesen Brief zu öffnen. Der Vater bemerkt diese „Fehlleistung" und äußert Bedenken gegenüber der Mutter, ob denn der zukünftige Gatte dem Mädchen nicht völlig gleichgültig sei. Ein Brief von einem wahrhaft geliebten Menschen wird immer sofort geöffnet!

Die nicht emanzipierte Frau des Patriarchats war immer „Kindchen" und Untergebene des Mannes. Dieser fühlte sich als Erzieher und Lehrer der Gattin, zumindest im Bürgertum und in der Aristokratie. In Effis Fall folgt die obligate Hochzeitsreise nach Italien, eine Bildungstour, bei der Innstetten die Schätze seines Wissens vor seiner Ehefrau ausbreitet. Effi fühlt sich auch als Zögling ihres Mannes. Echte Partnerschaft kommt hierbei kaum in Frage. Fontane scheint von diesem Missverhältnis stark berührt zu sein und zeigt dessen Folgeerscheinungen in leisen Anspielungen auf. Man ahnt, dass diese Ehe zu einem Fehlschlag werden muss.

Nach der Hochzeitsreise bezieht das Ehepaar von Innstetten sein Haus in einem kleinen ostpreußischen Städtchen, in welchem Effis Gatte Landgerichtsrat ist. Innstettens ganzes Sinnen und Trachten ist auf Karriere gerichtet. Er wird uns als typischer „Zwangscharakter" geschildert. Er ist ein pflichtbewusster Beamter, dessen Hauptmotivation ein grenzenloser Ehrgeiz ist. Im Übrigen ist alles an ihm hölzern und verhärtet; er scheint gefühlsarm zu sein. Daher müssen ziemlich bald Dissonanzen zwischen ihm und Effi – die noch ganz lebendiges, unbeschwertes Kind ist – aufkommen. In Effi wächst unmerklich ein „unglückliches Bewusstsein" heran, dessen Ursache sie sich nicht einzugestehen wagt.

Man kann hier über die Diskontinuitäten reflektieren, die für den Lebenslauf der Frau in der patriarchalischen Gesellschaft charakteristisch sind. Eigentlich gibt es für den Mann wie für die Frau innerhalb des Patriarchats keinen kontinuierlichen Reifungsprozess. Das liegt am Autoritarismus, an der Zwanghaftigkeit und Lebensunfreundlichkeit der gesamten Kultur. Nur eine antiautoritäre, den Lebensimpulsen und der individuellen Autonomie freundlich gesinnte Kultur würde echte psychische Wachstumsprozesse begünstigen. Ein Kind könnte so nach und nach heranwachsen und mehr und mehr von Welt und Leben assimilieren. Die autoritäre Gesellschaft jedoch geht anders vor. Für sie ist das Kind in seiner Lebendigkeit ein dauernder „Stein des Anstoßes". Kinder sind Störenfriede in einer zwanghaften Welt. Sie stoßen auch ständig an die Mauern und Gitter der

Verbote und Gebote, der Moralvorschriften, Tabus und Vorurteile. Haben sie sich eine Zeit lang daran wundgestoßen, werden sie konformistisch, brav, gehorsam, steif und starr. Die Erziehung hat sie zu „Gesellschaftsautomaten“ gemacht. Sie sind für den Autoritarismus brauchbar geworden, weil sie den Kontakt mit ihrem inneren Leben verloren haben. Über einer verloren gegangenen Lebendigkeit hat sich ein marionettenhaftes Scheinleben installiert. Menschen können auch als soziale „Verhaltensmaschinen“ weiterleben.

Unter „Diskontinuität im Psychischen“ verstehen wir, dass jeder, der nicht phasengerecht Kindheit, Jugend usw. absolvieren konnte, es nur zu einem Schein-Erwachsensein bringen wird. Er bleibt sein Leben lang ein Kind, das vorgibt, erwachsen zu sein. Bei den Frauen ist dieses diskontinuierliche Element bis heute noch viel stärker vorhanden als bei den Männern. Sie wurden stets aus einer verlängerten (falschen) Kindheit bei der Eheschließung mit einem Mal in ein Pseudo-Erwachsensein gleichsam hineingerissen. Vor allem in der Sexualität wurde dies deutlich. Vor der Ehe wurde die Triebsphäre strengstens tabuisiert. Dann kam plötzlich das traumatische Teilhaben an einer unverstandenen, dämonisierten und undifferenzierten Sexualität; Guy de Maupassant hat das sehr schön in seinem Roman *Ein Leben* beschrieben. Die meisten Frauen kamen über diesen Bruch in ihrer ohnehin schon vielfältig gebrochenen Lebenslinie nicht hinweg. Sie zahlten den Männern die Verstümmelung ihrer Autonomie und ihrer Gefühle durch eine lebenslängliche Frigidität heim.

Obwohl Fontane dieses Thema in *Effi Briest* mit großer Zurückhaltung behandelt, scheint auch für Effi dieser oben geschilderte Zusammenhang Geltung zu haben. Sie bringt sehr bald ein Kind zur Welt, aber zwischen den Eheleuten ist alle Zärtlichkeit erloschen. Man lebt nebeneinander her. Es ist eine Fassaden-Ehe, die die gesellschaftliche Konvention aufrechterhält. Es sieht so aus, als ob hier zwei Menschen trotz aller Schwierigkeiten weiterhin zusammenleben werden, um nicht gegen den Zwang von Sitte, Moral und Konformismus zu verstoßen.

Fontane führt die Erzählung weiter und berührt ein merkwürdiges Problem. Innstettens wohnen in einem kleinen Haus, das dem Ehrgeiz seines Besitzers nur wenig entspricht. Aber Effis Gatte ist ein Beamter mit großen Zukunftshoffnungen. Er ist sogar ein Günstling Bismarcks. Das unscheinbare Haus, in dem er derzeit noch wohnen muss, hat aber doch eine besondere Eigenschaft: Es spukt nämlich dort! Irgendein Kapitän und ein rätselhafter Chinese, die früher in diesem Hause lebten und darin umkamen, sollen nachts als Gespenster umgehen.

Effi ist verängstigt und bittet den Gatten, ein anderes Haus zu mieten. Innstetten reagiert mit merkwürdiger Gleichgültigkeit. Er beruhigt zwar seine Frau, aber der Leser spürt, dass ihm Effis Gespensterglaube nicht ganz ungelegen kommt. Das alles scheint nur eine Bagatelle zu sein. Aber die Psychoanalyse hat damit ihren Anfang genommen, dass sie Bagatellen ernst nahm. Daher sei ein Exkurs über „Psychologie der Gespenster" gestattet.

Gespenster gedeihen bekanntlich nur in ganz besonderen Gegenden. Sie bevorzugen als Wohnort keineswegs die Städte, in denen weithin der krasse Unglaube herrscht. Viel eher trifft man auf sie in ländlich-frommen Gebieten, wo noch der alte „Köhlerglaube" verbreitet ist. In autoritären, autokratischen Verhältnissen fühlen sie sich ebenfalls wohl. Eine Affinität zu Aristokraten, Königshäusern usw. ist nicht zu übersehen. Familien, die weit in die Vergangenheit zurückreichen, eventuell sogar mehr Vergangenheit als Zukunft haben, lieben es, ein uraltes Gespenst zur Familie rechnen zu dürfen. Meist ist es eine Ahnfrau oder ein Ahnherr, aber notfalls gibt man sich auch mit gewöhnlicherem Personal zufrieden. Zwar bereitet so ein Spuk auch Angst, aber bei genauerem Hinsehen bemerkt man, dass den Leuten „ihr" Gespenst auch von Nutzen ist.

Gespenster haben sicherlich eine Funktion im Rahmen der so genannten „autoritären Persönlichkeit". Die bekannte Studie von Max Horkheimer und Th. W. Adorno (*The Authoritarian Personality*, 1950) wies darauf hin, dass allen autoritären Menschen eine deutliche Wissenschaftsskepsis anhaftet; die Rationalität der Wissenschaft gefällt ihnen nicht, und sie inklinieren zu vielen Formen des Aberglaubens. Das ist gut begreiflich. Wenn es wirklich mehr Dinge zwischen Himmel und Erde gibt, als sich die Wissenschaft träumen lässt, lassen sich unter Bezug auf sie trefflich irrationale Herrschafts- und Exklusivitätsansprüche aufrechterhalten. Autoritäre Charaktere lieben das Geheimnisvolle, Dumpf-Abergläubische. Sie glauben an die Macht der Sterne (Astrologie), an die Macht des Blutes (Vererbung, Rasse, Volk), an die Macht der Vergangenheit (Tradition, Sitte, Moral, Brauchtum usw.).

Warum bemüht sich Effis Mann nicht, durch einen Wohnungswechsel seine Gattin von ihrer Gespensterfurcht zu befreien? Das Rätsel wird durch den Major von Crampas gelöst, der als eine Art Hausfreund in Innstettens Haus verkehrt und sich eifrig um Effis Sympathie bemüht. Crampas erklärt Effi den Sinn des Spuks. Dieser soll nämlich die derzeitige karge Existenz von Innstetten aufwerten. Ein armer Landgerichtsrat, der ehrgeizig ist, muss zumindest ein Gespenst im Haus haben, um gesellschaftlich relevant zu erscheinen. Als weiterer Vorteil kommt nach Crampas noch hinzu, dass man als Gatte jederzeit ruhig auf Reisen gehen kann, wenn das Haus und die Gattin durch ein angebliches Gespenst bewacht werden. Welche Frau wird einen Ehebruch wagen, wenn ein Spuk im Haus umgeht? Ein Gespenst erweist sich damit auch als ein Repressionsinstrument. Die Aristokraten, in deren Schloss es spukte, konnten die einfältigdumpfe Landbevölkerung leichter regieren. Auch der Gatte ist der Treue seiner Gattin sicherer, wenn sie an Gespenster glaubt.

Crampas Äußerungen sollen Effi bewusst machen, dass ihre Ehe ein Gefängnis ist. Sie weiß das bereits, will es aber nur nicht wahrhaben. Wir fragen uns: Wird sie im Gefängnis bleiben oder wird sie ausbrechen? Die psychologische Stimmigkeit des Romans steht hier vor einem Scheideweg. Um die Vorgehensweise Fontanes, der ja das Schicksal seiner Helden souverän bestimmen kann, zu begreifen, müssen wir einiges über Effis Jugend wissen. Vor allem ist wichtig, wie die Persönlichkeit des Vaters und dessen erzieherischer Einfluss war. Bei einem autoritären Vater würde Effi wohl resigniert die Herrschaftsverhältnisse der Ehe akzeptieren und sich nicht auflehnen. Wir erfahren aber, dass Effis Vater weich, liebevoll und antiautoritär war; nur die Mutter repräsentierte Härte, Konvention und sozialen Zwang. Somit besteht für Effi eine große Diskrepanz zwischen ihrer Vater-Imago (Seelenbild des Vaters) und der psychischen Realität ihres Gatten.

Da sie in der Kindheit nicht durch eine repressive Vaterbeziehung gebrochen wurde, kann sie sich in die Knechtschaft ihrer Ehe nicht fügen. Sie hat noch viel innere Lebendigkeit in sich, die in der Ehe keine Erwiderung findet. Sie wird daher der Liebeswerbung des Majors von Crampas eher erliegen als eine Frau, deren Lebensimpulse völlig gedrosselt sind.

Crampas wird als heiterer Lebemann geschildert, der wegen seiner unerträglichen Ehe zu Seitensprüngen neigt. Er ist der Typus des lebenslustigen Verführers und Charmeurs. Ein solcher Typ findet bei den Frauen der autoritär-patriarchalischen Epoche besonderen Anklang. Er hebt sich zumindest vorteilhaft von den üblichen Zwangscharakteren ab, die das Bedürfnis der Frau nach Liebe mit formelhaften „Pflichtmanövern“ abspeisen. Der Mann im Patriarchat, im sexuell-repressiven, moralistischen, religiösen und militaristischen Zeitalter, ist derart auf Gefühlsarmut dressiert, dass seine Gefühlswelt wie eine Karikatur anmutet. Eine satirisch-hellsichtige Schilderung dieses Typus innerhalb des Wilhelminischen Deutschland findet man in Heinrich Manns Roman *Der Untertan*. Auch die Komödien von Sternheim weisen auf diesen wunden Punkt hin.

Hieraus erwuchsen viele eheliche Spannungen, da die Frauen in dieser Spießerwelt immerhin noch weicher und gefühlsbetonter als die Männer erzogen wurden. Da ihre Gefühle dann nicht von ihren Gatten erwidert wurden, waren sie umso empfänglicher für die Bemühungen des Charmeurs, der doch Gefühle vorspielt, sie vielleicht sogar wirklich empfindet. Es kommt bei Effi zu einer Liebesbeziehung mit Crampas, die der Autor (man schreibt das Jahr 1890) nur sehr zart andeutet.

Die Liebe zu Crampas wird Effi zum Verhängnis werden. Man begreift diese junge Frau nur zu gut, die in einem langweiligen Städtchen lebt und rings von altmodischen, steifen, versnobten Aristokraten umgeben ist: Wem sollte sie sich anschließen, wenn nicht dem heiteren Lebenskünstler, der sie weit inniger zu verstehen vorgibt als der Gatte?

Nur ein Mensch im Städtchen findet zu Effi ebenfalls Kontakt. Es ist ein buckliger, älterer Apotheker, der im Kulturleben der Stadt eine Schlüsselstellung innehat. Von ihm fühlt sich Effi besonders verstanden. Das ist eine feine Beobachtung des Dichters. Gerade der körperlich Verunstaltete hat die Sensibilität, um auf andere Menschen einzugehen. Im harten, supermännlichen Betrieb des Patriarchats bewahren sich nur jene Männer einen Rest von Gefühl, die durch körperliche Benachteiligung oder sonstiges Außenseiterdasein beim üblichen Kult der Stärke, Männlichkeit und Härte nicht mithalten können. Alle anderen geraten in die Mühle der Gesellschaft, die ihr Innenleben zermalmt und an die Stelle der Gefühle Verhaltensnormen setzt. G. Chr. Lichtenberg, ein witziger Zeitgenosse Goethes, hat bemerkt, wie oft die Menschen mit gesunden Gliedern Konformisten sind, die auf das selbstständige Denken verzichten; er selbst, der einen Buckel hatte, notierte sich daraufhin die Beobachtung, dass Menschen mit irgendeinem Gebrechen öfter einen eigenen Standpunkt haben!

Bei Innstetten geht es inzwischen mit seiner Karriere vorwärts, und er wird Ministerialdirektor in Berlin. Das Ehepaar mit seinem Kinde (ein Töchterchen) übersiedelt in die Hauptstadt des Wilhelminischen Deutschland. Eines Tages erkrankt das kleine Mädchen. Effi ist nicht zu Hause. Man sucht in Truhen nach einem Medikament, und bei dieser Gelegenheit entdeckt Innstetten die Liebesbriefe, die Crampas vor Jahren seiner Frau geschrieben hat. Aus den Briefen geht auch unzweifelhaft hervor, dass es sich um ein Intimverhältnis handelte.

Warum hat Effi diese Briefe aufbewahrt? Man stößt hier auf das psychologische Problem des Selbstverrats, das auch in der Kriminalistik eine große Rolle spielt. Viele Delinquenten gehen zuerst umsichtig bei ihren kriminellen Handlungen vor, aber sie hinterlassen oft ein selbstverräterisches Indiz, welches den Fahndungsorganen auf die Spur hilft.

Die orthodoxe Psychoanalyse bringt in diesem Zusammenhang ihre Hypothesen vom „unbewussten Schuldgefühl" und dem „unbewussten Strafbedürfnis" ins Spiel. Angeblich soll das Überich (Gewissensinstanz) des Menschen so sehr auf Selbstbestrafung aus sein, dass es die Vorsichtsmaßnahmen des Ich durchkreuzt und so die zutiefst gewünschte Möglichkeit einer Bestrafung schafft.

Eine derartige Theorie erscheint uns obskur. Hier wird ein Befund offenkundig missdeutet. Die Lösung des Rätsels ist wohl eher die, dass es schwachen Charakteren unsäglich schwer fällt, Geheimnisse zu haben. Ein Geheimnis trennt einen Menschen von seiner mitmenschlichen Umgebung. Er fühlt sich isoliert, allein und damit verängstigt. Darum der Hang zum Selbstverrat, der im Grunde eine uneingeschränkte Aufnahme in die Gemeinschaft einleiten soll. Bei Kriminellen mag wohl für den Selbstverrat auch die Angst und Panik während der Tat, später aber auch das infantile Ruhmbedürfnis ausschlaggebend sein. Daher die Selbstanzeigen mancher Krimineller, die mit der Polizei spielen wollen und dabei den Kriminalbeamten Spuren in die Hand geben. Das Aufbewahren von Liebesbriefen bei einer heimlichen Liebschaft muss wohl durch sentimentale Anhänglichkeit, Schuldbewusstsein und Selbstverrat determiniert sein.

Innstetten hat, nachdem er diese Liebesbriefe kennt, kaum noch eine Wahl. Der Ehrenkodex seiner Gesellschaftsschicht fordert gebieterisch das Verstoßen der untreuen Frau und ein Duell mit dem Verführer. Der beschmutzte Ruf des Mannes muss durch Blut gereinigt werden. Inmitten dieser starren Verhaltenskategorien ist kein Platz für Milde, Verstehen und Verzeihen. Nur einen Augenblick lang dämmert in Innstetten der Gedanke auf, dass er mit diesen rigiden Konsequenzen aus einem Fehltritt seiner Frau sein eigenes Leben zerstört. Aber sein Stolz lässt andere Lösungen nicht zu.

Wie bei allen in der Kindheit gedemütigten, dressierten, autoritären Charakteren hat sein Stolz eine kompensatorische Bedeutung als Ersatz für echte Selbstachtung. Wer sich selbst achtet, hat die Aufgeblasenheit des Hochmütigen nicht nötig. Autoritär-patriarchalische Kulturen jedoch verformen vor allem die Männer durch dieses Pseudo-Ehrgefühl: Der Verlust von sozialer Billigung muss in solchen Gesellschaften zu Mord oder Selbstmord führen (z. B. *Harakiri* in der japanischen Samuraikultur). Es kommt zum Duell, in welchem Crampas stirbt. Effi jedoch wird von ihrem Gatten in die Verbannung geschickt. Für die Gesellschaft ist sie untragbar geworden.

Dieser Meinung ist nicht nur ihr Gatte, sondern das meinen ebenso ihre Eltern. Auch diese wollen ihre Tochter nicht mehr sehen. Sie soll irgendwo in Berlin untertauchen; man wird ihr die materiellen Mittel der Existenz nicht verweigern, aber sie lebt nicht mehr in der Gemeinschaft anständiger Menschen. Auch ihr Töchterchen soll sie nicht mehr sehen: Sie könnte das Kind ja verderben.

Fontane schildert die empörenden gesellschaftlichen Tabus mit solcher Eindringlichkeit, dass auch im Herzen des Lesers Empörung entstehen muss. Irgendwo am Rande Berlins lebt Effi nun ein eintöniges, armseliges Leben. Ihre ganze Beschäftigung ist eine sinnlose Näharbeit. Das Leben läuft an ihr vorbei. Sie fängt an zu kränkeln und wird so krank, dass sich der Arzt an die Eltern wendet. Erst die bereits todkranke Tochter wird in das Elternhaus wieder aufgenommen. Sie stirbt bald darauf an der Schwindsucht. Auch für sie gelten die bitteren Worte, mit denen der russische Dichter Majakowski in den zwanziger Jahren aus dem Leben schied: „Der Kahn der Liebe ist an der Welt zerschellt!“

Der Leser ist berührt von dem Frauenschicksal, an welchem ihn der Autor teilhaben lässt. Man ist ergriffen von der Konsequenz, mit der diese Schilderung durchgeführt wird. Der tragische Ausgang wird als richtig empfunden. Der Autor hätte es ja auch zu einem Happyend kommen lassen können. Er hätte sich damit aber von der Wahrheit seiner Epoche entfernt und anstelle von Kunst wahrscheinlich Kitsch geliefert. Die Frau um 1880 musste zugrunde gehen, wenn sie Effis Lebensweg beschritt.

Fontane scheint die Prüfung auf Redlichkeit zu bestehen, der wir einen Autor unterziehen. Er darf nicht den Fehler der Trivialliteratur machen, die gesellschaftliche Dissonanzen mühelos überbrückt, als ob in dieser Welt alles und jedes möglich sei. Da heiratet der Graf ein Dienstmädchen, da schließt ein betrogener Ehemann mit mildem, wissendem Lächeln seine Ehegattin wieder in die Arme. Aber die Welt ist nicht so, wie es die Wunschträume der Groschenheft-Leser haben wollen.

Der Dichter muss die Wahrheit seiner Umwelt sichtbar machen. Nur so hilft er den Menschen, sich selbst zu erkennen und Missstände zu ändern. Er trägt zur Vermenschlichung der Welt bei, wenn er die Dinge beim Namen nennt. Dann nimmt er die Zeit und Mühe des Lesers nicht umsonst in Anspruch: Autor und Leser vereinigen sich im gemeinsamen Anliegen, diese Welt human und das Leben lebenswert zu machen. So erscheint hinter der Erzählung *Effi Briest* das Antlitz des Autors als eines gütigen und humanen Menschen, der die Leiden eines Frauenlebens mit Wahrhaftigkeit und Feinsinn schildert.

Literatur

Adler, A. (1926): Liebesbeziehungen und deren Störungen, Wien.
– (1927): Menschenkenntnis, Frankfurt a. M. 1986.
Aristoteles: Nikomachische Ethik, Darmstadt 1995.
Barrett-Browning, E. (1847): Sonette aus dem Portugiesischen, übertragen von R. M. Rilke, Frankfurt a. M. 1976.
Baumer, J. u. R. Dolder (1997): Susanne D. – Ein Leben als Prostituierte, Bern.
Baumgart, H. (1985): Eifersucht. Erfahrungen und Lösungsversuche im Beziehungsdreieck, Reinbek.
Beauvoir, S. de (1949): Das andere Geschlecht – Sitte und Sexus der Frau, Reinbek bei Hamburg 1968.
Benn, G. (1948): Hundert Gedichte, Stuttgart 1986.
Binswanger, L. (1942): Grundformen und Erkenntnis menschlichen Daseins, Ausgewählte Werke Band 2, Heidelberg 1993.
– (1956): Formen mißglückten Daseins, Ausgewählte Werke Band 1, Heidelberg 1992.
Bollnow, F. O. (1941): Das Wesen der Stimmungen, Tübingen 1988.
Bornemann, E. (1978): Lexikon der Liebe, Berlin.
Boss, M. (1947): Sinn und Gehalt der sexuellen Perversionen, Frankfurt a. M. 1984.
Büchner, G. (1836/37): Woyzeck, in: Sämtliche Werke und Briefe Band 1, München 1964.
Dreikurs, R. (1976): Die Ehe – eine Herausforderung, Stuttgart.
Dumas, A. (1848): Die Kameliendame, München 1993.
Eibl-Eibesfeldt, I. (1970): Liebe und Haß. München.
Flaubert, G. (1857): Madame Bovary, München 1978.
Fontane, Th. (1880): L'Adultera, Berlin 1983.
– (1895): Effi Briest, Berlin 1983.
Freud, S. (1905): Drei Abhandlungen zur Sexualtheorie, GW Band V, Frankfurt a. M. o. J.
– (1910): Beiträge zur Psychologie des Liebeslebens, GW Band VIII, Frankfurt a. M. o. J.
– (1921): Massenpsychologie und Ich-Analyse, GW Band XIII, Frankfurt a. M. o. J.
– (1921/22): Über einige neurotische Mechanismen bei Eifersucht, Paranoia und Homosexualität, GW Band XIII, Frankfurt a. M. o. J.
Friday, N. (1989): Eifersucht. Die dunkle Seite der Liebe, München.
Fromm, E. (1956): Die Kunst des Liebens, Gesamtausgabe Band IX, München 1989.
Gebsattel, V. E. v. (1954): Prolegomena einer medizinischen Anthropologie, Heidelberg 1964.
Geißler, S.-A. (1990): Lust an der Unterwerfung – Frauen bekennen sich zum Masochismus, Zürich.

Goethe, J. W. (1809): Die Wahlverwandtschaften, Hamburger Ausgabe Band 6, München 1981.
– (1798): Die Braut von Korinth, Hamburger Ausgabe Band 1, München 1981.
Hartmann, N. (1926): Ethik, Berlin 1962.
Hebbel, Ch. F. (1850): Herodes und Mariamne, Stuttgart 1979.
Hegel, G. W. F. (1807): Phänomenologie des Geistes, Frankfurt a. M. 1986.
Hehlmann, W. (1968): Wörterbuch der Psychologie, Stuttgart.
Heidegger, M. (1927): Sein und Zeit, Tübingen 1986.
Horkheimer, M. und Th. W. Adorno (1944): Dialektik der Aufklärung, Frankfurt a. M. 1969.
Huizinga, J. (1938): Homo ludens, Reinbek bei Hamburg 1987.
Ibsen, H. (1879): Nora oder ein Puppenheim, Frankfurt a. M. 1907.
– (1890): Hedda Gabler, Frankfurt a. M. 1907.
Jung, C. G. (1925): Die Ehe als psychologische Beziehung, in: Gesammelte Werke 17. Band, Olten 1972.
Key, E. (1914): Über Liebe und Ehe, Berlin.
Kierkegaard, S. (1848): Die Krankheit zum Tode, Hamburg 1991.
Künkel, F. (1936): Charakter, Liebe und Ehe, Leipzig.
Lasker-Schüler, E. (1917): Höre – Letztes Lied an Giselher, in: Gedichte 1902–1943, Zyklus Dr. Benn, München 1990.
Lemaire, J. G. (1980): Leben als Paar. Strukturen, Krisen, therapeutische Hilfen, Olten.
Lessing, G. E. (1755): Miß Sarah Sampson, Darmstadt 1996.
Mann, K. (1974): Meine ungeschriebenen Memoiren, Frankfurt a. M. 1976.
Mann, Th. (1924): Der Zauberberg, Frankfurt a. M. 1986.
May, R. (1970): Der verdrängte Eros, Hamburg.
Meyers kleines Lexikon der Psychologie, Mannheim 1986.
Millett, K. (1973): Das verkaufte Geschlecht, Hamburg 1981.
Minkowski, E. (1933): Die gelebte Zeit, Salzburg 1971.
Molière, J.-B. (1662): Schule der Frauen, in: Komödien, München 1970.
Nestroy, J. N. (1841): Das Mädl aus der Vorstadt, Frankfurt a. M. 1995.
Ortega y Gasset, J. (1941): Betrachtungen über die Liebe, Stuttgart 1976.
Platon: Symposion, Hamburg 1988.
Rattner, J. (1965): Psychologie und Psychopathologie des Liebeslebens, Bern.
– (1967): Der schwierige Mitmensch, Augsburg 1998.
Riesman, D. (1950): Die einsame Masse. Eine Untersuchung der Wandlungen des amerikanischen Charakters, Reinbek 1959.
Rilke, R. M. (1922): Brief an einen jungen Arbeiter, Frankfurt a. M. 1961.
Russell, B. (1929): Ehe und Moral, Darmstadt 1984.
Sartre, J.-P. (1939): Skizze einer Theorie der Emotionen, in: Die Transzendenz des Ego, Reinbek 1982.
– (1943): Das Sein und das Nichts, Reinbek bei Hamburg 1976.
Scheler, M. (1921): Wesen und Formen der Sympathie, Bonn 1985.
Schopenhauer, A. (1859): Die Welt als Wille und Vorstellung, Zürich 1994.
Schwarz, O. (1934): Sexualität und Persönlichkeit, Wien.
Shakespeare (1622): Othello oder der Mohr von Venedig, München 1995.

Soerensen, N. P. (1960): Mein Vater Gottfried Benn, Kopenhagen.
Sontag, S. (1977): Krankheit als Metapher, München 1978.
Spinoza, B. de (1677): Die Ethik, Hamburg 1989.
Spranger, E. (1921): Lebensformen, Tübingen 1950.
Stendhal (1874/90): Das Leben des Henry Brulard, Berlin 1982.
– (1822): Über die Liebe, Frankfurt a. M. 1999.
Strindberg, A. (1887): Der Vater, Frankfurt a. M. 1978.
– (1920): Das Buch der Liebe, München 1989.
Tolstoi, L. (1873): Anna Karenina, München 1987.
– (1891): Die Kreutzersonate, Frankfurt a. M. 1986.
Tucholsky, K. (1928): Ehekrach, in: GW Band 6, Reinbek bei Hamburg 1975.
Watzlawick, P., J. Beavin und D. Jackson (1967): Menschliche Kommunikation – Formen, Störungen, Paradoxien, Bern–Stuttgart–Wien 1968.
Willi, J. (1975): Die Zweierbeziehung, Reinbek.
– (1978): Therapie der Zweierbeziehung, Reinbek.
– (1978): Ko-Evolution, Reinbek.